西安建筑科技大学"'一带一路'背景下中华优秀文化传承发展研究"项目（Z20190495）

教育部2020—2022年高校思想政治理论课建设项目"全国高校思政课'手拉手'集体备课中心（西安交通大学–新疆生产建设兵团）"（21SZJS61069832）

资助出版

与青年学生
谈哲学

师说"哲"语

师帅朋 —— 著

陕西师范大学出版总社

图书代号：SK22N0741

图书在版编目(CIP)数据

师说"哲"语：与青年学生谈哲学 / 师帅朋著. —西安：陕西师范大学出版总社有限公司，2022.5
　ISBN 978-7-5695-2909-8

Ⅰ. ①师… Ⅱ. ①师… Ⅲ. ①马克思主义—信仰—中国—青年读物 Ⅳ. ①A81-49 ②D61-49

中国版本图书馆CIP数据核字（2022）第067546号

师说"哲"语——与青年学生谈哲学
SHI SHUO "ZHE" YU——YU QINGNIAN XUESHENG TAN ZHEXUE

师帅朋　著

责任编辑 / 刘存龙
责任校对 / 梁　菲
出版发行 / 陕西师范大学出版总社
　　　　　（西安市长安南路199号　邮编710062）
网　　址 / http://www.snupg.com
印　　刷 / 西安市建明工贸有限责任公司
开　　本 / 880 mm×1230 mm　1/32
印　　张 / 10.5
插　　页 / 1
字　　数 / 235千
版　　次 / 2022年5月第1版
印　　次 / 2022年5月第1次印刷
书　　号 / ISBN 978-7-5695-2909-8
定　　价 / 58.00元

读者购书、书店添货或发现印装质量问题，请与本公司营销部联系、调换。
电话：（029）85307864　85303629　传真：（029）85303879

序　言

当书稿呈现在我的面前时，我并无太多诧异，因为几年前我就知道帅朋在积极而认真地准备着书稿。经过长时间的思考、整理，今天终于看到成书，我要为他的勤勉、执着点赞。

几年前，因机缘巧合，帅朋跟随我攻读博士学位，由于他是在职读书，我对他的要求虽然也很严，但比起全日制读博士的学生，还是松了不少。他一边工作一边学习，又不在我身边，有些要求自然也勉为其难。我告诉他，在职攻读博士，如果你想读出来，就要抱定脱层皮的心态，想必他是听进去了。

他对自己要求很严，我布置的科研任务，他都能够保质保量完成，这让我对他另眼相看。每次团队组织学术活动，他总是克服困难前来参加，并能够认真准备、积极发言。

他本科毕业留校工作，后来读硕士再读博士，足见他是有一股子韧劲的。他起先在学校做学生辅导员工作，后又搞文秘工作，熟悉公文写作，有着不错的文笔。可事物都是一分为二的，有利就有弊。正因为他的工作经历，起初他提交给我的论文，语言上总少不了总结报告、领导讲话的影子，算不上严谨的学术论文，自然是难以发表的。为此，我给他指出过多次，希望他改变文风，要学会用学术语言写作论文，这个转变的过程很难，但再难也得转变。

攻读博士的这几年，我知道他很不容易，但话说回来，又有哪一个博士生容易呢？读博士，要的就是坚忍不拔，就是厚积薄发。就这样，他在前期思考、研究积累的基础上，形成了一部约23万字的书稿。

书稿我仔细看过了，是根据他讲授的本科生马克思主义基本原理概论课的讲义整理而成的。选择将讲义的哲学部分整理出版，看得出来，他对马克思主义哲学的学习是下了工夫的。

书稿的内容并不深奥，这也符合这本书的阅读对象——高校青年学生。向高校青年学生介绍马克思主义哲学，自然就要注意文风，一如他一贯的风格，语言活泼，说理通俗易懂，所举例子亦生动有趣。关键是，他能够结合自己的体会把马克思主义哲学尽可能地进行通俗化、大众化解读，而又极力避免庸俗化。作为一个刚刚踏上学术研究之路的年轻人，这已经很不容易了。不过，我也很难讲他的每一处解读都是系统的、深入的，书中还存在一些可商榷的地方，这里我就不一一点出了。学术研究之路漫长且崎岖，在这个过程中出现这样那样的不足也是在所难免的。

书稿已成，想必心情是愉悦的，我也向他表示祝贺。但我仍想说的是，这只是序幕，前方的路还很长。正如毛泽东讲的："剧是必须从序幕开始的，但序幕还不是高潮。"做学问是一生的事，长跑才刚刚开始，希望他不断向前、无限向前。

是为序。

西安交通大学马克思主义学院

陈建兵教授

目 录

绪　论　兼谈青年学生要树立的人生信仰 …… 001

第一章　马克思主义信仰与青年学生 ………… 011
　　第一节　把握社会发展的规律 ……………… 013
　　第二节　追慕崇高的品格 …………………… 017
　　第三节　收获幸福的人生 …………………… 022
　　第四节　学习马克思主义哲学的路径 ……… 025

第二章　马克思主义的生命力 ………………… 031
　　第一节　科学理论的根本指导 ……………… 034
　　第二节　人民至上的政治立场 ……………… 040
　　第三节　与时俱进的理论品质 ……………… 043

第四节　为全人类谋幸福的社会理想 …… 049

第三章　马克思主义的世界观和方法论 …… 055
　　第一节　两种不同的世界观 …… 057
　　第二节　不同的世界观形成不同的方法论 …… 063
　　第三节　马克思主义传入中国的基础 …… 068
　　第四节　历史选择了中国共产党 …… 074

第四章　唯物辩证法的基本规律 …… 083
　　第一节　事物之间的联系与发展 …… 085
　　第二节　唯物辩证法的基本范畴 …… 097
　　第三节　对立统一规律 …… 110
　　第四节　质量互变规律 …… 119
　　第五节　否定之否定规律 …… 131

第五章　认识活动的规律性 …… 141
　　第一节　感性认识与理性认识 …… 143
　　第二节　从感性认识到理性认识 …… 153
　　第三节　从理论走向实践 …… 160
　　第四节　从必然王国到自由王国 …… 166

第六章　认识真理与追寻价值 …… 177

第一节　更好地认识真理 …… 179
第二节　从实践出发理解社会生活的本质 …… 187
第三节　实践是检验真理的唯一标准 …… 194
第四节　人生的价值选择 …… 203

第七章　人类社会发展的规律性 …… 217

第一节　社会存在与社会意识 …… 219
第二节　生产力与生产关系 …… 233
第三节　经济基础与上层建筑 …… 253
第四节　社会形态更替的一般规律 …… 269

第八章　社会历史发展的动力 …… 275

第一节　理解阶级社会的钥匙 …… 277
第二节　推动社会变革的途径 …… 285
第三节　人民群众的历史作用 …… 293
第四节　历史人物在社会发展中的特殊作用 … 305

参考文献 …… 319

后　记 …… 322

绪论　兼谈青年学生要树立的人生信仰

绪论　兼谈青年学生要树立的人生信仰

大学是青年学生人生中的重要一站，也是青年人塑造自我人生观、世界观、价值观的重要阶段。任时光飞逝，大学会永远成为生命中值得怀念的一段美好经历，那里留下了一个人美好的青葱岁月，也将建立起至真的难忘情谊。

这样的开头或许未能让一些初入大学的学生感到满意，可能有的学生来到大学后内心是五味杂陈的，学校可能是调剂的，所读的专业也可能是调剂的，双重调剂带给一个人的可不是什么优越感，反而会是一种无可奈何，甚至会带来些许的心理抵触。来到大学后，发现大学远没有期望得那么美好，更没有看到如学校宣传海报那般，三五人坐在草坪上手捧笔记本，谈天说地，纵论学问。与之相反的是，这里有着万般的不如意：食堂的饭菜总没有家里做得好吃，大学的文体活动开始还比较新奇，随后就变得单调又无聊。

物质生活的不如意，直接左右着学生对大学生活的初始理解，然而这些都是次要的。紧要的是，随之而来的精神生活的欠缺让他们觉得大学生活太无趣，"无聊"成为初进大学时的一个关键词。常做的事无非就是上网打游戏、网店购物，关心的是自己的发型、穿的衣服、肩上的背包抑或是某某明星如何。

很多人来大学读书就是为了将来找个好工作，至于自己所读的专业喜不喜欢是次要的。毋庸置疑，求学读书的确可以帮助人们掌握一门技能，获取一定的谋生手段，可除此之外，还能带来什么呢？答案可能有很多。可是，如果不能够找到那个让人热血沸腾、足以用一生去追求的答案，更多的人或许会在无所事事中度过很多日子。多少学生毕业时才发现，自己好像懂了很多，可的确又懂得很少；自己应该早定目标，不应该空虚无聊、虚度光阴。我们要思考的是，为什么很多人来到大学后容易变得空虚无聊？

社会生活表明，个人价值取向的困惑，总是源于社会价值坐标的震荡。在这个变革的时代，思想的多元、价值的多元，使"我到底要什么"变得模糊不清，扑朔迷离。高中时代，"我到底要什么"的目标是明确的，就是一定要上大学。那时的目标就像是个填空题，正确答案只有一个——大学。整个高中阶段营造的社会价值坐标就是考大学、进名校。不仅学校如此，社会、家长均如此，社会的价值坐标明确而又坚定，个人的价值取向就少有困惑，就容易形成统一的思想，勤奋学习，考入大学。德国小提琴家穆特说，你要教一个人造船，最有效的办法是告诉他船在大海上航行的美好，他就会自己想办法求得各种知识、技能来建造一艘大船。因此，部分怀揣善意的老师为了鼓励学生学习，会刻意强调大学生活的美好，引起学生对大学生活的向往，激励学生勤奋学习。不过，中学老师对大学的渲染并没有错，大学成为勤奋学习的一个实实在在、看得见摸得着的目标，为了考上大学，学生甚至可以忍受学校严格的管理和规定。

步入大学后呢？注重全面发展，综合素质，考试不再成为唯一，多元思想、多元价值构成的社会价值坐标开始震荡，该不该恋爱，该不该考研，如何协调学生工作与个人学习，等等。看看大学生辩论赛的辩题，我们便能明白，与中学相比，大学的空气更加自由，个人的价值追求和价值选择更加多元，但由此带来的问题便是：我到底要什么？研究生可读可不读，是个选择题；毕业后工作，更是一道多选题。由于社会环境等多重因素的影响，学习成绩、个人能力等因素似乎也无法决定一个人的成败，这很容易让一个人失掉目标，不知道朝哪个方向前进，不知道为什么奋斗。

如果没有从思想上让自己清醒，如果没有一套能够让自己信服并努力为之奋斗的信念支撑，个人的奋斗便难以持久。三分钟的热度频频出现，而持久的热情总是难得一见。纵览人的一生，前20年为了上大学，大学毕业为了找工作，真正能给社会做贡献的时间不足40年，人生的价值和意义在哪里呢？

雷锋用自己22年的短暂人生，全心全意为人民服务。为什么雷锋就心甘情愿，而一些贪腐之徒就做不到呢？江姐，29岁，受尽酷刑仍坚不吐实，最终惨死于重庆渣滓洞。为什么江姐就可以，而向忠发、顾顺章却一被捕就叛变了呢？焦裕禄，任兰考县委书记仅仅两年，而他的名字和光辉业绩却永远为人所铭记。为什么焦裕禄就做到了，而有些党员干部却背叛自己的理想，走进囹圄了呢？为什么有的人一生的理想就在于为社会做贡献，而有的人却自私狭隘，只谋求自我得益呢？

中央档案馆珍藏着多位革命烈士的家书。如，刘伯坚在致妻嫂凤笙等的信中写道："弟准备牺牲，生是为中国，死是为中国，一切听之而已。"郭亮就义前在给妻子李灿英的遗书中写道:"我事毕矣,望善抚吾儿,以继余志。"赵一曼在家书中写道:"我最亲爱的孩子啊!母亲不用千言万语来教育你,就用行动来教育你。在你长大成人后,希望不要忘记你的母亲是为国而牺牲的!"

38岁的李大钊,36岁的瞿秋白,33岁的彭湃,25岁的王尔琢,22岁的寻淮洲……为了心中的理想,他们甘洒热血写春秋。[①]这些革命者为了千百万中国人的未来,为了国家和民族的解放,宁可牺牲自我。从1921年中国共产党诞生到1949年新中国成立,英勇牺牲并有名可查的共产党人多达370万,这真实地映照了什么叫作"砍头不要紧,只要主义真"。可能有人会反问,时代不一样了,倘若自己也生在那个时代,指不定会是一个热血青年,问题是,今天是市场经济,不谈物质,只谈情怀和信仰,活在空洞的精神世界里,有实质意义吗?

我们的回答是,人如果要活得有意义,物质要谈,但一定也离不开情怀、信仰这些精神。马斯诺提出了五个需求层次理论:生理需要、安全需要、归属需要、尊重需要和自我实现需要。一个人的需求层级是依次递增的,生理需要,其价值是最低的;自我实现需要,则具有最高的价值。

事实上,马斯诺的五个需求层次理论向人们显示了人类自身的丰富性。人会空虚,原因是人有精神需要。人不同于动物,有高于动物的多种潜能,有高于动物的多种需要,因而能够创造其

[①] 秦杰、霍小光、张晓松等:《民族复兴的中流砥柱——献给中国共产党成立95周年》,载《光明日报》2016年7月1日第1版。

他动物所不具有的多彩的生活世界和多重的意义世界。比如，爱因斯坦，他在物理学上的突破给人类创造了巨大的意义世界。

生存需要被满足之后，人便提出安全需要，继而提出归属需要。人最怕孤独，所以，我们会害怕人际关系紧张，更害怕形影相吊，最怕的是没人理你。这是一种归属的需要。① 继而，我们有获得尊重的需要，进一步便是自我实现的需要。有人把《西游记》中唐僧率领的团队一一对号入座，认为猪八戒便是生理需要，沙僧是安全需要，白龙马是归属需要，唐僧是尊重需要，孙悟空是自我实现需要。人生追求的最高需要，即人生的大幸福，便如孙悟空那样——自我价值的实现。这也是克服空虚的法宝。

然而，如何才能做到这一点呢？这需要信仰。信仰会支撑一个人不懈奋斗，在自我实现的奋斗中，人生的价值会得到最大限度的发挥，人生的幸福将不再虚无缥缈。空虚、无聊、无助的精神状态将在不懈奋斗进取的人生中彻底消弭。事实上，无论是东方还是西方，整个人类都在寻找支撑奋斗的信仰体系。

西方找到了宗教，从宗教信仰中寻求人生幸福，而我们呢？自1921年中国共产党成立以来，我们历史性地找到了马克思主义，并将其作为共产党人坚贞不渝的信仰。在当今急速变革的社会，有些人一时还无法廓清思想上的迷雾和困惑，市场经济的冲击给人们带来了思想观念的变革，社会上出现了一些与我们坚守的信仰不一致的情形。面对这些，有人便说今天的中国人没有信

---

① 孙正聿：《理想信念的理论支撑》，吉林人民出版社2014年版，第145页。

仰；有人极端地认为，中国人应该向西方学习，信仰一种宗教，成为一个宗教国家。的确，在一个社会转型期，多元文化的思潮涌动难免会对人们的思想造成一定的混乱，但以此来断定国人缺乏信仰，未必对。

中国有悠久的文化传统，无论现实如何变化，传统文化的根脉无法被割断。步入近代，中国共产党人在多方比较之后，坚定地选择了马克思主义，以此指导中国革命和建设，取得了伟大胜利。马克思主义对中国、对中国共产党的历史功绩不容否定。

列宁领导十月革命并取得成功，给苦苦思索的中国人提供了思想上的启迪。在这之前，中国也接触过马克思主义、社会主义，但受关注的面不大，只是把它作为和其他众多学说一样。但现在，社会主义在俄国从学说走向了现实，经历了战乱破坏、饥寒交迫的人民站稳了脚跟，工人和农民破天荒地成了社会的主人，开启了轰轰烈烈的建设运动。而世界的另一边，是一战后混乱不堪、满目疮痍的欧洲。二者的强烈对比给中国的先进分子以极大的冲击。孰是孰非，选择谁而抛弃谁，答案自然就清晰起来。

1918年，李大钊发表了两篇文章——《庶民的胜利》和《布尔什维主义的胜利》。五四运动后，他写道："自俄国革命以来，'马克思主义'几有风靡世界的势子，德奥匈诸国的社会革命相继而起，也都是奉'马克思主义'为正宗。"[①]同盟会早期会员吴玉章回忆道："处在十月革命和五四运动的伟大时代，我的

---

① 《李大钊文集》下，人民出版社1984年版，第46—47页。

思想上不能不发生非常激烈的变化。当时我的感觉是：革命有希望，中国不会亡，要改变过去革命的办法。虽然，这时候我对中国革命还不可能立即得出一个系统的完整的新见解，但是通过十月革命和五四运动的教育，必须依靠下层人民，必须走俄国人的道路，这种思想在我头脑中日益强烈、日益明确了。"①

通过上述历史事实，我们完全可以看出，中国人选择了马克思主义，是一种自然而然的历史选择。只是在今天这样一个思想激荡、文化多元的时代，总有人对马克思主义持有怀疑，在阐明自己信仰体系时，显得有疑虑，遮遮掩掩，羞羞答答，信心不足。甚至还有一部分人，担心他人对自己信仰的不认同，试图靠"乡愿"去讨好别人。这样的做法只能适得其反，令人鄙夷。信仰是不畏挫折，不畏艰难，越是艰苦卓绝，越需要定力持久。

马克思主义学者陈先达曾经说，如果没有共产主义这个目标，那么马克思主义者就不是在航行，而是在"漂流"。青年学子的思想要有"岸"，不能"走一站，报一站"，要以共产主义为方向，在马克思主义的指引下向着未来航行前进。老一代的马克思主义研究者说："搞马列的人，不能像黄浦江边的小贩，风和日丽，摆摊迎客；刮风下雨，收摊走人。"②要有坚定的信念，要经得起风风雨雨，不能一遇到风浪，就退回港湾，那是永远不能到达彼岸的。

---

① 《吴玉章回忆录》，中国青年出版社1978年版，第112页。
② 本刊记者：《正本清源　坚定马克思主义信仰——访北京大学中国特色社会主义理论体系研究中心教授钟哲明》，载《马克思主义研究》2013年第9期。

第一章 马克思主义信仰与青年学生

第一章　马克思主义信仰与青年学生

马克思主义是一种信仰体系，不是宗教，不是让人无端崇拜、不容置疑、盲目信仰，而是通过摆事实、讲道理去说服人。马克思说："理论只要说服人，就能掌握群众；而理论只要彻底，就能说服人。"① 以理服人，就要真讲道理；真讲道理，就要真把道理搞明白。有理才能讲理，讲理才能服人。理论越是彻底，就越能够让人信服，马克思主义做到了这一点。自《共产党宣言》发表至今，马克思主义的传播、发展始终面临着各种各样思潮的质疑和挑战，而马克思主义是从来都不害怕质疑的。马克思主义也有过辉煌，亦遇到过低谷；有过赞誉，亦有过诋毁。170多年过去了，马克思主义作为一种思想体系，在众多的质疑声中，不仅没有被口水淹没，反而愈发显现出青春的活力。反观那些不可一世、振振有词的辩驳之语早已化为历史的尘埃，归入故纸堆去了。那么，作为一种信仰体系的马克思主义，能够给青年学生带来什么呢？

第一节　把握社会发展的规律

马克思主义揭示了人类社会发展的一般规律，为人类社会指

---

① 《马克思恩格斯选集》第1卷，人民出版社1995年版，第9页。

明了前进的方向。马克思自诞生至今，已经过去200多年了，《共产党宣言》自发表至今，也已经过去170多年了，但马克思与恩格斯所创立的马克思主义仍闪耀着思想的光芒。2018年5月4日，在纪念马克思诞辰200周年大会上，习近平总书记强调："学习马克思，就要学习和实践马克思主义关于人类社会发展规律的思想。"对于青年学生而言，要想更好地理解和把握人类社会的发展规律，首要的就是学习马克思主义。

马克思主义认为，资本主义必然灭亡，社会主义必然胜利，人类终将通向更加美好的共产主义社会。马克思恩格斯甚至描绘了共产主义的社会形态，认为未来社会"将是这样一个联合体，在那里，每个人的自由发展是一切人的自由发展的条件"[①]。

但毕竟马克思恩格斯在有生之年都未曾经历过社会主义社会，他们对未来社会的展望，是运用辩证唯物主义和历史唯物主义的世界观与方法论，通过研究和分析资本主义社会的特征、规律推演出的结论。他们认为，这一社会到来的现实前提是，生产力高度发达，物质资料极其丰富。因此，他们设想社会主义将首先在生产力发达的西欧、北美实现，并根据当时的历史条件，判断英国要最先实现社会主义。作为后继者的列宁，在深入研究和分析资本主义发展进入帝国主义阶段的基础上，提出社会主义革命有可能在不发达国家首先取得胜利的理论。列宁认为，俄国作为资本主义世界体系中的薄弱一环，通过无产阶级革命是有可能

---

① 《马克思恩格斯文集》第2卷，人民出版社2009年版，第53页。

将俄国从帝国主义的链条上断裂开来，率先进入社会主义的。列宁成功了，俄国十月革命取得胜利，人类建立了第一个社会主义国家。但遗憾的是，由于列宁的后继者，特别是从赫鲁晓夫到戈尔巴乔夫，逐渐脱离、背离和最终背叛马克思主义、社会主义和人民群众根本利益，导致了苏联的解体和消亡。

新中国成立后，在建设社会主义的过程中，我们取得过巨大成就，也曾由于经验不足、认识偏差、照搬苏联模式等，遇到过严重困难和挫折。1978年，我国GDP在世界上排名第11位，人均GDP排名世界倒数第2位，经济发展水平、人民生活水平距西方发达国家相去甚远。正如邓小平讲的："从一九五八年到一九七八年整整二十年里，农民和工人的收入增加很少，生活水平很低，生产力没有多大发展。"[①]改革开放以来，坚持以经济建设为中心，坚持社会主义初级阶段的基本路线不动摇，经过40多年的接续发展，我们成功探索出了中国特色社会主义道路，实现了中华民族从"站起来"到"富起来"的伟大飞跃，并迎来了"强起来"的光辉前景。

步入20世纪后，社会主义先后在经济文化相对落后的俄国、东欧等国、中国等取得了胜利，开辟了人类历史的新纪元。但伴随着东欧剧变、苏联解体，众多社会主义国家的工人阶级政党纷纷丧失执政地位，国家政权变色，重新回到了资本主义道路，实行社会主义制度的国家由15个减少为5个，陆地面积由占全球面积

---

① 《邓小平文选》第3卷，人民出版社1993年版，第115页。

的24%缩小为7%，共产党数量由180多个减少为130多个。①

社会主义遇到重大挫折。1992年，邓小平在南方谈话中讲道："我坚信，世界上赞成马克思主义的人会多起来的，因为马克思主义是科学。"并从大历史观的角度解释道："封建社会代替奴隶社会，资本主义代替封建主义，社会主义经历了一个长过程发展后必然代替资本主义。这是社会历史发展不可逆转的总趋势，但道路是曲折的。"②的确，且不说漫长的原始社会，单就奴隶社会在西欧就存在了1000年左右的时间才被封建社会代替，而封建社会在欧洲存在了1200多年才被资本主义社会代替。至于中国，封建社会更是存在了2000多年，1840年鸦片战争以后，中国逐步沦为半殖民地半封建社会，中国共产党领导各族人民经过了长期的浴血奋战，才建立了社会主义的新中国。社会制度的演进、替代是漫长的，这是历史规律。从目前世界范围来看，资本主义社会还未发展到垂死的境地，甚至在一定程度上还呈现出新的活力。长期来看，资本主义社会还要和社会主义社会长期并存，至于今后它如何发展，将在何时被社会主义社会代替，要做出准确预见还有一定难度；至于未来，社会主义社会将以什么样的具体形式代替资本主义社会，也要根据将来的具体情况才能确定。③

---

① 贾宇、王琎：《科学社会主义的中国活力——写在马克思诞辰200周年之际》，载《光明日报》2018年5月4日第1版。

② 《邓小平文选》第3卷，人民出版社1993年版，第382—383页。

③ 参见赵家祥：《深化对人类社会发展规律的认识》，载《光明日报》2018年6月4日第15版。

另外，由于社会主义制度是人类前所未有的崭新制度形式，马克思主义执政党对社会主义发展道路的探索和对社会主义建设规律的认识，也需要一个长期探索过程。社会主义制度本身具有优越性，这已为实践所证明，但这并等于社会主义制度就是完美的，事实上，社会主义制度本身也需要在实践中不断完善。邓小平在南方谈话中说："恐怕再有三十年的时间，我们才会在各方面形成一整套更加成熟、更加定型的制度。"[①]党的十九大提出的制度建设和治理能力建设目标是，到2035年，各方面制度更加完善，国家治理体系和治理能力现代化基本实现；到21世纪中叶，实现国家治理体系和治理能力现代化。届时，中国特色社会主义制度体系将更加完备、更加充满活力，我们有信心为人类更好社会制度的探索提供中国方案。

第二节 追慕崇高的品格

追慕崇高的人生会让很多人觉得有些虚幻，摸不着，抓不住，甚至不清楚到底什么样的人生才是崇高的人生。或许有些人会认为，来到大学，把学习搞好就行，至于崇高，追求不来，只要自己不低俗就行。也有一些人认为，自己就没打算青史留名，逍遥自在、平平安安就行。的确，在人生价值的追求中，更多的

---

① 《邓小平文选》第3卷，人民出版社1993年版，第372页。

人喜欢选择折中主义，不求最好，但求不差。即便是那些在大学期间勤奋学习、努力工作的学生很多也是如此考虑的。把学业搞好，不仅可以获得更多的奖学金，减轻家庭负担，实现经济独立，还可以为将来的考研做准备；参加各种社团实践活动，锻炼能力，为将来的就业奠定基础。这些现实的问题似乎哪一个都比空谈崇高、净化心灵要实在得多。

这样的考虑并没有错，因为一个人首先要更好地生存下来，才有精力去做其他事情，解决好眼前的现实问题是畅想美好未来的基础。恩格斯在评价马克思发现人类历史的发展规律时，说过这样一段话："历来为繁芜丛杂的意识形态所掩盖着的一个简单事实：人们首先必须吃、喝、住、穿，然后才能从事政治、科学、艺术、宗教等等"[①]。当基本的生存条件还没有得到较好解决的时候，谈理想，谈崇高，谈情怀，谈灵魂，那是奢望，人们会认为那是一种虚无空洞的理想主义。

的确，没有物质条件作为支撑是不行的，但问题的关键在于，物质资料的绝对满足是没有界限的。虽然中国古话讲"知足常乐"，老子也讲"故知足之足，常足矣"，可在现实生活中，真正做到对物质财富的知足，却并非易事。

多少人在横向对比中心态失衡，狂热地追逐金钱，要开豪车，住大房子，穿高档服装，挎名牌手包，等等。有人认为，只有追逐到这些，身份和地位才能够被确认，才能够抽出时间谈崇

[①]《马克思恩格斯文集》第3卷，人民出版社2009年版，第601页。

高，谈精神，谈心灵净化。甚至，有人会以自身物质条件的不富足而拒绝崇高，并将其作为追慕流俗的挡箭牌。

除了资本之外，人们还追逐另外一种东西——权力。人类历史上各个国家都产生过不少元首，他们都曾在不同的时代登上权力的顶峰，但为什么最终被人民记住的却很少呢？中国封建社会诞生了100多位帝王，可为什么人们耳熟能详、交口称道的也就那么几位呢？美国历史上产生了几十位总统，难道这些人在美国人民心目中受尊重的程度都是一样的吗？

显然，并非每一个手握重权的人都有好的名望，都能够获得人们的敬仰，那名望和什么相关呢？它和一个人的德行、才干相关。德行和才干恰恰是一个人身上所应具备的崇高品质，是一个人深层幸福的重要来源，也是马斯诺五个需求层次理论中讲到的最高层次——自我实现。我们来观察一个大学学生社团，同样能够发现类似的情形：不同部门的部长水平是不一样的，受到的尊重程度也是不一样的，一些部门一呼百应，而另一些部门却懒懒散散。位置有了，但一个人未必具备让人尊重的德行和才干。不要埋怨部门，一定意义上来讲，没有没前途和没出息的部门，只有没前途和没出息的人。一个人的能力有大小，但尽己所能为社会做出的贡献没有高低贵贱之分。

据新华网报道，一位湖北武汉的千万富婆余友珍，家有住房17套，总价值过千万，可依旧当清扫工。她的房子是通过征地拆迁置换来的，耳闻目睹村里有人拿到多套还建房后，不务正业，沉湎于打牌赌博甚至吸毒，她对子女说："你们要是不做事，我就把房子捐给国家。"现在,她的儿子在武汉东湖风景区当司机,月薪2000多元;女儿是上班族,月薪3000多元。①这样的生活让余友珍很满足,也觉得很幸福。

比尔·盖茨,资本主义世界的商界精英,曾经的世界首富,从微软公司退休之后,成立了比尔及梅琳达·盖茨基金会,致力于帮扶穷人。他曾在一篇文章中这样号召中国的富人:"中国有很多成功的企业家和商界人士,我希望更多的有识之士将其才能用于改善中国以及世界贫困人口的生活,为他们寻求解决方案。我相信,为穷人投资的回报,和在商业领域取得的成功一样精彩,甚至更有意义!"②生命的最终意义和价值在于用自己的能力为社会做出贡献。

很多社会底层的人,没有多少钱,但却讲情讲义,让人尊重。据《人民日报》报道,江苏连云港的一位环卫工不小心丢了工资,一位市民看到警察的寻物启事后,决定在微信朋友圈中帮环卫工筹爱心工资,后来将这份爱心工资转交给环卫工时,他却拒绝了,说钱已经找到了,原来钱从口袋滑落到衣服的夹层了。③环卫工拒绝了善款,因为钱已经找到了,这就是作为普通人所拥有的一份真诚。

---

① 参见《武汉:千万富婆扫大街,为儿女"做个样子"》,载《新华每日电讯》2013年1月3日第4版。

② 比尔·盖茨:《为穷人投资更有意义》,载《人民日报》2014年4月28日第3版。

③ 王伟健:《环卫工孙传斌工资丢失后……》,载《人民日报》2017年3月31日第4版。

很多人一辈子都在追逐财富、权力、名望，却从未追求过崇高，当物质财富真的丰富了，权势地位也有了，内心反而空虚了。为什么一些富裕的人比普通人更为空虚、迷惘、迷信呢？为什么部分明星艺人收入不菲，过着奢华的生活，却陷入失德败德的泥沼，靠吸毒嫖娼麻醉自我呢？这一切都源于内心的不安宁，源自追慕崇高的失落。

也总有一些思想清明的人，在拥有的物质财富仅够满足基本生存条件时，就开始追求崇高，奋斗一生。他们的追求超越了现实，他们的思想超越了时代，他们最终成为社会发展的领路人。马克思在17岁时，就选择最能为人类福利而劳动的职业。一个年仅17岁、刚刚中学毕业的青年学生便有如此宏图大志，实在是令人感佩。当我们仅仅从世俗的心态去理解别人追求崇高，自然难以理解，甚至觉得不可理喻，可当我们的心灵、我们的思想上升到一定层次的时候，便会对这种崇高远大的目标产生更为深刻的体验和理解。一个人有了远大的奋斗目标，他的生命就会与一种永恒的东西连接在一起，他会用一生去努力奋斗、不懈进取，他奋斗的目的将不再是仅仅为了个人，而是要为社会做出更大的贡献，实现人生价值的升华。一个人有了这样的人生目标，怎么会感到人生迷茫、无聊、空虚呢？

马克思主义理论能够帮助人们实现心灵净化、思想提升，从而达到更高境界。以马斯诺的需求层次理论来看，越在下层，跟经济利益的联系越紧密，越往上走，跟经济利益的联系越疏远。这便是，一个人不停地往上走，追求的东西将会越来越崇高，心灵也会越来越纯净。在净化心灵的过程中，路会越走越宽广，心灵会越走越自由。一个人开始追求崇高的东西，他的人生从此将变得愈加丰盈。

第三节　收获幸福的人生

2012年中秋节、国庆节双节前夕，中央电视台推出《走基层·百姓心声》特别调查节目，"幸福是什么？""你幸福吗？"简单的问句背后蕴含着一个普通中国人对生活的真切感受，引发当代中国人对幸福的深入思考。

幸福是什么呢？幸福包含着哪些内容呢？幸福是对人们生活状态的总体评价。显而易见的是，人生的幸福不仅来自物质财富的满足，更来自精神的富足。人需要物质财富满足生理需要，需要精神财富满足精神需要，更需要和谐的人际关系满足伦理需要。唐后主李煜，身处皇宫，锦衣玉食，不缺物质财富，但留下的却是"问君能有几多愁，恰似一江春水向东流"的悲戚和"春花秋月何时了"的落寞，这样的人生无论如何都谈不上幸福。

我们把幸福归结为一个"感"字，它不是抽象的，而是具体的，是我们生理、心理、伦理需要的满足。三者无法割裂，必须统一在一起，这种"感"才能获得实实在在的存在。一个人只有同时感受到生理、心理和伦理需要的满足，才能有真实的而不是虚幻的、稳定的而不是短暂的幸福感。这种幸福感体现在生活中，就是在生活中顺心，而不是烦心；在人际关系中安心，而不是闹心。这才是幸福的生活。

人生有大幸福，也有小幸福，每个人都在尽自己的努力追求属于自己的幸福。一顿美食，微信群里抢了个大红包，雪地里不小心滑倒后路人温暖的一个搀扶……这些都是人生的小幸福。生活中感动常在，幸福就常在。明代有一位名士胡九韶，家境清贫，一边教书，一边努力耕作，如此才得以实现衣食温饱。可每天黄昏，他都要到门口"焚香谢天一日清福"。妻子笑他，说："我们一天三餐都是菜粥，谈得上什么清福呢？"胡九韶答："我很庆幸生在太平盛世，没有战争兵祸；庆幸全家人都能有饭吃，有衣穿，不至于挨饿受冻；庆幸家里床上没病人，狱中没囚犯，这不是清福是什么？"生活平静简单，也能觅得人生的幸福。

幸福的人生不能是空虚的、无聊的人生。因此，人生需要设定一个奋斗目标，每一天都为目标而奋斗，每前进一步都是在向目标靠近。1936年，爱因斯坦在庆祝哈佛大学建校300周年纪念会上，就大学人才培养讲了这样一个观点："学校的目标应当是培养有独立行动和独立思考的个人，不过他们要把为社会服务看做是自己人生的最高目的。"个人不能"只变成一只蜜蜂或蚂蚁那样，仅仅是社会的一种工具"。[1]马克思的崇高，就在于他"目标始终如一"地"为全人类而工作"。

不过我们也要承认，平淡、从容的日常生活总是根据下一步

---

[1] 转引自钱颖一：《大学的改革》第1卷·学校篇，中信出版社2016年版，第89页。

必须解决的具体问题来考虑的,而不是根据人们会被要求为之献身的终极价值来考虑的。但是,似乎谁也无法否认,"一种终极价值是那种最终目标或目的,所有较小的目标都是为达到它而采取的手段——它也是对一切较小目标进行衡量的标准"①。

有目标的人在奔跑,没目标的人在流浪,因为不知道要去哪里;有目标的人在感恩,没目标的人在抱怨,因为觉得全世界都欠他的;有目标的人睡不着,没目标的人睡不醒,因为不知道要去干吗。人们追求的目标尽管很多,有短期的眼前目标,有中期的战略目标,也有长期的远大目标,不论这些目标的具体内容如何、类型如何,归根结底,最终目标就是获得人类自身的解放,让人生活得更舒适、更幸福、更有尊严。

我们需要寻找幸福的终极关怀,这便是信仰。信仰是最终能够给人生带来大幸福的思想体系或行动指南。人生要避免变得无聊和空虚,要避免变成无根的浮萍或散落的秋叶,便需要一套能够给自己带来安宁、让自己变得幸福的思想体系。这种体系可能是哲学,也可能是宗教。

生活中的幸福有很多,有大有小,而马克思主义哲学则是能够给一个人带来大幸福的信仰体系。我们找寻到了科学的马克思主义信仰,这是获取人生深度幸福的重要途径,"信马列,得幸福"。一些人或许不以为然,但如果你能够深入地学习领会马克思主义的基本思想,你会发现,马克思主义能够为人生幸福提

---

① 孙正聿:《理想信念的理论支撑》,吉林人民出版社2014年版,第196页。

供特殊意义。它会让你在大学的学习、生活变得充实，变得富有意义。我们愿意通过自己的努力改善周围的环境，而不仅仅是抱怨。内心有信仰，人生便强大。马克思当年的生活条件、个人际遇远恶劣于今天，虽然如此，马克思依然百折不挠、安贫乐道，选择了为无产阶级的事业奋斗终身。要知道，他完全有能力成为一个知名律师，可以变得富有，但他没有选择所谓的富贵之路，谁又能说这种选择不是一种智慧呢？

追求幸福要有一个科学的路径，那就是要找到一个能够对国家、社会和人类做出贡献的点，这个点可大可小，但一定要有。同样，一个人在校期间的学习、工作要和未来的发展目标有一个契合点。

最后，一个真正从马克思主义哲学中获取精神享受的人，是不可能实现不了个人能力提升的。所以，要一切从实际出发，从掌握最基本的马克思主义哲学知识入手。

第四节　学习马克思主义哲学的路径

青年学生从中学便开始接触马克思主义的基本内容，而这往往是通过考试来加深记忆的，或许并未真正弄懂弄通，知识往往是零碎的，搞懂的少，模糊的多。

《易经》载"形而上者谓之道，形而下者谓之器"，专业课恰恰讲的是"器"，谋生需要的就是"器"。马克思主义则是教一个人学"道"。与学"道"相比，学"器"似乎更实用，学"道"则显得寂寥多了。

陈云说，学习哲学，终身受益。马克思主义基本原理会随着时光的推移，愈发显现出强大的功效来。学习马克思主义的立意便在此，它教会一个人如何学道，学事物发展变化之道，学人类历史演进之道，学为人处世的人生之道。

当年费尔巴哈报考哲学系时，他父亲写信坚决反对。费尔巴哈的父亲是刑法律师，他期望费尔巴哈子承父业学习法律。在得知费尔巴哈坚决报考哲学系时，他的父亲在信中说："我深深相信，我说服你是不可能的，就是想到你将遭受没有面包丢尽体面的悲惨生活，也不会对你发生作用，因此，我们将按照你自己的意志行事，委身于你自己一手制造的命运，让你去尝尝我向你预言的悔恨。"费尔巴哈没有听从父亲的意见，坚持进入柏林大学哲学系就读，因为他认定，"哲学之外没有幸福！人只有在自己满足的地方才能有幸福，哲学的嗜好保证了我的哲学才能"，"哲学给予我永生的金苹果，向我提供现世的永恒福祉的享用，给予我以自身的相等，我将变得丰富，无限的丰富。哲学是取之不尽，用之不竭的源泉"。费尔巴哈不顾父亲的反对选择哲学，终于成为对人类做出伟大贡献的哲学家。

马克思的父亲也是律师，马克思在波恩大学、柏林大学读的都是法律。他虽然读法律，但对哲学可以说是痴迷。他在波恩大学钻研康德、费希特，后来转向黑格尔，如醉如痴，几近狂热。他在给父亲的信中倾诉了对哲学的钟情——"没有哲学，我就不能前进"。马克思终于成为马克思主义的缔造者,成为千年伟人。如果费尔巴哈和马克思这样的天才人物,屈从世俗观念,追求所谓体面生活,也许世界上多了一个不知其名的费尔巴哈律师,少了一个在哲学史上重新恢复唯物主义权威的伟大哲学家;多了一个子承父业的马克思律师,少了一个新哲学创造者。①

学习的过程需要持之以恒,收获的过程则必然是在"众里寻他千百度"后的不知所措中、"蓦然回首"的瞬间得来的。你没有掌握马克思主义的精髓时,周围的环境、别人的看法会影响你;当你真正掌握其精髓后,剩下的就是你去影响周围,影响别人了。学习的过程总会遇到困难,不过挑战困难的过程往往也是激发人斗志的过程,带着困难做事情的感觉会更好,困难和毅力、难度和智慧往往是辩证统一的。

马克思主义理论是一个庞大的体系,就其文本来看,全集有50卷本,2009年出版的文集也有10卷之多。我们要学的内容是马克思主义的基本原理,这是对马克思主义理论精华的凝缩,是最可宝贵的理论财富。基本原理归纳起来,只有不多的条目,可看似简单的东西,学起来并不容易,会用就更为不易了。

当我们尝试着把简单的东西学复杂,把复杂的东西学简单,很可能就把握住了所学东西的本质。马克思主义的基本原理就是如此,通过总结凝练,概括出的虽只有简单的几个知识点,可这恰是需要人们往深里学、往深里挖的。在学习马克思主义的过程

---

① 参见陈先达:《哲学的困境与中国哲学的前景》,载《光明日报》2017年2月13日第15版。

中，我们慢慢理解了马克思的崇高人生理想，理解了马克思主义基本原理的深刻内涵，便会折服于这位千年伟人的伟大创造，也会更加自觉地用马克思主义指导自己的人生。从此，人生必将多了些奋斗的动力，少了些无助的迷茫。

马克思主义包含三个部分，哲学、政治经济学和科学社会主义，这三个部分是熔铸为一体的一块整钢，需要整体把握。但在具体的学习过程中，马克思主义哲学又是最为关键和最为基本的。阅读马克思的著作，有一个基本的感受是，马克思从来没有给"哲学"下过具体的定义。原因是在马克思那里，"哲学"是动词性的，而非名词性的，是实际的运思过程，而非单纯谈论的对象，它是活的，有生命的敞开的过程，而非死的已完成之物。

哲学是一种运思的方式，表现为一种能力，而不仅是一种知识。生活中总会遇到这样的情形，街坊邻里总有善于处理复杂问题的高手，而这些人未必见得学习了多少马克思主义的经典，可他们在具体的生活工作中却是应用马克思主义理论处理问题的高手，他们的做法是一种结合生活体验无心插柳式的运用。同时，不少人在马克思主义哲学课考试时，成绩可能很高，但却未必能够自觉运用马克思主义的基本原理处理各种问题。原因何在？恐怕就在于看待马克思主义哲学的态度出现了偏差。

我们或许也只有像马克思那样思考，在实际运思中体会马克思的哲学境界，从而获得马克思主义哲学的训练。那么，怎样像马克思那样思考呢？除了阅读马克思主义的经典原著外，别无他途可循。1884年8月13日，恩格斯在《致格奥尔格·亨利希·福尔马尔》的信中写道:"研究原著本身,不会让一些简述读物和别的第二手资料引入迷途。"①后来,恩格斯在《致约·布洛赫》的书信中善意地提醒:"我请您根据原著来研究这个理论,而不要根据第二手的材料来进行研究——这的确要容易得多。"②真正学好、用好马克思主义哲学,是非得下功夫读些原著不可的,也只有攻读一些原著,才有可能练就像马克思那样思考问题的本领,进入哲学的运思境界。

另外,学马克思主义哲学,一要信,二要迷,但是不能迷信,搞迷信是马克思坚决反对的。很难想象一个不相信马克思主义的人,会主动学习亲近马克思主义。只有解决了信的问题,才会主动去学、去钻,学的多了,钻的多了,就会着迷,着迷般地学,着迷般地用,继而形成一个良性循环。毛泽东曾这样讲钻的方法:"打完仗后,就读他一遍或者看他一两句,没有味道就放起来,有味道就多看几句,七看八看就看出味道来了。一年看不通看两年,如果两年看一遍,十年就可以看五遍,每看一遍在后面记上日子,某年某月某日看的。"③

现在有一些青年电竞职业选手,游戏玩得很好,原因不外乎游戏的虚拟世界能够给自己带来快乐,带来自尊,带来幸福感。一个人相信这些道理,便会着迷玩,很多游戏又并非轻松过关,所以要玩得好,就得钻研,钻研透了就会懂得里面的道理,会用

---

① 《马克思恩格斯全集》第36卷,人民出版社1975年版,第200页。
② 《马克思恩格斯文集》第10卷,人民出版社2009年版,第593页。
③ 《毛泽东文集》第3卷,人民出版社1996年版,第417—418页。

最少的能量值打败最多的怪兽。事实上，从哲学的角度来看，学习任何技能、理论都离不开这个普遍规律。

当然，在学习马克思主义哲学的过程中，人容易急躁，迫切要找最精妙、最实用的理论来学，对于一些看似没有直接关系的材料会轻言这个没用、那个没用。如果我们翻看一些马克思主义的著作，特别是翻看一些二手材料，会觉得谈的都是大道理，缺乏实际用途。在一个期待短平快、刀下见菜的时代，让人们学习并相信一些大道理，一些短期内意义不明显但长期效果显著的道理，是少有人愿意下这个工夫的。事实上，当你还没有对马克思主义哲学弄懂弄通的时候，还远没有形成自觉的时候，你排斥的、放弃的并不一定是没用的东西。只有搞懂了、弄通了，自然就能够实现取其精华、弃其糟粕了。

最后需要明确的是，理论的学习从来都不会有多快乐，更多的时候是枯燥，特别是入门的时候，一个人非要下大的决心、耐心、恒心，持之以恒坚持下去，否则是难以学懂弄通的。即便是马克思主义理论专业的学生，在学习的过程中，也要付出艰苦的努力。恩格斯说："马克思主义不是为我们提供牛奶的奶牛"。"姓马"容易"信马"不易，"姓马"是专业，"信马"是信仰。专业可以变为单纯谋生的手段，而信仰则是高于谋生的精神追求。这里不妨引用一句犹太人的俗语作结："这世上有三样东西是别人抢不走的：一是吃进胃里的食物，二是藏在心中的梦想，三是读进大脑里的书。"

第二章　马克思主义的生命力

第二章 马克思主义的生命力

自1848年《共产党宣言》发表至今,170多年过去了。在这期间,马克思主义在曲折中前进,在发展中创新,表现出了强大的生命力量。就连一些西方的学者,哪怕是最顽固的反马克思主义者,也不得不用"伟大"一词评价马克思。西方经济学家约瑟夫·熊彼特在《资本主义、社会主义与民主》一书中,对马克思主义进行了集中的恶毒歪曲和攻击,他在一开篇就宣称"在一个重要意义上,马克思主义是一种宗教"①,并把科学社会主义说成好像宗教一样,许诺人们以"人世天堂"。观其所言,他无疑是一位坚定的反马克思主义者,但他同时表示:"大多数智力或想象的创作,经过一段时间,短的不过饭后一小时,长的达到一个世代,就完全湮没无闻了。有些却不。它们遭受了晦蚀,但是又复活了,不是作为文化遗产中不可辨认的成分而复活,而是穿着自己的服装,带着人们看得见摸得着的自己的瘢痕而复活了。这些创作,很可以称之为伟大的创作——我们的定义把伟大和生命力联结在一起,是没有弊病的。按这个意义来说,伟大这个词无疑适用于马克思的道理。"②美国学者海尔布隆纳在著作《马克思

---

① 约瑟夫·熊彼特:《资本主义、社会主义与民主》,吴良健译,商务印书馆1999年版,第45页。

② 约瑟夫·熊彼特:《资本主义、社会主义与民主》,吴良健译,商务印书馆1999年版,第48页。

主义：赞成与反对》中表示，要探索人类社会的发展前景，必须向马克思求教，人类社会至今仍然生活在马克思所阐明的发展规律之中。

第一节　科学理论的根本指导

马克思主义自诞生170多年来，世界历史跌宕起伏、风云变化，期间遭遇了国际共产主义运动的低潮，但马克思主义并没有湮灭，反而继续燎原，依然表现出旺盛的生命力，这在于它以实践为基础的科学性和革命性的统一。

革命的主义：先进分子的选择

辛亥革命后，中国社会上开始流行结社组党的热潮，"党会既多，人人无不挂名一党籍。遇不相识者，问尊姓大名而外，往往有问及贵党者"①。在这场组党大潮中，统计显示，民国初年中国政坛共出现了682个新兴团体，其中基本具备近代政党性质的团体有312个。②但遗憾的是，来得快也去得快，成立政党的浪潮不到两年便偃旗息鼓、戛然而止，此后"政党之名，报章论坛，绝鲜有人论述"。

---

① 冰心：《北京社会之面面观》，载《时事新报》1913年1月3日。
② 陈晋：《中国共产党的领导核心地位是历史和人民的选择》，载《求是》2016年第13期。

当时社会上流行各种各样的主义思潮，据不完全统计，有300多种，改良主义、自由主义、社会达尔文主义、无政府主义、实用主义、民粹主义、工团主义等，你方唱罢我登场，但它们都没有触及帝国主义、封建主义的根基，无法完成救亡图存和反帝反封建的历史任务，铩羽而归。这些主义消失的原因并不是来自外部的压力，比如政治压力，而是因为这些主义在中国找不到合适的土壤，没能改变国家的前途命运，这个国家依然是乱象丛生、闹剧连连、军阀混战、民不聊生。

同样，一些主义在激烈的主义竞争中生存下来并得到了发展，主要原因在于它们在中国找到了适合的土壤。马克思主义便是如此。中国共产党的先进分子们选择马克思主义，绝非一时冲动或趋时之举，而是在反复比较借鉴之后，经过深思熟虑，最后才做出了坚定地选择马克思主义的人生决定。

比如，张闻天这样描述自己当时的思想历程："我们对于这种不合理的社会，情意上早感到不安，因不安也早产生了改造的决心。不过用什么方法来改造呢？应该改造成什么样呢？这些问题常常横在我胸前而一日不能去的。无抵抗主义呢？反抗主义呢？无政府主义呢？社会主义呢？如江河流水，不绝地引起我底烦闷，但永久不决定是不能生活的。那么，取其长，舍其短，自然不能不走社会主义一条路了。自今日起，我希望能够在实现社会主义的历程中做一个小卒。"①再比如，1923年，有人劝刘伯承

---

① 张闻天：《中国底乱源及其解决》，载《党的文献》1989年第3期。

加入中国共产党，他说："当今中国向何处去？哪一种主义最符合中国国情？还应当深思熟虑才稳当；如果一见旗帜就拜倒，我觉得太不对了。准备极力深研，将来才能确定自己的道路。"对此，杨闇公赞叹道："这是何等的真切，何等的真诚哟！比起那因情而动、随波而靡的人来，高出万万倍。"①

同样，周恩来是在对欧洲当时流行的打着社会主义旗号的各种主义进行反复鉴别后，下定决心："我们当信共产主义的原则和阶级革命与无产阶级专政两大原则，而实行的手段则当因时制宜。"并断言："我认的主义一定是不变了，并且很坚决地要为他宣传奔走。"②林伯渠在回顾自己的思想历程时说："辛亥革命前觉得只要把帝制推翻可以天下太平，革命以后经过多少挫折，自己所追求的民主还是那样的遥远，于是慢慢地从痛苦经验中，发现了此路不通，终于走上了共产主义的道路。这不仅是一个人的经验，在革命队伍里是不缺少这样的人的。"③

当时，没有人要求你必须要信仰马克思主义，马克思主义是在同各种思潮的竞争中赢得领导权的。因为，同其他思潮相比，它更加符合中国的政治经济现实，能够解释中国，也能够解决中国所存在的问题。

---

① 转引自中共中央组织部研究室（政策法规局）编著：《全面从严治党》，党建读物出版社2016年版，第21页。
② 《周恩来书信选集》，中央文献出版社1988年版，第40—41、46页。
③ 王相坤：《林伯渠：历史进程中"总站在革命的最前线"》，载《马克思主义文摘》2021年第2期。

第二章　马克思主义的生命力

科学的理论：指引走向胜利之途

在社会急剧变革的时代，充满革命性的思想并不鲜见，但一种思想如果仅仅只有革命性，而缺乏科学性的话，那它所指导的队伍可能会夺得一时一地的胜利，但却难以取得长久的全局性的胜利；可能一时会显现出先进性，但却难以永葆先进性。中国四大名著之一的《水浒传》中讲宋江率领梁山好汉，打家劫舍，杀富济贫，替天行道，论革命性个个都不弱，可这么顽强的队伍为什么最后会落得"作鸟兽散，死的死，走的走"呢？败因很多，其中一条便在于他们缺乏科学理论的指导。梁山只是一座山，上山的人越多，整体消费量就越大，人均消费的生产资料将变少。当近郊都被洗劫一空时，要保证接下来有饭吃，能够持续发展，剩下的路子要么是造反，要么是被招安。如果不想造反，那也只能被招安。由于地理环境和人员构成的限制，梁山成不了独立王国，加之指导思想缺乏科学性，走了一条不可持续发展的路子，最终定会因粮草断绝而陷入困境。拥有科学理论指导的队伍在遇到困难、挫折甚至危机时，往往能够找准方向，团结一心，共赴时艰，克服困难。而这恰恰是梁山好汉们所缺乏的。

同样，攻占北京的李自成农民军，建都南京的太平天国，短暂胜利后均昙花一现。而反观中国共产党，在马克思主义的指导下，用28年的武装斗争夺取了政权，又用了70多年进行社会主义的制度探索和建设实践，不断地实现马克思主义的中国化。治国理政比夺取政权花的工夫和精力要更大。因此，毛泽东在1949年党的七届二中全会报告中说，夺取全国的胜利，这只是万里长征走完了第一步，只是序幕。中国的革命是伟大的，但革命以后的路程更长，工作更伟大，更艰苦。①

习近平总书记指出："辛亥革命以来的几百个政党和政治组织中，我们党站住了、发展壮大起来了，一个根本原因，就是我们党有科学理论指导。"②1927年毛泽东领导秋收起义，当三路起义军均遭受重创时，毛泽东当即决定，放弃攻打长沙，转向农村开展武装斗争，途中进行三湾改编，最后率部进军井冈山。在围追堵截的国民党政府看来，这算是典型的"落草为寇"，形式与当年水泊梁山别无二样，并当即发布"通令各军，如获毛逆者，赏洋五千"的通告。但是，为什么毛泽东带领的队伍在井冈山站住了脚，并逐渐由小到大，没有陷入梁山好汉的历史规律呢？

除了有正确的军事策略外，一个重要的原因在于，毛泽东领导的中国革命有正确理论的指导，发展壮大凭借的是科学理论的指引，而非一时的英雄豪气。秋收起义遭遇重挫，集中到文家市的队伍由10天前的5000多人变成1500余人，领导层经过一整夜的激烈讨论，决定放弃攻打长沙，改向敌人统治力量薄弱的农村去，队伍中对毛泽东要到井冈山当"山大王"的提议表示反对，觉得革命革命，革到山上做"山大王"去了，这叫什么革命。毛泽东耐心地做说服工作，我们这个"山大王"是特殊的"山大

---

① 《毛泽东选集》第4卷，人民出版社1991年版，第1438页。
② 《全党来一个大学习——新时代中国共产党人的理论自觉》，载《光明日报》2018年1月10日第1版。

第二章　马克思主义的生命力

王",是共产党领导的有主义、有政策、有办法的"山大王",是代表人民利益的工农武装。中国政治不统一,经济发展不平衡,矛盾很多,我们要找敌人统治薄弱的地方。共产党领导有主义,这就显示出与以往封建社会的农民起义军的根本不同。

毛泽东对行军队伍讲:"我们现在力量很小,好比是一块小石头,蒋介石好比是一口大水缸,总有一天,我们这块小石头,要打破蒋介石那口大水缸。"①这是很鼓舞士气的。后来队伍内有人责难毛泽东三番五次改变部队行军路线,认为这是朝秦暮楚。毛泽东耐心解释:"这并不是朝秦暮楚,而是适应形势的变化。中央有明确规定,前委到了哪个省,就要受哪个省委的节制。现在江西省委发来指示信,要求我们到宁冈去,那儿又叫井冈山,是个囤积粮草兵马的好去处。""《水浒传》里有个水泊梁山,朝廷的千军万马拿他们没得办法。我们到了井冈山这样的地方,反动派也奈何不了我们,我们就是到那儿去当红色'山大王'!"②

在井冈山上人心不稳,针对有些同志怀疑红旗能打多久时,毛泽东写了著名的文章《星星之火,可以燎原》,为同志们鼓劲打气、提振信心,这在当时的条件下是多么不易。没有科学的理论指导,没有毛泽东将马克思主义与中国革命的具体实际相结合,我们不可能支撑那么久。抗日战争期间,日本步步紧逼,抗战处于不利局面的情况下,社会上悲观情绪和乐观情绪都有,要

---

① 《毛泽东年谱(1893—1949)》上卷,中央文献出版社1993年版,第220页。

② 张福兴:《中国1927:再说秋收起义》,载《读书文摘》2008年第4期。

么认为是速亡，要么认为美国会施以援手，能速胜。毛泽东在这个时候发表了《论持久战》，驳斥了速亡论和速胜论，后来蒋介石看到此文，亦心悦诚服。

毛泽东撰写了很多充满了马克思主义思想的文章，比如《实践论》和《矛盾论》。正是因为以毛泽东为代表的中国共产党人以马克思主义为指导，结合中国的具体国情，继承和发展了马克思主义，活学活用了马克思主义，才指引着中国革命取得了胜利。如果不是这样，中国人至少还要在黑暗中摸索更长的时间。

第二节　人民至上的政治立场

立场，是指人们观察、认识和处理问题的立足点。这个立足点从根本上讲，是由人们的经济、政治、社会利益和所处地位决定的。人类进入阶级社会以后，立场便带有了阶级属性，富含政治色彩。而政治立场，就是人们观察、分析和处理问题时所处的政治地位和所持的政治态度。

人民至上：共产党人的政治立场

对于中国共产党人而言，政治立场是唯一的，那就是为绝大多数人谋利益，致力于实现最广大人民的根本利益，这是共产党人遵循马克思主义基本政治立场做出的重要选择。毛泽东曾指出："我们这个队伍完全是为着解放人民的，是彻底地为人民的

第二章 马克思主义的生命力

利益工作的。"①事实上,这支队伍其实是人民为了解放自己,即实现自我解放而建立起来的,这就是这支队伍采取人民立场的原因。习近平总书记指出,人民立场是中国共产党的根本政治立场,是马克思主义政党区别于其他政党的显著标志。

政治立场坚定的人,无论是敌是友都是容易获取信任的;政治立场不坚定的人,最容易当骑墙派,也就是两面派,哪边有好处,就跟着哪边,还会给自己冠以"识时务者为俊杰"的名号。

有这么一则故事,一个人所在的单位马上就要破产了,他只好离职另谋出路。在一家新单位应聘时,前三道专业的题目他答得很好,满分。第四道题是,请讲述你所在原单位成功的秘诀和最核心的技术是什么?他回想原单位对自己的栽培,和其他同事们苦苦挣扎以谋生存的情形,果断写下四个字——"无可奉告",便回家准备另寻他职,不想第二天便接到了录用通知。竞争双方都不会喜欢一个容易给对手出卖核心技术的人。

可在某些时候,一些人特别是一些手握权力的党员干部在面对诱惑时,会犹豫不决,立场变得不坚定,原因是他们面对诱惑还没有思考好、准备好,道理没有想通,就容易优柔寡断,甚至出现事端。探访那些成为阶下囚的前官员,首次收受贿赂时,内心难免紧张,甚至犹豫不决,在收与不收之间徘徊。四川省蓬安县原县委书记袁菱,曾长期在高校任职,转任地方不久,一个人给她送了1万元,当时她和丈夫带着儿子开车去追,追了几里

---

① 《毛泽东选集》第3卷,人民出版社1991年版,第1004页。

路去退钱。但后来,她人生的总开关逐渐放松了,贪污受贿样样都干,最终被法院判处无期徒刑,受贿赃款4052万元被依法追缴。袁菱初入政坛时对腐败深恶痛绝,有洁身自好的自觉,可惜的是,她的信念并不坚定,道理没想通,把人生道路往错的方向引,觉得廉洁"吃不开",就开始瞻前顾后,价值观随之"调整",最终东窗事发,成为阶下之囚。

制度建设:管党治党的根本之策

一些党员干部出现贪腐行为,个中原因固然复杂,但其中之一便是失去了共产党人最基本的价值追求和人生信仰。习近平总书记多次讲,当官、发财是两条道,当官就不要发财,发财就不要当官。可有些官员总是想不通,抵不住诱惑。如杭州市原副市长许迈永称,"那些老板动辄赚几千万甚至上亿,而自己并不比他们笨,却只挣那么可怜的一点点";再如江苏省如皋市原副市长单定方说,"我为城市开发建设付出了很多辛苦,一年辛苦下来也只不过拿几万元的工资,而那些跟我接触的开发商却一个个富了起来"。[①]无拘者无束,无信仰者便无敬畏之心,失去了公心,自我努力奋斗的方向不是为大多数人谋利益,而是为一己之私谋利。人生定位于此,难免犯错误。对此,我们需要做大量的思想政治教育工作,确保党员干部坚定理想信念,但同时,要从制度设计上做好防范。

---

① 李辉卫:《当官就不要发财 发财就不要当官》,载《学习时报》2017年5月10日第2版。

以现有的组织制度来看，管理层级是金字塔结构的，越往上走路越窄，需要的人就越少，尽心尽力工作不一定能获得提拔。如果解决不了这个问题，那如何让官员做到为人民服务呢？通常的做法是做思想工作，努力让官员全心全意为人民服务。事实上，在缺乏制度性机制的保障下，这种要求短期可以，长期是难以奏效的，这已为大量的事实所证明。

纵览社会一切组织机构的治理工作，制度都是必不可少的。所以，邓小平讲："制度问题更带有根本性、全局性、稳定性和长期性。""制度好可以使坏人无法任意横行，制度不好可以使好人无法充分做好事，甚至会走向反面。"①

对于像中国这样拥有9500多万名共产党员的大党而言，仅仅靠做党员的思想政治工作，让广大党员坚定政治立场，全心全意为人民服务，是不够的，必须要有一套完整的制度保障。党的十八大之后，中央推进全面从严治党，并把制度治党作为管党治党的根本之策，实现思想建党与制度治党的统一，一柔一刚，同向发力，使党建更有力。

第三节　与时俱进的理论品质

坚持一切从实际出发，理论联系实际，实事求是，在实践中

---

① 《邓小平文选》第2卷，人民出版社1994年版，第333页。

检验真理和发展真理,是马克思主义最重要的理论品质。这种与时俱进的理论品质,是170多年来马克思主义始终保持蓬勃生命力的关键所在。

与时俱进:推进马克思主义中国化

与时俱进体现的是实事求是的思想品格,一切要从变化了的实际出发,它最大的敌人就是教条主义。试想,如果我们今天在推进社会主义市场经济建设中仍抱着马克思主义的大本子不放,搞教条主义,把马克思主义做僵化式的理解,我们一定会不可避免地犯和从前一样的错误。延安时期,针对党内教条主义风气盛行的情形,毛泽东批评道:"洋八股必须废止,空洞抽象的调头必须少唱,教条主义必须休息,而代之以新鲜活泼的、为中国老百姓所喜闻乐见的中国作风和中国气派。"[1]一个理论体系走向僵化之时,就是被抛弃之日,历史上从未见过一个僵化了的理论体系能够具有持久的生命力。也正是在这个意义上,马克思反复说:"有一点可以肯定,我不是马克思主义者。"[2]恩格斯多次转述马克思的话,马克思本人并不认为自己是马克思主义者。马克思反对给自己贴标签的动机在于,担心人们将马克思主义看成新教条,从而阻碍了人们的理论想象和理论创新。恩格斯晚年曾语重心长地告诫人们:"要根据自己的情况像马克思那样去思考问题,只有在这个意义上,'马克思主义者'这个词才有存在的

---

[1]《毛泽东选集》第2卷,人民出版社1991年版,第534页。
[2]《马克思恩格斯文集》第10卷,人民出版社2009年版,第487页。

第二章 马克思主义的生命力

理由。"[1]

的确,马克思主义不是自我封闭的理论体系,是开放的,是随着时代发展理应继续丰富和补充的,正如马克思认为的那样:"我们的理论是发展着的理论,而不是必须背得烂熟并机械地加以重复的教条。"[2]恩格斯批评那些"把它当作现成的公式,按照它来剪裁各种历史事实","当作标签贴到各种事物上去,再不作进一步的研究,就是说,他们一把这个标签贴上去,就以为问题已经解决了"的错误做法。恩格斯晚年再度强调:"马克思的整个世界观不是教义,而是方法。它提供的不是现成的教条,而是进一步研究的出发点和供这种研究使用的方法。"[3]马克思主义不是束缚思维的教条,不是装点门面的挂画,更不是只要在房门上一贴便可"万事大吉"的门神,而是发展的理论、进行研究工作的指南。[4]

随着时代条件和历史环境的发展变化,结合中国新民主主义革命的具体国情,中国共产党人创立了毛泽东思想,并将其作为马克思主义理论体系的重要补充;根据改革开放和社会主义现代化建设新时期的伟大实践,创立了邓小平理论、"三个代表"重要思想和科学发展观。党的十八大以来,中国特色社会主义进入了新时代。以习近平同志为主要代表的中国共产党人,坚持把

---

[1] 《智慧的明灯:回忆马克思恩格斯》,人民出版社1983年版,第91页。
[2] 《马克思恩格斯选集》第4卷,人民出版社1995年版,第681页。
[3] 《马克思恩格斯选集》第4卷,人民出版社1995年版,第742—743页。
[4] 本刊记者:《开启中国特色哲学社会科学建设的新征程——访武汉大学马克思主义学院教授沈壮海》,载《马克思主义研究》2016年第7期。

马克思主义基本原理同中国具体实际相结合，同中华优秀传统文化相结合，坚持毛泽东思想、邓小平理论、"三个代表"重要思想、科学发展观，深刻总结并充分运用党成立以来的历史经验，从新的实际出发，创立了习近平新时代中国特色社会主义思想。[①] 这一理论成果是在中国特色社会主义进入新时代而创立的，是当代中国马克思主义、21世纪马克思主义，是中华文化和中国精神的时代精华，实现了马克思主义中国化新的飞跃。

不干：半点马克思主义也没有

一切从实际出发，理论要联系实际，如果仅仅停留在理论层面，不用其来指导实践，那理论也只能成为书斋里的理论，这样的理论是缺乏持久生命力的。马克思是最反感这种书斋式的理论的，他的《关于费尔巴哈的提纲》中有这样一句名言："哲学家们只是用不同的方式解释世界，而问题在于改变世界"[②]，就是嘲讽那些缺乏实际指导意义的哲学理论。马克思是哲学家和革命家的完美结合，他的哲学不是学院派，远离现实，谈玄论道；他也不是"沙漠里的高僧"，腹藏机锋，口吐偈语。相反，他的哲学既是解释世界的哲学，又是改变世界的哲学，是二者完美的统一。[③]

---

① 《中共中央关于党的百年奋斗重大成就和历史经验的决议》，人民出版社2021年版，第23—24页。
② 《马克思恩格斯文集》第1卷，人民出版社2009年版，第506页。
③ 杨耕：《从误入哲学到钟情哲学》，载《北京日报》2013年9月2日第19版。

马克思说:"哲学把无产阶级当做自己的物质武器,同样,无产阶级也把哲学当做自己的精神武器;思想的闪电一旦彻底击中这块素朴的人民园地,德国人就会解放成为人。"①可以说,其他任何哲学都没有马克思主义哲学这个独特的本领。英国学者特里·伊格尔顿说:"历史上从来没有出现建立在笛卡尔思想之上的政府,用柏拉图思想武装的游击队,或者以黑格尔的理论为指导的工会组织。"②所以,作为以马克思主义为指导思想的政党,中国共产党所建立的一套上层建筑,必须是能够维护马克思主义的指导地位的。

社会上一些别有用心的人妄图否定马克思主义,斥马克思主义理论为水货,持这种观点的人要么根本不懂马克思主义理论,有的甚至从来没有看过马克思主义的书;要么就是基于对马克思主义理论只言片语的肤浅理解,而生产出简单幼稚的所谓颠覆性观点;要么就是基于对社会现实的不满而生出的简单情绪发泄而已。所以,我们对这些错误的观点要有一个基本的判断,不要人云亦云。如果马克思主义不行了,马克思怎么还被评为最伟大的千年伟人?所以,马克思主义行不行,不仅在于理论上的论证,还在于指导中国实践是不是取得了成功,是不是真正地改变了中国的面貌,改变了中国人民的根本命运。

改革开放初期,邓小平认为:"世界上的事情都是干出来

---

① 《马克思恩格斯文集》第1卷,人民出版社2009年版,第17—18页。
② 陈先达:《学好用好共产党人的看家本领》,载《人民日报》2016年12月13日第7版。

的,不干,半点马克思主义也没有"。习近平总书记在参观《复兴之路》展览后,强调"实干兴邦、空谈误国"。他还引用"圣人是肯做工夫的庸人,庸人是不肯做工夫的圣人",就是告诉人们,用力要到实处,要在落细、落小、落实上下功夫。

道不能坐论,德不能空谈。每一个宏图远志,都需要具体的支点;每一个美好梦想,都需要现实的落点。唐朝以降,中国开始逐渐走下坡路,原因很多,其中一点就是逐渐缺乏务实精神。宋朝以后谈程朱理学,重在讲理论,混淆了正确与错误、先进与落后的界限,甚至把耍嘴皮却不干正事的人作为社会先进,这是一大教训。延续到元明清,中华文化的气势一路下滑,实干的精神虽有迭起,但再也没有迎来新的高潮。清朝道光年间出了个著名的巧官曹振镛,辅佐三朝,官运亨通,多磕头,少说话。据严复统计,有清一代共有大臣2748人,死后谥"文正"的仅8人,平均340多人才有一个。为政者保守、不实干、靠寻巧来投机,这样的作风蔓延下来,晚清将中华民族拖向深渊,带入了风雨飘摇之境。

无论是历史经验还是历史教训,都成为中华民族发展历程中不可磨灭的印记,并化为一笔宝贵的财富。财富的价值便在于,时时刻刻启发后人,启发新时代的共产党人:不干,不仅有损马克思主义,而且只能将实现中华民族伟大复兴的中国梦寄托在梦里;只有实干,才能把伟大的中国梦照进生动的现实。

第四节　为全人类谋幸福的社会理想

实现无产阶级的解放，为全人类谋幸福，是马克思、恩格斯创立新的主义的出发点，也是根本归宿。为此，马克思、恩格斯用一生的奋斗来践行自己的理想和主义。中国共产党选择将马克思主义作为指导思想，在为中国人民谋幸福的同时，要为人类社会谋福祉、谋大同。

为全人类谋幸福：马克思、恩格斯的选择

马克思在年轻的时候便树立了为全人类谋幸福的崇高理想，对于一个年仅17岁、刚刚中学毕业的学生来说，此等品格，何其珍贵。他在自己的一篇习作《青年在选择职业时的考虑》中这样说："如果我们选择了最能为人类福利而劳动的职业，那么，重担就不能把我们压倒，因为这是为大家而献身；那时我们所感到的就不是可怜的、有限的、自私的乐趣，我们的幸福将属于千百万人，我们的事业将默默地、但是永恒发挥作用地存在下去，而面对我们的骨灰，高尚的人们将洒下热泪。"[①]

马克思是这样说的，更是这样做的。可以说，他真正做到了知行合一。他的家庭出身很好，又非常聪明，23岁获得博士学位，25岁娶了一位贵族小姐，并成为《莱茵报》的执行主编。可

[①]《马克思恩格斯全集》第40卷，人民出版社1982年版，第7页。

以说，年纪轻轻就是人生赢家了。他的生活圈子基本都是达官贵人，如果按照这个路径走下去，他完全有机会成为部长、行长、爵士等。再不济，也可以成为一名教授，或者一名律师，他也不会如后来那般生活得十分窘迫。

马克思在上大学期间，将自己的专业由法律这个当时的热门专业转为哲学这个难以养家糊口的专业，甚至为此不惜和母亲闹翻。这在今天看来都是不可思议的。很多人在大学期间也会转专业，但更多的是从冷门转向热门，很少看到从热门转向冷门的。另外的一个关键问题是，马克思选择了哲学，毕业后的工作还算不错，如果他能够稍微配合一下当局，也不会被驱逐，颠沛于法国、英国、比利时，也不会让自己4个孩子因为生活的拮据而不幸罹难。

这里，如果从所谓的理性和经验出发，我们甚至完全不能够解释马克思的选择，也不能够理解马克思为什么选择自讨苦吃的生活。这就是马克思，大学毕业后，便选择了为全世界无产阶级的解放而奋斗，为了人类的幸福而奋斗。从个人的角度来说，25岁以后的人生，马克思是走下坡路的，但从整个人类的发展来看，马克思25岁之后的人生开始了攀登光辉的顶峰。马克思在博士论文中写到：知识不是来自经验，也不是来自理性，因为知识，就来自凝视他人的目光，倾听他人的呼吁，并立志为他人做些什么。这或许能够解释马克思的选择。

恩格斯同样如此，家庭出身也不错，父亲经商，恩格斯甚至被迫辍学经商，但这段经历也让他显露出较好的经商能力。恩格斯本来不愿意从商,可为了从经济上支援马克思全家,被迫从事"该死的"商业,放弃了自己在理论上继续探索的可能。要知道,恩格斯在仅仅20岁出头便写出了像《政治经济学批判大纲》《英国工人阶级状况》等著作。可他为了马克思的事业,为了无产阶级的事业,放弃了职业从事理论研究的选择,放弃了政治经济学这个已经取得初步成果的领域,主动承担起"后勤部长"的职责,把主攻的任务留给了马克思,自己甘当"第二提琴手"。

有人可能会问,马克思和恩格斯共同创立的理论体系,为何要单独以马克思的名字命名呢?为何不称其之为"马恩主义"呢?恩格斯在晚年这样讲:"我不能否认,我和马克思共同工作40年,在这以前和这个期间,我在一定程度上独立地参加了这一理论的创立,特别是对这一理论的阐发。但是,绝大部分基本指导思想(特别是在经济和历史领域内),尤其是对这些指导思想的最后的明确的表述,都是属于马克思的。我所提供的,马克思没有我也能够做到,至多有几个专门的领域除外。至于马克思所做到的,我却做不到。马克思比我们大家都站得高些,看得远些,观察得多些和快些。马克思是天才,我们至多是能手。没有马克思,我们的理论远不会是现在这个样子。所以,这个理论用他的名字命名是理所当然的。"[①]从中我们可以读出恩格斯伟大的品格以及对学术的尊重。

另外,弗·梅林曾高度评价恩格斯在创立马克思主义学说

---

① 《马克思恩格斯选集》第4卷,人民出版社1995年版,第242页注①。

过程所做出的重大贡献，对此，恩格斯谦逊地表示："如果说我有什么异议，那就是您加在我身上的功绩大于应该属于我的，即使我把我经过一定时间也许会独立发现的一切都计算在内也是如此，但是这一切都已经由眼光更锐利、眼界更开阔的马克思早得多地发现了。如果一个人能有幸和马克思这样的人一起工作40年之久，那么他在后者在世时通常是得不到他以为应当得到的承认的；后来，伟大的人物逝世了，那个平凡的人就很容易得到过高的评价——在我看来，现在我的处境正好是这样。历史最终会把一切都纳入正轨，到那时那个人已经幸运地长眠于地下，什么也不知道了。"①

马克思和恩格斯之间有着伟大的友谊，并且恩格斯为马克思的理论创作做出了实质性的重要贡献，于情于理恩格斯完全配得上做出实际贡献的"第二作者"。列宁曾这样评价恩格斯："在他的朋友卡尔·马克思（1883年逝世）之后，恩格斯是整个文明世界中最卓越的学者和现代无产阶级的导师。"②恩格斯去世后，列宁这样评价马克思与恩格斯之间的友谊："他们的关系超过了古人关于人类友谊的一切最动人的传说。恩格斯总是把自己放在马克思之后……他对在世时的马克思无限热爱，对死后的马克思无限敬仰。这位严峻的战士和严正的思想家，具有一颗深情挚爱的心。"③恩格斯这种宽广的学术胸襟和伟大的人格令人感佩。

---

① 《马克思恩格斯选集》第4卷，人民出版社1995年版，第725页。
② 《列宁全集》第2卷，人民出版社1984年版，第1页。
③ 《列宁全集》第2卷，人民出版社1984年版，第10页。

大格局：大国责任与担当

共产党人以马克思主义为指导，追求的自然是实现共产主义的崇高社会理想。作为群众中的先进分子，共产党员要带领群众为实现更高的社会目标而奋斗。但我们要看到，崇高的社会理想不可能在群众中自发产生，由于受多年来传统习惯的影响，"三亩地、一头牛、老婆孩子热炕头儿"的小农理想往往是农民的普遍选择。

不求大富大贵，但求生活平安，小富即安不仅是很多中国人的心理特质。良田万顷，日食一升；大厦千间，夜眠八尺。对物质的占有欲望较为节制，这样的生活状态不是没有益处，它能够让人生性平和、恬淡自然，但也容易造成思想懒惰、视野狭隘、创新能力不足、格局太小等问题。

新时代的中国，特别是致力于实现中华民族伟大复兴的当代，格局的问题太关键了。早在井冈山时期，毛泽东就谈到格局的问题。有一次，毛泽东和战士们从宁冈挑粮登上黄洋界，在一棵荷树下歇脚。毛泽东问大家，站在荷树下能看多远？战士回答，可以看到江西和湖南。毛泽东意味深长地说，革命者就是要站得高看得远，站在井冈山，不仅要看到江西和湖南，还要看到全中国，看到全世界。[①]这就是一个革命者所应具备的格局和视野。如果没有这种大格局，我们很难想象毛泽东能写出"问苍茫

---

① 徐文秀：《胸有"格局"立天地》，载《人民日报》2015年11月18日第4版。

大地、谁主沉浮"这样大气磅礴的诗句。

格局的问题关乎共产党人的责任和使命。2013年,习近平总书记首次提出构建人类命运共同体的倡议,就是每个民族、每个国家的前途命运都紧紧联系在一起,风雨同舟,荣辱与共,努力把我们这个星球建成一个和睦的大家庭,把世界各国人民对美好生活的向往变成现实。而后,我们提出的"一带一路"倡议,为各国加快发展提供了包容性平台。面对一些国家存在的"零和博弈"思维,习近平总书记认为,如果从本国优先的角度看,世界是狭小拥挤的,时时都是激烈竞争;如果从命运与共的角度看,世界是宽广博大的,处处都有合作机遇。

为什么中国共产党人具备这样大的格局和视野呢?这更多地来自中国共产党选择的马克思主义。马克思主义是为着实现全人类解放的主义,本质就要求共产党人必须有大的格局和视野。中国共产党既然选择了把马克思主义作为指导思想,那就必须在做到为中国人民谋幸福的同时,为全人类进步而奋斗,为增进人类福祉做贡献。从抗击新冠肺炎疫情的情况来看,中国在战胜国内疫情的同时,积极为国际社会提供防疫物资援助、派遣医疗专家组,同时倡导构建人类卫生健康共同体,以实际行动挽救了无数的生命。

在做贡献的时候,我们要认清一点,中国作为一个大国,需要在世界上担当起应担当的责任,但这种担当不应超出自己的实力。超出实力的担当则可能引来冒进的反弹,甚至是以损害自身的利益为代价。

第三章 马克思主义的世界观和方法论

第三章　马克思主义的世界观和方法论

世界观、人生观和价值观构成了一个人的三观，但人的三观并不是一直都正确，所以人要不断地改造自己的三观。的确，人的三观是需要不断改造、完善和跃进的，需要科学理论的指引。改造三观是一生的事，社会上有一句流行语叫"毁三观"，通常指人们无法接受的、超出了一般情形的人或事。三观不能毁，一旦被毁，人获得的绝对不是幸福，而是焦虑、无助和苦闷。由于三观中的世界观在一个人的成长、发展甚至一个民族的进步中占据着重要地位，因此，无论对于个体的人，还是群体的民族，树立科学的世界观都是非常重要的。

第一节　两种不同的世界观

我们首先考察世界观。世界观是人们对世界的总的、根本的看法，也叫宇宙观。汉语中的"世界"一词来自佛教语言。"世"指迁流，"界"指方位，前者包括过去、现在和未来，后者包括东西南北、四维上下。而"宇宙"这个词在现代汉语中等同于"世界"，"四方上下曰宇"，"古往今来曰宙"。直观地理解，世界观便是人们对存在于空间和时间的事物的观点及看法。世界观所考察的客观对象是关于世界的基本问题的看法，由于空间是无限的，时间也是无限的，因此世界观便呈现出无限性。比如，世界的本质问题，人类历史的发展规律问题，知识的起源、构成和增长问题，人类的生存状况问题，等等，对这些问题的回答，我们无法像自然科学那样用实证的方法加以研究，从而得出唯一的答案，而必须站在一定的立场，借助理性的分析综合、归纳演绎等方法来阐释。由于立场不同、站位不同，由于世界观研究的问题多呈现出无限性的特点，对它的研究可以从多视角、多维度、多层面开展，因此就不可能一劳永逸地破解全部奥秘，从而得出唯一的正解，有时甚至对同一个问题会产生不尽相同甚至截然相反的看法。尽管世界观呈现出多样性的特征，却并不意味着都是正确的世界观。

唯心主义：宗教的世界观

不少人都会好奇，唯心主义是怎么来的呢？因为按照通常的理解，先有物质，后有意识，这似乎不需要解释。但为什么唯心主义就能够论证出，意识决定物质呢？的确，通常我们理解事物，立足的是时间的先在性，这非常容易理解，因为时间是一维的，一去不复返，事物发展在时间上都有先后顺序。唯心主义的理解恰恰不是从时间的先后顺序出发，而是从逻辑的先后顺序来出发，这就引出了逻辑先在性。举个例子，种瓜得瓜种豆得豆，之所以种瓜能够得瓜，是你种下的是瓜苗，而不是豆苗，这样的回答似乎很无趣，等于没回答。事实上，这个回答里面暗含的意思是，在你种下瓜苗的那一刻，依据通常状况，根据瓜苗自身扎

第三章 马克思主义的世界观和方法论

根、生长、开花、结果的规律,可以判断出来这株苗结出来的一定是瓜,而不是豆。得出判断的前提是,你知道瓜苗的生长规律,这个规律对于瓜苗生长发展的现象来看,就是本质,是本质决定着现象。而本质的出现是人类根据实践总结的结果,这个结果要经过意识层面的加工。唯心主义认为,本质是意识作用的结果,如果没有意识的加工,本质就无所谓存在。

我们发现,本质在逻辑上对现象有优先性,于是唯心主义哲学家拼命放大这一点,从而推导出了意识决定物质。但需要说明的是,本质的优先地位不是从时间上来看的。事实上,本质是现象的本质,现象是本质的现象,二者在时间上不存在谁先谁后的问题。所以,我们不要老是争论"先有鸡,还是先有蛋"。

列宁认为,唯心主义是生长在人类认识之树上的一朵不结果实的花。另外,在世界观的问题上,我们无法绕开宗教。当今世界,科技已经发展到了较高的水平,可为什么还有那么多人把宗教作为自己的世界观呢?面对变动不居的大千世界和苍茫宇宙,面对世事沉浮和人世沧桑,人们往往会不自觉地产生对宇宙、对人生终极关怀的思考。而在一定的历史阶段,由于客观和主观条件的限制,人们在短期内无法认识宇宙的全部,渴望求之,却又求之不解,于是精神的苦闷产生了。此时,人们需要借助一定的途径来寻求精神、信念的支撑和寄托,为精神的苦闷寻求解答,而答案总是没有来敲门,反而激发了更大的苦闷。人类历史上曾经聪慧一时的人物在毕生探求后,最终却将心灵的归宿留给了宗教。比如牛顿,认为大自然的和谐律法是由上帝安排的,他的任务是发现这些律法；比如费尔巴哈，在揭露了基督教的秘密后，又提出要建立一种新的"爱"的宗教；比如现代西方大哲学家叔本华、雅斯贝斯等，最终也都投向了宗教的怀抱。

我们曾经认为，随着科技的发展，宇宙的秘密越来越被揭示，宗教的地盘将逐日缩小。可实际情况并非如此。宗教与科学在赛跑，实验室里的人远不如教堂里的人多，而且教徒的文化层次越来越高；进寺庙烧香拜佛的人越来越多，口诵南无、手捻佛珠的人并不少见。恩格斯说："宗教是由那些本身感到宗教的需要，并且懂得群众对宗教的需要的人创立的"①。宗教的存在以群众的参与为基本前提。在西方，宗教依然盛行，一些学者包括一些自然科学家都信仰宗教。如此来看，宗教的最终消亡需要一个漫长的历史过程，它甚至可能比阶级、国家的消亡还要晚。

事实上，自然科学家倾向于宗教并不是单纯的偶像崇拜，并不是真的就相信创世说，更不是真的就相信上帝创造了一个又一个人间奇迹，他们主要是心灵的需要和情感的需要，精神需要一个安放之处。在西方，经济社会越发展，灵与肉的矛盾越严重。肉体的需要可以在市场上得到满足，把肉体交给市场，尽情消费、享受；把心灵的需要交给上帝，交给教堂，在上帝面前虔诚忏悔。人类因为物的依赖性而导致的情感缺失，带来的社会不公，使其力图从宗教中寻找温暖的情感和心理的平衡。在这方面，科学似乎并不能帮上多大的忙，科学的理性主义可以发现规

---

① 《马克思恩格斯文集》第3卷，人民出版社2009年版，第593页。

律，但在人的内心和情感方面通常是无能为力的，这就需要哲学去关怀人的内心和情感。①

唯物主义：马克思主义的世界观

就当下而言，世界上信仰宗教的人依然很多。中国作为一个世俗国家，中国共产党在多方比较各种主义之后，坚定地选择了马克思主义为自己国家、民族的世界观。那么，马克思主义是怎么来构筑世界观的？为什么马克思主义的世界观是全面、完整、科学的世界观？

马克思创立的哲学体系囊括了整个世界，恰如一张世界地图囊括了世界上所有的东西，但这种囊括是一种抽象式的压缩。通常来看，压缩的东西都是不好消化的，如压缩饼干等，想消化它，需要一个好的胃。我们用一本薄薄的教材把马克思主义的哲学体系全部囊括进来，是因为它讲的全部是概念、规律，如果讲具体、谈细节，一本书是远远不够的。金庸创作的武侠小说，一部部写得多过瘾，乔峰、令狐冲、郭靖等大侠，一个个都是个性鲜明、特点突出，每一个人物需要大量笔墨去刻画，非常具体。但马克思不能这么写，他需要借助抽象的语言尽可能地囊括更多的事物，金庸笔下的人物如果在马克思笔下，可能用两个字"英雄"就概括了。

哲学是智慧，智慧就是用尽量少的语言表达尽量多的真理。

---

① 陈先达：《哲学心语》，北京师范大学出版社2013年版，第101—102页。

《墨子·附录》中记载了这样一则寓言，子禽问曰：多言有益乎？墨子曰：蛤蟆蛙蝇，日夜恒鸣。口干舌擗，然而不听。今观晨鸡，时夜而鸣，天下振动。学哲学就是学公鸡打鸣，词约义丰。当然，这仅仅是指普遍意义或者一般意义上哲学。什么是聪明？毛泽东认为，高度概括就是聪明。

需要指出的是，并不是所有的哲学家都如同马克思那样，勾勒出自己世界观的世界地图，从而囊括一切事物。有些哲学体系也就是一张区域图、县域图，这样的体系必然是不完整的，尽管一个人可以把区域图画得和世界地图一样大，但它只是一张区域图。另外，一些人的哲学体系地图本身是不真实的，在他的地图上你找不到想找的地方，按照这样的地图做按图索骥式的探寻，难免会"误入藕花深处"。能够绘制哲学世界地图的人，必须掌握很多知识，不论其绘制的是全部还是部分。所以，大的哲学家都是知识渊博的学者。

哲学家陈先达这样感慨："没有一种哲学社会学说像马克思主义基本理论和它的世界观方法论那样，能使我们对当今世界问题的观察'心明眼亮'。"然而在当今知识爆炸的时代，想成为一个大哲学家又是十分不易的。"有人研究过，18世纪以前，知识更新速度为90年左右翻一番；20世纪90年代以来，知识更新加速到3至5年翻一番。近50年来，人类社会创造的知识比过去3000年的总和还要多。还有人说，在农耕时代，一个人读几年书，就可以用一辈子；在工业经济时代，一个人读十几年书，才够用一辈子；到了知识经济时代，一个人必须学习一辈子，才能跟上时代前进的脚步。"①今天，知识存量变得如此庞大，遑论一个人掌握全部知识，即使掌握某一方面的全部知识都是不现实的。当然，需要指出的是，知识爆炸的时代，自然会伴生着良莠不齐，这便要求人们具备哲学智慧，学会辨别优劣、去粗取精、去伪存真，实现由此及彼、由表及里的整体把握。这个哲学智慧最好是马克思主义，因为它是"世界地图"，一个人要想在知识的海洋里遨游而不被淹没，最好是学"世界地图"，而非"区域地图"。学好了它，你的人生就会有不一样的体会。

第二节 不同的世界观形成不同的方法论

世界观和方法论是不可分割的，有什么样的世界观就会形成什么样的方法论。方法论是指人们认识世界和改造世界的一般方法，是人们用什么样的方式、方法来观察事物和处理问题。概括地说，世界观主要解决世界"是什么"的问题，也就是"怎么看"的问题，方法论主要解决"怎么办"的问题。

跟着感觉走：唯心主义的方法论

唯心主义世界观，是从某种精神的东西出发来看待世界，又分为客观唯心主义和主观唯心主义。客观唯心主义世界观要求

---

① 习近平：《在中央党校建校80周年庆祝大会暨2013年春季学期开学典礼上的讲话》，载《人民日报》2013年3月3日第2版。

人们在行动中遵从某种客观的精神原则或宗教教义、神灵的启示等；主观唯心主义世界观则认为，人们可以跟着自我的感觉经验、愿望、主观意志等行事，于是就有很多人不顾客观实际地"跟着感觉走"。因为，在唯心主义看来，意识是处于第一位的，意识决定物质；唯心主义还认为，世界是不可知的，并推出了不可知论。不可知论不是指什么事物都不能被认识，而是指事物的本质和规律是不可被认识或不可能完全被认识的。

康德是不可知论的著名代表。他把世界分为可知部分和不可知部分，在现象之外又设置了一个无法被认识的"自在之物"。康德认为，灵魂、宇宙和上帝是不可知的。即便是在当今世界，科技已经很发达了，不可知论仍有市场。原因便在于，现阶段，人们的认识能力和认识水平仍受到一定局限，人们还没有能力穷尽目前世界上的很多未知领域，对很多事物的发展变化还无法做出足够科学的解释。比如，地球上的水是怎么来的。恰恰如此，才为不可知论的存在留存了空间。

驳斥不可知论者，并不是一件容易的事，因为他很容易举出我们暂时还无法给出科学答案的现象来。如果要驳斥，我们则需要从历史中寻找规律，因为历史地看，人类认识能力的每一次进步都是对当时不可知事物的一次大的超越，也是对当时不可知论者的驳斥。比如，亚里士多德-托勒密的"地球中心说"，自创立一直到中世纪，它的权威一度使欧洲天文学界有过上千年的沉寂，随着科技的发展，直到中世纪末期，才为哥白尼所打破。19世纪末，以经典力学、经典电磁场理论和经典统计力学为三大支柱的经典物理大厦已经建成，而且基础牢固，甚至一些顶尖的物理学家都认为物理学已大功告成，并断言往后难有作为了。开尔文同样认为如此，只不过让其忧心忡忡的是物理学晴朗天空中的两朵小乌云，而这两朵小乌云却酿成了物理学的大风暴，爱因斯坦的相对论横空出世。类似这样在认识上不断超越的例子不胜枚举。

人类的文明史仅仅几千年，人类对各类自然现象的认识，也仅仅是工业革命后才实现了加速，距今不过几百年的时间。对于那些我们暂时还未认识到的东西，不要着急，对人类的认识能力多点耐心，要相信人类有足够的能力突破现阶段的认识迷雾，从而将人类的认识能力提升到一个更高层面。世界是完全能够为人类所认识的。而不可知论的真正目的，不在于告诉人们世界不可知，而是通过这个立论基础来为上帝的存在提供辩护。

辩证唯物主义的可知论是通过科学和实践来说明世界都是统一于物质世界的，世界的本质和规律是可以被认识的。辩证法的世界观更是要求，要从事物的普遍联系和永恒运动中把握事物，分析事物自身的矛盾并解决这些矛盾。

即便都是唯心主义，不同的宗教信仰会产生不同的方法论。以印度教的世界观来论。印度教相信生命轮回，肉体是灵魂的载体，只有肉体死后，灵魂才会投胎转世。由于有了轮回观念，所以印度人不太重视时间，反正这辈子不行还有下辈子，于是人们就显得比较散漫，反映到整个国家的城市建设和管理，也显得比较混乱。在首都新德里的大街上，车辆与牲畜并行，动物粪便随处可见,很多车辆都有碰撞的痕迹。这种世界观对印度文化产生了重要影响。公元前321年,旃陀罗笈多建立了孔雀王朝,晚年时退位苦修,最后飘然逝去。他的孙子阿育王把印度的疆域扩张到中亚,却在晚年皈依佛门,青灯孤影,了此一生。几乎同一时期,秦始皇统一了中国,并为自己修造了奢华陵墓,还把财富和军队搬入地下。而印度古代帝王没有留下坟冢墓碑,连骨灰也没有留下,那些遍布印度各地的庙和塔都是神的居所。由此可见,两种世界观造就了不同的文化遗产。①

在禅宗六祖惠能之前,中国人对佛教的理解是五祖弘忍的弟子神秀总结的:"身是菩提树,心如明镜台,时时勤拂拭,莫使惹尘埃。"六祖惠能反驳道:"菩提本无树,明镜亦非台,佛性常清净,何处惹尘埃。"两者在理解上的最大区别在于:前者认为,树和镜子都会蒙上灰尘,想要干净就要勤擦拭。因此,要艰苦修行,要有层层戒律,要以吃苦为条件,不断地接近佛陀的境界。而后者认为,人本干干净净,没有什么污染,一切皆虚幻,没有苦修可以到的彼岸,此岸就是彼岸。葛兆光总结,前者是印度佛教的基本立场,后者是佛教中国化后的基本立场。因此,同样是对佛教,理解不同,修佛的方法论也不同。

从实际出发:唯物主义的方法论

有什么样的世界观就会形成什么样的方法论。马克思主义的

---

① 张讴:《宗教影响印度人性格》,载《环球时报》2005年5月18日第19版。

第三章　马克思主义的世界观和方法论

世界观是辩证唯物主义，马克思从辩证的角度思考世界的基本问题，观察世界万事万物的目的是发现事物发展变化的基本规律。马克思将客观事物的发展规律应用到人类社会发展中，发现了人类社会的发展规律，即生产力决定生产关系，经济基础决定上层建筑，具有不以人的意志为转移的客观性。通过对此规律的发现，让人们更好地行事，借以更好地改造世界，从而创造更加美好的未来。

因此，如果看待世界是辩证的，那么处理问题时也会是辩证的。为此，基于辩证唯物主义视角的世界观必然会导致辩证唯物主义的方法论。而马克思创立的唯物辩证法无疑是基于辩证唯物主义的世界观而产生的科学正确的方法论，这就是为什么我们说马克思主义既是世界观又是方法论。

这样的世界观必然要求人们在认识和实践活动中坚持一切从实际出发，实事求是，自觉地运用客观世界发展的辩证规律，严格地按客观规律办事，而不能主观臆断地拍脑袋决策，拍胸脯保证，拍屁股走人。社会上的一些"三拍"干部违背了马克思主义的基本原理，问题便出在世界观上，不是从客观规律出发，而是从主观经验出发。另外，干事创业时，一定要头脑冷静。因为一旦头脑发热，人就容易做出不符合客观规律的事情。金冲及在回忆"大跃进"的情形时讲："我很清楚当时高级知识分子在'大跃进'开始的时候，绝大多数人是兴奋的，是拥护的。"[1]这种急切

---

[1] 金冲及：《生死关头——中国共产党的道路抉择》，生活·读书·新知三联书店2016年版，第346页。

的心态使我们在探索社会主义道路的过程中犯了急于求成的错误。

再比如，城市建设中建筑设计贪大、媚洋、求怪，湖北荆州，在古城内建高达57.3米的巨型关公像，严重破坏古城风貌；甘肃榆中作为曾经的国家级贫困县，斥资6200万元建设两座高达28米、宽达145米的秦汉仿古城门。又比如，有的城市搞景观过度亮化工程，河南栾川"300万元亮化八个字"，四川宜宾、安徽铜陵花数千万元亮化一座桥，等等，不一而足。要克服和去除这种急于求成、心态失衡的做法，关键是要重振中国共产党实事求是的工作作风，坚持党实事求是的思想路线，摒弃脱离实际的主观主义做法。

第三节　马克思主义传入中国的基础

马克思主义之所以能够传入中国，并为中国人民所接受，不是偶然的，带有历史的必然性。马克思是德国人，对我们而言，就是一名外国人；马克思虽然写过几篇关于论述中国的文章，但他从未到过中国。那我们就要思考了，为什么他能成为我们的精神指引者？为什么请这个"外来的和尚"指导中国人"念经"呢？难道真如俗语所言："外来的和尚好念经"？

中国有悠久的历史和灿烂的文明，有儒释道墨法，有四书五经，还有程朱理学，中国向来不缺大儒，难道这些加起来还比不过一个马克思主义吗？难道从中国传统文化中发掘不出来救亡图存的要义吗？

要想准确地回答上述问题，我们需要从马克思主义和中国传统文化的结合点上来看。马克思主义最为显著的特点，一是唯物的无神论，二是唯物辩证法。这两点尤为关键，甚至被认为是马克思主义之所以能够进入中国并为中国人所接受的先决条件。

无神论：接受马克思主义的第一步

如果马克思一直是一个基督徒，他的理论将不是无神论，有神论必然导致唯心主义，而这一定不会为中国人所采纳。因为无论是从历史还是从现实来看，神、上帝在中国一直缺乏深厚的社会根基，中国文化中有深厚又极富特色的无神论传统。因为这个传统，中国历史上虽然在不同时期活跃着多种宗教，但始终没有成为一个宗教国家，而是一个世俗国家。①

晚清太平天国运动，洪秀全靠拜上帝教号召民众，虽然取得了一时之成功，但最后还是走向了失败，所谓的拜上帝教也风吹云散了。神的号召只能一时说服一些人，不能永远说服所有人。恰如林肯的一句名言："你可以一时欺骗所有人，也可以永远欺骗一些人，但不可能永远欺骗所有人。"尽管在某些特定历史时期，社会上有一部分人信神信鬼，搞封建迷信，但这种迷信常带有很强的功利色彩，求观音送子，求升官发财，一旦送子不成，官位渺茫，财运不佳，可能就立马不信了，或者转信他神了。就

---

① 李成：《继往开来，努力开创科学无神论事业的新局面——中国无神论学会2013年学术年会综述》，载《马克思主义研究》2013年第11期。

今天来讲，我们对神一定不如西方对上帝那么敬畏，问题就在于我们是一个世俗国家。我们说的神人，通常指整天神神道道，带点贬义色彩；西方人一般不拿上帝开这种玩笑。

中国是一个无神论国家，马克思主义恰恰是破除上帝存在的无神论，从这一点来看，双方存在着一致性，便有了交汇的可能。为什么马克思主义在西方国家一直影响不深呢？原因有很多，其中一个便是欧美都是基督教、天主教占主导的国家，宗教信仰比较繁盛，因此，宣扬无神论的马克思主义很难在那里蔚然成风、形成气候。马克思坚持"对宗教的批判是其他一切批判的前提"①，这也是马克思主义历史发展的起点，是马克思主义理论大厦建构的基石。恩格斯说，哥白尼的著作"向神下了挑战书"，"在科学的推进下，一支又一支部队放下武器，一座又一座堡垒投降，直到最后，自然界无穷无尽的领域全部被科学征服，不再给造物主留下一点立足之地"。②实际上，如前面所讲到的，宗教的消亡需要一个漫长的历史过程，它需要科学的不断进步，借以不断提升人的认知能力，以破除迷信，但宗教又不是单纯依靠科学的进步就能够破除的。

总之，我们可以这样认为：坚持"无神"思想，未必是马克思主义；不坚持"无神"思想，肯定不是马克思主义。③

---

① 《马克思恩格斯选集》第1卷，人民出版社1995年版，第1页。
② 《马克思恩格斯文集》第9卷，人民出版社2009年版，第413、462页。
③ 李成：《继往开来，努力开创科学无神论事业的新局面——中国无神论学会2013年学术年会综述》，载《马克思主义研究》2013年第11期。

辩证法：接受马克思主义的第二步

马克思起初学习康德，后转向黑格尔。在康德那里，马克思学到了严谨，学到了严密的推理论证能力。康德的理论著作晦涩难懂，马克思写的东西其实也不易懂，以至于后续引证中，常引用恩格斯的，同样一个道理，恩格斯阐发得就比较清楚。但马克思从康德那里学到了强大的推理能力。恩格斯创建唯物史观时，起初达到了和马克思差不多一样的高度，但到创作《资本论》时，就显得功力不足，退了下来，留给马克思主攻，自己为马克思创作《资本论》提供支援。为什么呢？恩格斯没有读过大学，过早毕业，被迫经商去了，而且为了给马克思全家提供经济支援，不能放弃经商，也就无法集中专门精力搞理论研究。列宁曾这样说："马克思及其一家饱受贫困的折磨。如果不是恩格斯牺牲自己而不断给予资助，马克思不但无法写成《资本论》，而且势必死于贫困。"①

后来，马克思发现借用康德的体系建立起自己的法学体系，根基不稳，自己都觉得站不住脚，只好转向黑格尔。黑格尔的理论体系比较完备，最精彩之处便是辩证法。当马克思把黑格尔的辩证法合理吸收后，他的理论便充满了辩证思想。

事实上，熟悉中国传统文化的人都知道，《道德经》是中国古代辩证法思想的集大成者。通览《道德经》，在要言不烦的

---

① 《列宁专题文集·论马克思主义》，人民出版社2009年版，第5—6页。

5000余字中,讲得最多的辩证法思想是对立统一,可以说,对立统一的思想通贯了《道德经》。《道德经》曰:"故有无相生,难易相成,长短相较,高下相倾,音声相和,前后相随,恒也",说明矛盾双方共存于一个统一体,彼此以对方的存在为依据,二者不可分离,并且是持久存在的。老子同时认为,对立双方的转化是普遍存在的,这是《道德经》着墨最多、最为出彩的部分。《道德经》曰:"祸兮福之所倚,福兮祸之所伏。孰知其极?其无正也。"这种事物对立统一之间相互转化的思想,是其辩证法思想的核心与精华。

儒家学说也充满着辩证法思想,任何片面性的理解都会导致曲解。儒家讲和,注重和为贵,但又讲礼,"知和而和,不以礼节之,亦不可行也"。礼就是原则,就是说,讲和是有原则的,不能搞毫无原则的一团和气。这就是和与斗争的辩证法。既讲物之不齐,物之情也,又讲见贤思齐。这就是毛泽东所说的看齐与不齐的辩证法。毛主席在党的七大预备会议上讲:"要知道,一个队伍经常是不大整齐的,所以就要常常喊看齐,向左看齐,向右看齐,向中看齐。我们要向中央基准看齐,向大会基准看齐。看齐是原则,有偏差是实际生活,有了偏差,就喊看齐。"[①]

儒家讲德,提倡"以德报德",讲仁,既讲"仁者爱人",又讲"惟仁者,能好人能恶人"。有爱有憎,不能只爱不憎,爱憎不分。既提倡"穷则独善其身",又倡导"达则兼济天下"。

---

① 《毛泽东文集》第3卷,人民出版社1996年版,第297—298页。

既倡导服从，不能犯上作乱，也倡导"匹夫不可夺志"的独立人格，倡导"富贵不能淫，贫贱不能移，威武不能屈"的大丈夫精神。既讲尊君，"处江湖之远则忧其君"，又讲民本，"居庙堂之高则忧其民"。既讲厚德载物，也讲自强不息。①既认为气血之怒不可有，又认为礼仪之怒不可无。

中国传统文化中儒释道的有机融合，本便带有强烈的辩证法思想。一个人自小在儒家文化的熏陶中成长，幼时有《弟子规》《三字经》《千字文》等入门读物陪伴，长大后，四书五经等科举考试书目便成为必读书目。封建官学强调儒家文化，只有通过学习儒家文化经典，参加科举，才有机会实现封建士子的人生梦想，实现从社会的底层跃居社会的上层，完成"达则兼济天下"的理想。由于官场制度的设计，不可能每个士人都能顺利通过科举，入朝为官，而那些科举受挫的人如何"穷则独善其身"呢？道家、佛家的学说便慰藉了官场失意人的内心，日出而作，日落而息，手释一卷，青灯一盏，焚香坐读。

黑格尔构建了辩证法体系后，一度异常自豪，曾说中国没有哲学。想必黑格尔出此言时，当只略读了些许翻译的中国文字，自然就谈不上吃透中国传统文化了，在对中国传统文化仅仅是一知半解时，便武断地下结论说中国没有哲学未免草率了。当然，对于一个正在不断下坠的晚清王朝而言，黑格尔又怎会不心生轻蔑呢？

---

① 陈先达：《马克思主义和中国传统文化》，载《光明日报》2015年7月3日第1版。

当然，我们也要看到，中国传统哲学中辩证法思想存在的不足，即通常是经验式的归纳。《论语》中哲学经验的呈现是归纳式，以单个句子为主，如"学而不思则罔，思而不学则殆"，"逝者如斯夫，不舍昼夜"。为什么学与思要结合呢？为什么流水会无时无刻不在流动呢？整体的儒家思想重实践轻理论、多证悟缺逻辑的特点容易造成经验主义，这在黑格尔看来，是缺乏系统说服力的。西方哲学的方式是不仅要提出观点，还要有系统的论证。

马克思吸收了黑格尔的辩证法体系，创立了唯物辩证法，使得我们今天再读马克思主义的著作时，便有了相通之处，使我们能够不自觉地用辩证法思想理解马克思主义理论。

第四节　历史选择了中国共产党

中国共产党选择了马克思主义，我们回望一下这个历史性选择的过程。中国历史上王朝更迭，每一次更迭都是一个皇帝代替了另一个皇帝，姓赵的代替了姓李的，爱新觉罗氏代替朱氏，等等。王朝易姓，改朝换代，都没有改变中国社会形态的本质。黑格尔在《法哲学原理》里这样评说中国历史："中国的历史从本质上看是没有历史的，它只是君主覆灭的一再重复而已。任何进步都不可能从中产生。"这种评述或带有一定偏见，但的确点出了我们在制度创新方面的弊端。封建制度的弊端不仅扼杀了中国资本主义的萌芽,而且使中国开始在生产力上全面落后于西方。在弱肉强食的国际丛林法则下,中国开启了100多年的屈辱抗争史。

闭关锁国:黄昏的落日

中国封建王朝的鼎盛时期是唐朝,宋朝以降,整个封建社会开始走下坡路。历经元明,直到清代,已是落日的余晖,虽然艳丽,但挡不住即将到来的黑夜。1793年,英国特使马戛尔尼携带英王乔治三世致中国皇帝的亲笔信,带领一支800多人的庞大使团来华,试图与中国"交使通商"。他来华时送给乾隆皇帝的礼品为蒸汽机、天体运行仪、榴弹炮、连发手枪、望远镜等。正在承德避暑山庄庆祝83岁寿辰的乾隆,却以"与天朝体制不合"的保守自大拒绝了对方的要求。虽然乾隆自夸"天朝物产丰盈",马戛尔尼却发现这个国家"遍地都是惊人的贫困",他失望地打道回府,说那"不过是一个泥足巨人,只要轻轻一抵就可以把他打倒在地"。

英国的这些礼品代表着当时欧洲工业革命最先进水平,是西方世界近代化光芒第一次照向中国。遗憾的是,这些科技含量及军事价值极高的物品,却被清王朝当作奇淫巧技不屑一顾。鸦片战争英法联军洗劫圆明园时,竟发现包括英国制造的天文仪器等被堆放在一间厕所里。这种闭关锁国的心态使中国开始逐渐落后于世界。

马克思曾以惊人的洞察力指出:"一个人口几乎占人类三分

之一的大帝国，不顾时势，安于现状，人为地隔绝于世并因此竭力以天朝尽善尽美的幻想自欺。这样一个帝国注定最后要在一场殊死的决斗中被打垮：在这场决斗中，陈腐世界的代表是基于道义，而最现代的社会的代表却是为了获得贱买贵卖的特权——这真是一种任何诗人想也不敢想的一种奇异的对联式悲歌。"①

果不其然，康乾盛世后不到半个世纪，1840年爆发的鸦片战争，"轻轻一抵"，这个"泥足巨人"就被打倒在地了。1895年，甲午海战，中国战败，这彻底摧毁了中国的自信。当日本指战员向天皇汇报战绩时，天皇惊讶得一时没回过神来。事实上，甲午海战失败，特别需要整个国家认真反省，正视差距，树立忧患意识，励精图治，富国强兵。但清朝统治者腐朽不堪，日本走向强大后，中国不愿正视对手的长处，甚至不容许有人讲对手值得学习的地方，从而逐渐异化为弱国心态。而后面对多方列强的入侵，慈禧太后竟宣称要"量中华之物力，结与国之欢心"。②

据学者统计，自1840年鸦片战争以来，中国共缔结过1175件约章，其中绝大多数是不平等条约，涉及割地、赔款、租界、驻兵、关税、法权、势力范围等。到了民国，连保持晚清国家形式上统一和对外的独立主权的能力都丧失了，西方列强想签订不平等条约却不知道要和哪个政府打交道。

---

① 《马克思恩格斯文集》第2卷，人民出版社2009年版，第632页。
② 刘亚洲：《走出甲午 迎接变革 再创辉煌》，载《解放军报》2015年5月15日第9版。

掉头西向：学习西方制度模式

面对此情此景，一批拥有先进理念的中国人坚信，国家要走出悲惨境地，必须学习西方。长期以来，中国的先进分子始终把西方作为榜样，密切关注着西方世界的动向，狂热地研究西方的种种学说。我们从当时翻译西方国家的名称也能看出译者对西方的向往："德意志"隐含坚定意志加康德论述的道德，"法兰西"隐含兰花的浪漫加孟德斯鸠论述的法意，"英吉利"是英雄和吉利的国度，"美利坚"是美丽和坚强的国度。[1]其他国家翻译得就比较随便了，如西班牙、葡萄牙、荷兰之类。

然而，就在我们艳羡不已时，1914—1918年是长达4年之久的世界大战，战后的欧洲满目疮痍。欧洲国家的社会矛盾以战争这一尖锐的方式爆发，许多西方思想家对国家的制度信心也发生了动摇。一战之后，鼎鼎大名的英国哲学家罗素来到中国，到处发表演讲。他说："诸君皆知道我相信社会主义的。我以为产业如何发达，若非社会主义行之，必定有不平之事发生，此阶级压制他阶级，苦者益苦，富者益富，弊害丛生。所以必须生产品、器具、土地、利益，皆归之公有，再分配于个人，不为私人所揽有，方为公道。西方社会主义是产业制度的结果，自然而然产生嬗化而来。"[2]

---

[1] 北京大学党委宣传部组编：《铸魂：社会主义核心价值观十二讲》，北京大学出版社2017年版，第136页。

[2] 金冲及：《生死关头——中国共产党的道路抉择》，生活·读书·新知三联书店2016年版，第7页。

这不能不使很多醉心于学习西方的中国人感到震惊。1918年，一战结束不久，梁启超前往欧洲考察，并在考察期间完成了《欧游心影录》一书。他到欧洲看到了什么？看到的是沮丧、彷徨和失魂落魄的欧洲人。梁启超在《欧游心影录》中写道："全社会人心都陷入怀疑、沉闷、畏惧之中，好像失了罗针的海船迎着风遇着雾，不知前途怎生是好。"1920年底，青年周恩来抵达欧洲。1921年，他给天津的《益世报》写了一篇通讯，开篇便说："吾人初旅欧土，第一印象感触于吾人眼帘者，即大战后欧洲社会所受巨大之影响，及其显著不安现状也。影响维何？曰生产力之缺乏，经济界之恐慌，生活之窘困。凡此种种，均足以使社会上一般人民饥寒失业交困于内外，而复益之以战争中精神文明所得间接之损失，社会之现状，遂乃因之以不安。"①

通过考察，他们要反思：欧洲资本主义如此混乱，难道中国要步其后尘吗？有没有更科学合理的改造社会制度的学说呢？

多方比较：选择了马克思主义

当时，各种救国良方不断涌现，无政府主义、联邦主义等纷纷出炉，但由于均不能提供可操作性的方案而一一消失，历史最后选择了中国共产党，选择了马克思主义。那一代热血青年，他们读着《共产党宣言》，理解着、信仰着马克思主义。也正是在《共产党宣言》的影响下，在马克思主义的指引下，中国共产党

---

① 《周恩来早期文集》下卷，中央文献出版社、南开大学出版社1998年版，第12页。

历经28年浴血奋战，终于建立了新中国。

《共产党宣言》对第一代共产党人影响深远。1939年底，毛泽东在延安对一位进入马列学院学习的同志说："《共产党宣言》，我看了不下一百遍，遇到问题，我就翻阅马克思的《共产党宣言》，有时只阅读一两段，有时全篇都读，每读一次，我都有新的启发。"1949年5月，邓小平与陈毅纵论旅欧经历，都说是读了《共产党宣言》等启蒙书的缘故，才走上了革命道路。晚年周恩来在一次会议上专门走到《共产党宣言》中文版首译者陈望道跟前，问是否能找到中文第一版的《共产党宣言》，他想再看一眼。[①]朱德在临终前不到两个月，看到《共产党宣言》新译本后，不顾年高体弱，驱车到中央党校，看望参与翻译的同志，一起交流对这部马克思主义经典著作的学习心得。1992年，邓小平在南方谈话中语重心长地对大家说："我的入门老师是《共产党宣言》和《共产主义ABC》。"[②]习近平总书记在谈到共产党人的信仰和追求时说，马克思主义"作为党章明确规定的内容，作为我们党一贯明确坚持的理想，我们要坚定信念，坚信它是真有科学性的"。"如果觉得心里不踏实，就去钻研经典著作，《共产党宣言》多看几遍。"

有人这样盛赞《共产党宣言》："《共产党宣言》的确就人类社会生活的各个领域都发表了精辟见解，有许多真知灼见，至理名言，构成了博大精深的科学体系。我们在现实生活中遇到什

---

① 《习近平讲故事》，人民日报出版社2017年版，第126页。
② 《邓小平文选》第3卷，人民出版社1993年版，第382页。

么重大问题,大都可以细心从本书找到答案或者得到启迪。这本浓缩的经书真可谓袖珍版马克思主义百科全书。"[1]

历史上,中国共产党做出了很多伟大的事情,其中一件便是选择了马克思主义。尤其是,当世界上不少国家纷纷放弃马克思主义时,中国共产党依然选择坚守。苏东剧变,很多人都认为马克思主义从此将烟消云散、历史将终结在资本主义时,我们依然不为逆流所动,不为流言所惑,坚定地选择坚持马克思主义。

1991年8月,苏联发生"8·19"事件后,邓小平在同中央负责同志谈话时说:"现在世界发生大转折,就是个机遇。""我们不抓住机会使经济上一个台阶,别人会跳得比我们快得多,我们就落在后面了。要研究一下,我总觉得有这么一个问题。机会难得呀!"[2]历史地看,苏联放弃马克思主义是国际共产主义运动的一个巨大损失,是社会主义的一个巨大损失,在那场如多米诺骨牌倒下的运动中,几乎所有的东欧国家共产党纷纷失去政权,当时,中国的挑战是很大的。

邓小平的高瞻远瞩之处在于,他能在危机之中看到新机。其中一条是,提醒我们要加快推进社会主义市场经济建设,提高人民生活水平,不能搞僵化的计划经济。中国特色社会主义市场经济制度的确立,极大地释放了市场活力,中国在遭遇外围制裁的不利背景下实现了突围,经济社会发展跃上新台阶。后来的实践

---

[1] 高放:《〈共产党宣言〉——马克思主义的歌中之歌》,载《新视野》1995年第3期。

[2] 《邓小平文选》第3卷,人民出版社1993年版,第369页。

证明,这的确是个历史机遇。只要我们能够把社会主义搞成功,就能实现独领风骚,证明"风景这边独好",这种历史机遇恰恰符合了中国追赶超越、实现崛起的发展需求。能否把握住这个机遇,对中国而言是极大的挑战,特别是在苏联解体前,意识形态领域掀起了"姓社姓资"之争。在此关键时刻,邓小平一锤定音,透彻明确地讲清了市场经济的问题:"计划多一点还是市场多一点,不是社会主义与资本主义的本质区别。计划经济不等于社会主义,资本主义也有计划;市场经济不等于资本主义,社会主义也有市场。计划和市场都是经济手段。"[①]中国从此迈开了建设中国特色社会主义市场经济的步伐。

现实的成功是最好的理论。长期以来,西方国家攻击中国的国家治理,大体上围绕两点,一是指责中国是非民主国家,二是指责中国是非个人自由主义。且不说对于"民主""自由"的概念有不同的理解,就已有的事实来看,对于中国这样一个世界上人口最多的多民族发展中大国来说,为应对自身经历的深刻变革和与之相互掺杂在一起的许多全球性复杂问题,没有强有力的国家治理能力是无法维护国家稳定发展的,没有稳定的社会秩序和快速的经济发展,人民的各种权利保障是无从谈起的,也根本得不到保障。西方国家越是攻击中国,越从一个侧面反映出,他们对中国经济社会发展取得的巨大成就以及崛起之势显示出不安。

坚定道路自信,就是要相信中国能够走出一条不同于西方国

---

① 《邓小平文选》第3卷,人民出版社1993年版,第373页。

家的道路，开辟出一条符合中国实际、能够实现中华民族伟大复兴的道路。这种自信不是盲目的自信，而是基于国家走中国特色社会主义道路所取得的成就，同时基于和国外一些发展中国家所选路径的比较。西方自由民主学者开出的药方、提供的方案不仅不适合中国，甚至不适合很多发展中国家。无论是美国直接介入的伊拉克、阿富汗，还是"革命"后的利比亚，抑或是各方博弈的叙利亚，其民主体制都脆弱不堪，国家陷入战乱，遑论发展。如果把目光投向南美洲和非洲，一些国家在复制了西方的民主机制后，不是陷入"中等收入陷阱"，就是在宗教、部族、地域的纷争中不能自拔。我们可以得出这样的结论：历史没有终结，也不可能被终结。走中国特色社会主义道路，中国理应有这个自信。

第四章 唯物辩证法的基本规律

第四章　唯物辩证法的基本规律

矛盾无时不在，无处不有，人类的生活充满着矛盾。人们在参与社会变革的实践中，努力认识、解决主观和客观的矛盾，没有辩证法作为基本工具，是难以想见的。辩证法是通向智慧的桥梁，要求自觉地看到矛盾的双方，不能一叶障目、不见泰山；要清晰地把握对立双方存在的条件，以及相互转化的条件；要在对立基础上实现统一，创新性地解决矛盾。概括而言，辩证法就是要看到矛盾，看到矛盾存在的条件，解决矛盾。列宁说，"辩证的东西='在对立面的统一中把握对立面'"①，"统一物之分为两个部分以及对它的矛盾着的部分的认识……是辩证法的实质"②。辩证法强调的是辩证思维，即不要非黑即白，在白中看到黑，在黑中发现白，所以重在对立面的统一中把握对立面。把握不住对立面，势必会陷入单线思维，也就难言辩证思维。

第一节　事物之间的联系与发展

"有上则有下，有此则有彼。"唯物辩证法认为，事物之间是普遍联系的，事物及事物各要素之间相互制约，整个世界是

---

① 《列宁全集》第55卷，人民出版社1990年版，第83页。
② 《列宁选集》第2卷，人民出版社1995年版，第556页。

一个互相联系的整体，也是相互作用的系统。这个哲学观点比较容易理解。那么，它到底想说明什么呢？我们可试着逆向推导，如果事物之间不是普遍联系的，那么事物之间就不可能发生相互转化。能量守恒定律指出，能量既不会凭空产生，也不会凭空消失，它只能从一种形式转化为其他形式，或者从一个物体转移到另一个物体，在转化或转移的过程中，能量的总量不变。能量守恒定律告诉我们，能量只是在不同形式间相互转化。这便足以说明，自然界用不着上帝来创造。那人是不是还需要上帝来创造呢？如果自然界和人之间不是相互联系的，中间是被隔断的，人就无法从自然界中生出，这样人岂不是需要上帝来创造？

普遍联系：发现事物规律的基础

我们可以把世界上各种各样的事物想象成一张大网上的结点，借助于一定的条件（网线），不同的事物就被连在了一起。事物是普遍联系的，在自然界中，我们找不出一个独立的事物，它从不与任何事物相联系，这样的网结点是不存在的。如果说存在，那就是唯心主义创造的，它通过自我创造来论证上帝的存在。

马克思主义的世界观编织出了这样一张相互联结的大网。这张网的特点是，在编织的时候，留下了延续的网线，从而成为一张开放性的网。随着时代的发展和人类社会新的实践的发生，人们只要顺着马克思主义留下的网线，便可以继续编织下去，这就是马克思主义的开放性所在。正因为如此，才有了后来的列宁主义、毛泽东思想、邓小平理论、"三个代表"重要思想、科学发展观、习近平新时代中国特色社会主义思想，这些都是在马克思主义体系下创新发展出来的。理论的生命力在于开放性，一旦僵化、自我封闭，就不可能长久，而马克思主义理论正是一个开放式的理论体系。从产生过程来看，马克思主义理论不是孤立的，是在和其他理论的交往沟通中建构起来的，阅读马克思、恩格斯的著作，我们能深刻地感受到这一点，他们引用并评析了很多学者的观点。马克思主义是科学，但不是唯一的科学。如果把马克思主义视为唯一的"科学"，而将其他理论全部予以封杀，几乎就是宣布马克思主义的死亡。[1]

既然事物之间是普遍联系的，那么联系方式有哪些呢？事物的多样性决定了事物之间联系方式的多样性，大致有：直接与间接、内部与外部、本质与非本质、必然与偶然等。

当然，生活中也存在着一种无中生有的联系，就是把两件本没有关系的事联系起来，造成反差。这便是幽默和讽刺。"一捆芹菜"的例子便能说明问题。一个人在中午下班回家途中，捡到一捆芹菜，刚好可回家炖肉，但忽然一想这还得去买肉，有了肉还得去买锅，有了锅还得有个厨房，有个厨房还得有个媳妇，有个媳妇就要养丈母娘，有丈母娘就得有房有车有钱，觉得负担太重，压力太大，吓得赶紧把芹菜扔掉。这是一则幽默故事，相信大多数人不会这么愚蠢，可类似的事情总会在一些人身上找到影子。

---

[1] 郑永年：《中国模式：经验与挑战（全新修订版）》，中信出版社2016年版，第199页。

事物之间是普遍联系的，我们只要把握联系的特点，便能够发现事物发展变化的规律。把握住事物发展变化的规律后，我们就有可能认识世界，认识世界的目的是改造世界，改造世界的最终目的是让人们在地球上生活得更自由、更舒适。

但如果想要更好地把握事物之间的联系，就一刻也离不开理论思维。恩格斯说："对一切理论思维尽可以表示那么多的轻视，可是没有理论思维，的确无法使自然界中的两件事实联系起来，或者洞察二者之间的既有的联系。"[1]那么，怎么锻炼理论思维能力呢？恩格斯在《自然辩证法》中说："理论思维无非是才能方面的一种生来就有的素质。这种才能需要发展和培养，而为了进行这种培养，除了学习以往的哲学，直到现在还没有别的办法。"[2]从恩格斯的论述中我们可以看出，锻炼理论思维只有学习过去的哲学。过去的哲学经典，是每个时代人类智慧的最高结晶，要用这些最高结晶来武装自己的大脑。[3]但为什么锻炼自己的理论思维能力，就必须学习哲学呢？理论思维不同于形象思维，它需要从具体中抽象出来，研究抽象的概念之间的联系。而哲学研究的正是事物抽象的概念，不是研究具体，具体是生动的、直观的，只能锻炼一个人的感性思维能力；哲学研究的对象是抽象的、辩证的、联系的，锻炼的是一个人的理论思维能力。

---

[1]《马克思恩格斯文集》第9卷，人民出版社2009年版，第452页。
[2]《马克思恩格斯文集》第9卷，人民出版社2009年版，第435—436页。
[3] 叶朗：《谈谈艺术硕士生的培养》，载《光明日报》2016年7月19日第13版。

事物之间是普遍联系的,这启发我们在处理复杂问题时,要注重协调发展、统筹兼顾,也就是毛泽东讲的要学会"弹钢琴"的思想方法和工作方法。他说:"弹钢琴要十个指头都动作,不能有的动,有的不动。但是,十个指头同时都按下去,那也不成调子。要产生好的音乐,十个指头的动作要有节奏,要互相配合。"[①]善于"弹钢琴",就是要处理好局部和全局、当前和长远、重点和非重点的关系,在权衡利弊中趋利避害,做出最有利的选择。

事物处于不停地运动变化中,那么这个运动变化是杂乱无章的,还是有规律可循呢?可以做个反向假设。如果事物的运动是杂乱无章的,没有规律可循,那就不可能产生科学。没有科学,就不会有人们今天所创造的一切。推演到人类社会中,人类社会历史的发展也不再有规律可循,那我们就无法科学地论证共产主义必然实现的道理。

事物运动变化的总趋势是发展,所以只有把握住事物变化发展的规律,便能够论证人类社会的发展规律。那么,什么是规律呢?规律就是事物本身所固有的、本质的、必然的、稳定的联系,是事物发展的必然趋势。规律作为一种客观存在,同样不以人的意志为转移。种瓜得瓜,种豆得豆,人们种下瓜苗,只要条件适当,就能够结出瓜来,因为生物基因有遗传的规律。

小学教育阶段会有连词成句、连句成段的练习,正是由于世

---

① 《毛泽东选集》第4卷,人民出版社1991年版,第1442页。

界是普遍联系的，所以，两个看似毫无联系的词语之间、句子之间，只要选择了合适的中间话语，就能够合理地串联起来。写文章，实际上就是由连词成句、连句成段、连段成章而来的。一个人文章写得好，他的哲学思维能力就不会差。因为，哲学思维能力是一种组合能力，哲学不是给我们提供组合的零件，而是给我们提供组合零件的方法。

新陈代谢：无法抗拒的规律

毛泽东说："新陈代谢是宇宙间普遍的永远不可抵抗的规律。"[①]这里讲的"新陈代谢"，就是指事物的永恒发展。那么，是什么推动事物永恒发展呢？是事物内部存在的矛盾。永恒发展的观点是唯物辩证法的总特征之一，唯物辩证法不仅承认世界是运动变化的，而且认为，世界运动变化的总趋势是由简单到复杂、由低级到高级、新事物不断取代旧事物的发展过程。

生物的进化已为科学所证明，生物进化的过程正说明了这一点。比如，我们经常举例的生活在草原上的狼和它要捕猎的目标兔子。狼和兔子构成了一个统一体，草原的生活环境并不天然舒适，狼要不停地去捕猎兔子，以填饱肚子、维持生命，狼和兔子便构成了事物的对立面。正是由于这种对立面的存在，狼要不停地锻炼自己的奔跑能力，否则就可能会被饿死；兔子要机敏地躲过狼的捕猎，否则就会被吃掉。正是这种对立面的存在，使狼

---

① 《毛泽东选集》第1卷，人民出版社1991年版，第323页。

不断地向奔跑能手进化，使兔子变得更加机灵，无论是狼还是兔子，都在朝着更好适应环境的方向发展。如果人们把草原上的狼猎捕掉，历经长期的演进，兔子在没有对立面存在的情况下，会变得不再机灵。同样，如果在草原上放养足够多的兔子，狼也会变得懒惰起来，经过长期的演进，狼也有可能不再成为奔跑能手。

事物是永恒发展的，那么，事物的发展方式是直线的吗？实际上，即便事物是永恒向前发展的，这种发展也不是直线的，而是螺旋式上升、波浪式前进。即，在事物的发展过程中，会出现回头浪、逆流，不会一帆风顺。辩证唯物主义者认为事物是永恒发展的，但唯心主义者并不这样认为。按照唯心主义者的理解，事物不是永恒发展的，如果是这样，那便存在着事物发展的尽头，事物发展的尽头是什么样的呢？自然是世界末日。多年前，曾有预言，2012年12月21日，地球将发生重大灾难，或出现"连续的三天黑夜"等异象。事实证明，2012年12月21日，太阳照常从东方升起，这就是一出闹剧。"世界末日"的概念被炮制出来，便为上帝的存在提供了平台，世界末日到了，上帝自然就有存在的理由了。

但事物的永恒发展并不意味着事物永远不会消亡，它是指新事物不断产生、旧事物不断消亡的过程。动植物界的永恒发展已为我们日常的实践经验所证实。自然界中适应这个变化着的世界的动物都是强悍的，优胜劣汰是自然界的法则，动物族群中最弱小的动物都会在这个法则的主导下被淘汰，留下的都是最强壮最威猛的动物，这就是进化的法则。丛林法则看似残酷，但动物界就是这样进化而来的，总是由族群中最优秀的物种来承担繁衍的责任，这也在一定程度上保持族群优秀的基因，使其能够不断适应新的环境和挑战。

人就不同了，人最大的特点是有意识、有智慧，不像动物界那样遵从残酷的丛林法则。离开了丛林法则，人类拥有的同情心、怜悯心又使人开始同情、照顾群体中的弱者，于是平等、尊严的理念开始诞生。难道动物不需要平等、尊严吗？需要，因为动物也希望生活舒适，不用那么辛苦就可以适应自然，然而正是因为它们缺乏人的意识，自身的发展便非常缓慢，一直处在和大自然较量的状态中，终身受到大自然的限制。

事实上，从生物进化论的角度来看，人类诞生后在相当长的时间也一直深受大自然的奴役。人为了对抗大自然，走向了群居，开启了群体生活。随着意识的发展，劳动能力的提升，开始出现了劳动分工，人类开始有效地改造并利用自然，不再受自然的奴役。但另一方面，问题出现了，剥削——人类生活中不平等的生活制度出现了，人从此开始遭受人的奴役。人摆脱自然奴役之时，便开始受人的奴役。

人类从原始社会步入奴隶社会，继而步入封建社会、资本主义社会、社会主义社会等，每一种社会制度的更迭都是人类自由平等的一次进步；每一次社会形态的演变，人们都将获取比上一个社会形态更多的平等、自由与幸福，都是在不断地摆脱遭受奴役的状态。随着生产力的发展，人类社会一定会迈向一个更高级的形态，且不论这个高级形态叫什么，但这个更高级的社会制度一定是在更大程度上实现了人的自由和平等。

世界：矛盾的集合体

唯物辩证法试图回答的问题是世界的存在状态，它的一个核心观点是：普遍联系和永恒发展是世界存在的两个基本特征。普遍联系的一个根本内容是事物的对立统一。事物的对立统一构成了事物之间的联系，可以说，一切事物、现象、过程及其内部各要素、部分、环节，都不是孤立存在的，它们是相互作用、相互影响、相互制约的。而永恒发展的实质就是旧事物的灭亡和新事物的诞生，它体现着事物内部矛盾双方的较量，不断地肯定、否定、否定之否定。因此，一定意义而言，事物就是矛盾，世界上不存在没有矛盾的事物。而我们常讲的和谐，其实也不是没有矛盾，而是事物处在一个对立统一的共同体内，取得了相对的平衡。所以，世界就是矛盾的集合体，在矛盾的推动下，世界不断演化，永恒发展。

世界上的万事万物都是处于永恒运动中的，运动表现出绝对性的一面，与之相对的便是静止，静止表现出了其相对性的一面。事实上，静止的存在正是为了和运动相对立，同时为了便于人们把握事物的本质。从哲学上看，事物的运动就在于事物内部的矛盾，矛盾概括了运动，也要恰当地表达运动的对立面——静止，于是矛盾便包含着两个部分，即斗争性和同一性。斗争性体现事物运动的绝对性，同一性体现事物静止的相对性。斗争性的存在推动事物不停地向前发展，同一性的存在又说明事物在一定时空范围内是完全可以把握的，其自身的性质没有发生变化。

比如食品，生产出来后，品质就开始变化，在一定的期限内，食物是可供人们健康食用的。因而，在保质期内，矛盾的同一性占主要方面，食品可以正常食用。如果超出了保质期，矛盾的斗争性就上升到主要方面，吃了就容易影响健康。不过严格意义上来讲，即便是在保质期内，食品的新鲜度也会随着时间的推移逐渐递减。所以，日本生产的食品包装上常常注明两个期限，赏味期限和消费期限，前者指食品口味维持最高水准的期限，后者指能够安全食用的期限。这一例子就说明，矛盾的斗争性无时无刻不在发挥作用，也就是说，运动是绝对的。世界上的万事万物其实都是如此，从诞生的那一刻起，便沿着自己的生命轨迹在运动，人类如此，飞禽走兽如此，细菌病毒亦如此。推动生命运动的动力从哲学上来讲便是事物内部的矛盾，正因为万事万物都在运动中，所以矛盾永远存在。

赫拉克利特认为"人不能两次踏进同一条河流"，这一经典之语既肯定了运动，又没有否定静止。可是，后来他的学生克拉底鲁则更彻底，认为"人一次也不能踏进同一条河流"。学生的言论看似更彻底，但只看到了运动的绝对性，却没有看到静止的相对性，貌似高明，其实是典型的形而上学的诡辩论。苏轼在《前赤壁赋》中这样说："自其变者而观之，则天地曾不能以一瞬；自其不变者而观之，则物与我皆无尽也。"苏轼是高明的，既肯定了运动的绝对性，又看到了静止的相对性。英国诗人威廉·布莱克有一首诗《天真的预言》:"一粒沙里见世界,一朵花里见天国。手掌里盛住无限,一刹那便是永劫。"把瞬间理解为永恒,自然是"自其变者而观之",肯定运动的绝对性,而否定了静止的相对性。

矛盾虽然无处不在、无时不有,但任何具体矛盾的发生都是有条件的,即必须处于一个统一体内,统一体不存在了,矛盾也就自动消解。比如,一个人和自己的舍友共处一室,由于生活方式、作息习惯不同,彼此就容易产生矛盾。所以,具体矛盾的产生一定要处于一个统一体内。具体矛盾存在的条件性也为我们化解矛盾、破解难题提供了思路。如果一个人和舍友合不来,最简单的解决办法就是离开这个宿舍,不和他们处在一个统一体内。可通常来看,一个人搬进另一间宿舍,便等于进入了另一个统一体,矛盾就又来了,刚刚避开了一个袜子臭的,却迎来了一个打呼噜的,刚刚避开一个吵吵闹闹的,却迎来了一个死气沉沉的。

因此,一个人要学会适应周围环境,掌握好的沟通技巧,有效地化解各种矛盾,成为化解矛盾的高手。当然,生活中总是不排除一些人自身就是矛盾的制造者却并不自知的情形。一则乌鸦和鸽子的故事让人很受启发。鸽子问:你飞往哪里?乌鸦说:其实我不想走,可大家都觉得我叫得难听,所以我想离开。鸽子回答:别费力气了,如果你不改变声音,飞往哪里都不会受欢迎。所以,在一个统一体内,如果你是矛盾的主要方面,要化解矛盾,首先得从自身做起。人贵有自知之明,这一点非常重要。相处的确是一门学问,尊重他人却不溜须拍马,处事干练却不世故圆滑，个性鲜明却不咄咄逼人，心胸豁达却不一味忍让，自信而不自负，高调而不高傲，少夸己能、少扬人恶，让自己变得更强大，更自信。什么是自信呢？自信就是接受自己的现状，并且对自己能在未来做得更好充满信心。

我们来观察国与国之间的关系，就会更加清晰地明晓这个道理。比如，我们通常会因为历史问题、钓鱼岛问题、南海问题而讨厌日本、菲律宾、越南这些邻居，会因陆上边界问题不悦印度等邻国。可一个客观的现实是，不论是中国还是日本、菲律宾、越南、印度等，谁都无法选择自己的邻居，谁也没有办法通过搬家来解决问题。这些不同国家，只能处在一个共同体内。处理这些矛盾，按照国际法则来看，我们只有努力发展自己，让自己变得更强大，才不至于被对手限制。所以，我们每个人都要转化为国家建设的积极力量，失去这样的转化，国家不可能从根本上保证自我利益。也就是说，中国要发展，要处理与周边国家的矛盾和冲突，必须首先要解决好自身实力的问题。有些争端、矛盾的产生，往往是你还没有足够强大所导致的。如果你足够强大，很多争端和矛盾可能就烟消云散了。

德国哲人莱布尼茨在一次宫廷讲课中提出，世界上没有两片完全相同的树叶。旁听课的宫女们对此不以为然，纷纷走入御花园寻找两片相同的树叶，结果大失所望。世界上没有两片相同的树叶，也没有两个完全相同的人。每个人是不同的，那就意味着人和人在一起一定会产生矛盾，而国家之间会涉及国家利益、民族感情等，矛盾会更多。

第二节　唯物辩证法的基本范畴

唯物辩证法是关于自然、社会和思维最一般的规律的科学。唯物辩证法的规律首先来自自然界，指的是自然界客观存在的规律性，因此也被叫作自然辩证法。马克思把它从唯物主义的角度推广到社会和思维领域，从而将唯物论和辩证法结合起来，形成了辩证唯物主义。这是一个伟大的创造，正如西方历史学家费弗尔所指出的："任何一个历史学家，即使他从来没有读过马克思的著作，或者他认为除了在科学领域之外自己在各个方面都是狂热的'反马克思主义者'，也不可避免地要用马克思主义的方法来思考和了解事实和例证，马克思表达得那样完美的许多思想早已成为我们这一代精神宝库的共同储蓄的一部分。"①可见唯物辩证法的强大。马克思这样启发人们的思维："在对现存事物的肯定的理解中同时包含对现存事物的否定的理解，即对现存事物的必然灭亡的理解。"②这既是一种彻底批判的精神，也是一种极具辩证思维的精神。即，从肯定中看到否定，从否定中找出肯定，观察分析问题看一看到底是肯定的成分多还是否定的成分多，到底是肯定占主流还是否定占主流。遇到问题，多个角度思考，避免盲人摸象；处理问题，牵住牛鼻子，找准突破路径。

---

① 吕·费弗尔：《技术、科学和马克思主义》，载《国外社会科学》1982年第5期。

② 《马克思恩格斯全集》第23卷，人民出版社1972年版，第24页。

那么，如何理解唯物辩证法呢？需要从它的范畴出发。列宁在《哲学笔记》中说，范畴是人们"认识世界的过程中的梯级，是帮助我们认识和掌握自然现象之网的网上纽结"[①]。物质相对静止的性质可以通过范畴来分类和说明，物质的运动和变化则可以通过唯物辩证法的规律来说明，通过二者的结合，就可以把世界中的静止和运动统一起来。唯物辩证法比较重要的概念和范畴大致包括：相对与绝对，原因与结果，必然性与偶然性，可能性与现实性，现象与本质，内容与形式，等等。

相对与绝对：事物包含的两面性

唯物辩证法认为，世界上任何一个具体事物都包含着相对的一面，也包含着绝对的一面。事物相对的一面，指的是世界上的任何具体事物和具体过程都是相对的、暂时的、有条件的、有限的，它都存在于特定的空间和特定的时间。事物绝对的一面，指的是整个世界的存在和发展是永恒的、无条件的、无限的。物质的存在是无条件的，它不可能被消灭；物质的运动是永恒的，它也不可能被终止；物质存在于一定的时间和空间之中，时间和空间都是无限的。

那么，怎么判断相对和绝对呢？我们通常面临的很多情况，往往都需要具备一定条件才能够成立，也就是说，往往都是相对的。没有前提条件的情况，结果往往都是不一定的。比如，我们

---

① 《列宁全集》第55卷，人民出版社1990年版，第78页。

常听到的名言：有志者事竟成；积跬步以至千里；父母在、不远游；闻誉恐，闻过欣；君子欲讷于言，而敏于行；多难兴邦……

一个人即便是立下了宏图大志，并持之以恒地去奋斗，也未见得会一定成功，因此就有了"壮志未酬身先死"的悲壮。如果迷失了方向，没有围绕一个目标持之以恒，只是原地踏步或是绕圈子，即使累积了千万跬步，恐怕也难以达到千里之外。一个人应当谦虚谨慎，但不至于谨慎得誉恐不分，面对别人真心实意的赞誉，亦无须惊恐。尽管社会上有行胜于言的美誉，但一个人在躬身实践、勤奋努力的同时，学会在合适的时候准确地表达自我，也是个人综合素质的一种体现。多难就更不一定兴邦了，难有时候会衰邦甚至毁邦，这不仅取决于灾难本身，而且取决于人们对待灾难的态度以及抵御灾难的能力，即转化的条件和人的主观能动性。只要阅读世界史就知道，由于外敌入侵或特大灾难造成国家分裂、衰败的事例并不罕见。因此，多难兴邦是有条件的，通常取决于三个条件：有作为的统治集团，比较有效率的政权，人民的团结。

《弟子规·入则孝》讲了很多孝悌之道，如果不加辨别，全盘接纳，难免会走入误区，有些在今天看来甚至有点愚孝。譬如，亲所好，力为具；亲所恶，谨为去。再如，事虽小，勿擅为；苟擅为，子道亏。因此，面对传统文化，要批判地继承，这也是为何我们在复兴传统文化时始终面临着争议，也是为何我们要用马克思主义对中国传统文化予以创造性转化、创新性发展的要义之所在。

相对与绝对，同时是不一定与肯定。不一定讲的是事情的发生是需要一定条件的，条件具备，它就发生，条件不具备，它就不会发生，这就是相对。一定讲的是在给定既定条件之后，事情会如期发生，这就是绝对。如果说共产主义在任何条件下都是可以实现的，你肯定会说，这不一定吧。但是我们说，共产主义社会在具备了必要条件时就能实现，这样的判断就比较确定了。

具体事物都是相对的，所以我们要把具体事物放在一定的坐标系中，进而做出正确的判断。通常的坐标系都是由时间和空间构成的，万物发展之变化均是在一定的时空背景下进行的。我们常说入乡随俗，为什么呢？因为我们生活在一定的时空背景中，虽然世界上有多元的价值评价体系，但你接受的评价体系只能是你所生活的特定时空背景中形成的价值体系。

原因与结果：世间从无无缘无故

当今是一个信息爆炸的社会，不同信息的交织导致很多事情发生的原因非常复杂，稍不留神，你就可能被表面现象迷惑。因此，要具备良好的分析能力，能够从常识判断、逻辑推导等方面探寻事情发生的原因，并善于总结经验教训。如果不分析原因，一味看结果，很可能会吃糊涂亏，上糊涂当，甚至有时候会错怪好人。

毛泽东就善于总结经验。1928年11月，毛泽东在《井冈山的斗争》中总结了湘赣边界割据的成功经验，又总结了4月和8月两次失败的教训；1936年12月，在《中国革命战争的战略问题》中既总结了中央革命根据地前几次反"围剿"的成功经验，又总结了第五次反"围剿"的失败教训。抗日民族统一战线建立后,国民党顽固派仍不断掀起反共高潮,国统区一些轰轰烈烈的抗日救国运动屡遭挫折,针对这种情况,毛泽东及时总结国统区的斗争经验,提出"隐蔽精干,长期埋伏,积蓄力量,以待时机"的方针。在此指导下,我党不仅保护了一大批民主革命人士,也为后来的胜利积蓄了力量。

1965年7月26日,毛泽东在中南海接见刚从海外归来的原国民党政府代总统李宗仁及夫人时,突然主动向李宗仁的机要秘书程思远发问:"你知道我靠什么吃饭吗?"程思远一时茫然不知所对。毛泽东接着意味深长地说:"我是靠总结经验吃饭的。以前我们人民解放军打仗,在每个战役后,总来一次总结经验,发扬优点,克服缺点,然后轻装上阵,乘胜前进,从胜利走向胜利,终于建立了中华人民共和国。"①

面对结果,要学会客观地分析原因,既不夸大,也不缩小,更不能胡搅蛮缠,乱找原因。可问题是,通常状况下,我们往往善于找客观原因,不善于甚至是不愿意找主观原因。一个人要是学习不好,考试没考好,往往会把原因归结为晚上没睡好,当学生干部太忙了;一个人在社会上发展得不好,往往会把原因归结为自己没有好的背景;一个人和同学相处得不好,总觉得周围人都对不起自己,一群人都在挤对自己,而忘了从自身找原因。事实上,最难的事是承认自己能力不济,承认自己还不够强,这就

---

① 李永康:《毛泽东的忧患意识》,载《学习时报》2019年4月22日第A7版。

是为什么失败者总是会寻求外部原因来为自己开脱。反过来讲，一个人勇于承认自己能力不足，承认自己的弱点，敢于自我批评，敢于否定不合理的自我，往往是自信的表现。那些夸夸其谈、表面强大、内心渺小的人往往是最难承认自身弱项的人。

一个社会，公平正义越少，失败者的理由就越多，而这会点燃社会的不满情绪，社会会变得有怨气。如果社会上公平正义多了，那失败者就会心服口服，会接受和承认自己的失败，就会多从自身找原因了。所以，为了调整社会心态，舒缓社会情绪，好的办法就是为社会营造公平和正义的氛围。如果把运动赛场比作一个小社会，裁判执法越公平、越严格，比赛的结果就会越有说服力，成绩不够好的运动员就会越服气。

现象与本质：越有能力越谦和

我们周围的事物大多呈现的是表象，表象往往会迷惑人，让人看不清事物的本质。有的人会见虎一毛而不见其斑、见树摇而不见风、见衣衫而不见人，有的人观事睹物分不清轻重与大小，甚至不辨别黑白美丑。事物的现象是复杂的、多变的，这也为透过现象看本质造成了一定的难度。难就难在，看事物不仅要用眼，更要用心。马克思说：如果事物的表现形式和事物的本质会直接合二为一，一切科学就都成为多余的了。正是因为现象和本质的分离，科学探索才有可能，才有了无穷魅力。

通过观察我们发现，一个人的真实能力和外在表现同样蕴含着现象和本质的道理。那些个性比较张扬的人，大多真实水平并不高，而水平高的人，往往是谦虚的。本领不强，为了不让周围人小瞧自己，故意表现得张扬；学识越多，越觉得自己所知甚少、应知甚多，因不满足而谦虚。因此，我们常用"墙上芦苇，头重脚轻根底浅；山间竹笋，嘴尖皮厚腹中空"来讽刺那些实际水平不高但又喜欢自我吹嘘的人。

一个真正有实力且谦虚的人，很容易获得周围人的认可和尊重。在即将夺取胜利之际，毛泽东多次致信民主人士，邀其共商大计，信中往往言辞恳切，谦虚备至。比如，1948年5月1日，毛泽东致信李济深和沈钧儒，写道："弟已拟了一个草案，另件奉陈。以上诸点是否适当，敬请二兄详加考虑，予以指教。"在给陈嘉庚的信中说："先生南侨硕望，人望所归，谨请命驾北来，参加会议。肃电欢迎，并祈赐复。"在给司徒美堂的信中说："至盼先生摒挡公务早日回国，莅临解放区参加会议。"1949年6月，毛泽东再次诚邀宋庆龄，写道："庆龄先生：重庆违教，忽近四年。仰望之诚，与日俱积。兹者全国革命胜利在即，建设大计，亟待商筹，特派邓颖超同志趋前致候，专诚欢迎先生北上。敬希命驾莅平，以便就近请教，至祈勿却为盼！"①信中的谦和用词彰显了毛泽东为人的谦恭虚己。

然而真正做到虚怀若谷，是人一生的修炼。日本明治时期的著名禅师南隐，一次接访了一位专程来问禅的大学教授，教授一坐下，便滔滔不绝讲起自己的哲学观点，禅师只是默默地听。

---

① 《毛泽东书信选集》，中央文献出版社2003年版，第277、288、287、298页。

最后教授讲完了,看到禅师依然默默无语,心想禅师不过如此。这时禅师发话了,说:"让我给你的杯子添满水吧。"南隐禅师不停地往教授杯中倒茶水,并不顾杯中的茶水已经溢出,教授连忙说:"禅师,别倒了,茶水已经溢出来了。"禅师对教授说:"你就像这杯子,里面装满了自己对禅学的看法,却来问我。如果你想让我说什么是禅,你得先把自己的杯子空出来。"为人处世,需要一种空杯心态。

现象和本质的关系能说明很多问题。有时候,即便是一些看似颇有见地的话,也未必是在揭示事物的本质。比如,有网民表示,判断一座城市的河流是否污染严重的标准之一,是官员敢下河游泳。这是一句叫网民叫好的话,但未必揭示了事物的本质。官员下河游泳,当然说明河水清洁,但不敢游泳,河水污染的原因在哪里呢?河水污染,表现在水里,而根子往往在岸上,管不住岸上的根子,就水治水,只能治标不治本,舍本而逐末。

可能性与现实性:为成功准备条件

理解可能性与现实性,首先要把可能性与不可能性区分开。不可能性是指在任何条件下都不可能实现。发展的可能性是由根据决定的,缺少引起某种变化的根据,就不具有引起此种变化的可能。可能性与不可能性的区别,实质上就是有无引起变化的根据的区别。①

---

① 孙正聿:《理想信念的理论支撑》,吉林人民出版社2014年版,第17页。

可能性与现实性的辩证关系告诉我们，有可能性的事物不一定具有现实性，但没有可能性的事物永远不会成为现实。在科学史上，制造永动机曾风靡一时，但均告失败了。1775年，法国科学院决议，宣布永远不再审查有关永动机的一切设计。1917年，美国专利局决定不再受理永动机专利的申请。违背科学规律的东西，自然是永远无法实现的。

可能和现实是过程的两个具有根本不同性质的阶段，是事物发展中两种不同的存在状态。因此，我们不能把可能性和现实性等同起来，不能把可能当作现实存在，从而盲目乐观或悲观失望。

当然，对于我们希望达成的结果，要尽最大的努力，将可能变成现实。通常人们做的很多事情，都是为了确保事物的现实性能够实现而去准备可能性，现实性的实现事实上就是目标，人要树立一个奋斗目标并努力为之奋斗。没有目标，就没有方向感；没有方向的人，就不知道去准备什么样的可能性；没有准备好可能性，就永远不能迎来现实性。当然，通常一个人不能设定太多的目标，目标太多，就没有时间为这些目标的实现准备可能性，结果是什么条件都没准备好，目标也难以达成。

无论什么样的人生都是需要具备一定条件的。没有条件，人生的目标便不会实现，我们需要做的便是努力准备人生的条件，也就是准备可能性。职业生涯规划，就是要把一生作为一个单元来规划，确定自己要成为一个什么样的人，要做什么样的事，然后用一生去准备实现目标的可能性。

中国古语讲"尽人事，听天命"，准备可能性的过程就是"尽人事"的过程。明末清初思想家颜元有这样一则答问，或问："祸福皆命中造定，信乎？"先生曰："不然，地中生苗，或可五斗，或可一石，是犹人生之命也……生命亦何定之有。"人生命运犹如禾苗，人用肥料培育它，五斗可得一石，如果摧折它，一石可得五斗，这是人为造成的，不是天命。

"听天命"，是指一个人必须学会正确面对人生的偶然。很多时候，即使自己准备了足够的可能性，由于偶然性的干扰，也可能之前的努力功亏一篑。如同高中阶段一个学生瞄准心仪的大学、心仪的专业发奋努力，可高考那年发现该学校的该专业偏偏不在其所在省份招生，所以再努力，最后也不会成功。这便需要我们心态平和、豁达通透。这里需要说明的是，豁达是指一个人不懈努力却没有成功坦然面对失败的态度，而不是从未努力过，直接"躺平"，一副"佛系"的无所谓态度。

内容与形式：拒绝形式主义

任何事物都是内容与形式的统一，内容是事物存在的基础，形式是事物存在的条件；内容是活跃多变的，形式是相对稳定的。同一内容在不同条件下可以采取不同的形式，同一形式在不同条件下可以体现不同的内容。内容决定形式，形式反作用于内容。形式是适应内容的要求而产生的，不能把形式和内容的关系简单地理解为瓶子和水的关系。瓶子里的水，既可以倒出来，也可以装进去。而形式和内容的关系并不是这样，事物的形式是事物本身所固有的，不是外加的。

形式具有两重性，分为外在形式和内在形式。所谓外在形式，主要是由事物的次要的、偶然的、非本质的因素造成的。事物的外在形式可以这样，也可以那样，它和内容不是直接相关的。如一本书是精装的还是平装的，是大开本还是小开本，这些都是书的外在形式，与书的内容没有直接关联。所谓内在形式，主要是由事物主要的、必然的、本质的因素造成的，它直接为内容所制约。内在形式与事物的内容具有直接关联。比如，马克思主义哲学，内容要求它的内在形式必须是概念准确、逻辑严谨，而不能采取戏剧、散文的形式来表达。

但也要看到，好的形式对于内容是积极的、有益的，应该得到提倡，甚至还要花心思、下工夫琢磨，使内容和形式实现更好的统一。以书法为例，上乘的书法作品，应该是书写内容的情感和书法笔画情感的统一。比如，郑板桥的《竹石》一诗："咬定青山不放松，立根原在破岩中。千磨万击还坚劲，任尔东西南北风。"赞美了竹子顽强而执着的品质，这样的作品书写起来就不能过于清新秀丽，甚至不能太过工整，笔画要显得峭拔有力些。同样，对于像《江南好》《春晓》《春夜喜雨》等清新秀丽的诗文，如果用颜体来书写，就显得过于庄重。《燕歌行》《塞下曲》《从军》等壮阔豪迈的边塞词句，如果用欧体来写，就显得俊俏秀气。所以，如果书法的笔画情感与所表现内容的思想情感相冲突，形式美与内容美就背离了，这样的作品难成上乘佳作。

当然，我们也反对空洞的形式主义，即只注重形式而缺乏内容。以文风为例,党中央自上而下推动改变文风,就是当前存在着文风不好的情形。现在一些人写文章,喜欢"八股腔",讲了很多正确的废话、好听的虚话,真正管用的东西却没有多少。也有一些人喜好长篇大论,好像文章越长越好,不洋洋洒洒一番,好像学问就不够深,结果是"芝麻大的核,西瓜大的壳"。事实上,我们都有一个感受,有些讲话、文章之所以不太好,主要是内容上、方法上有毛病,没有真正地表达思想、解决问题。

抽象与具体:化抽象理论为生动语言

由抽象上升到具体的逻辑思维过程同客观事物的历史发展过程和认识事物的历史过程是统一的,这就是逻辑与历史的统一。客观事物的发展进程是不以人的意志为转移的客观存在,逻辑的推演过程事实上是根据客观事物本身的发展规律做推演的,违背了客观事物的发展规律,也就是违背了逻辑的推演过程。

人们认识事物的过程也是如此。人们对事物的认识事实上是客观事物发展变化规律在人们意识中的反映。列宁认为,辩证法、逻辑和认识论是一回事情,因为不能创造出某种和存在本身的规律不相适应的特殊的思维规律。揭露自然和社会发展的最一般规律的唯物主义辩证法,也就是最高级的思维逻辑。

历史地看,事物的发展历程都是从简单到复杂的,所以逻辑的推演也是从简单到复杂。辩证法就是要找到一个最抽象最原点的概念,那个原点已经被抽象到了极点,它的外延能够包罗万象,而它的内涵却少到只有靠它的对立面来界定自己。内涵最少的就是最简单的，然后再不断增加内涵，同时不断缩小外延。当内涵增加到最大，外延变得只包括一个事物的时候，就实现了从抽象到具体的演变。所以说，最抽象的部分是最深刻的部分，离具体事物的表象越近，最后就推演到了最鲜活的现象层面，就是能看得见摸得着的万事万物。

哲学学者，往往是从最抽象的概念开始，从抽象到具体，在横向上要不断地界定世间万物的类之间的关系，在纵向上探知万事万物是如何产生、发展、消失，就必须熟知历史的发展规律，因此，哲学大师需要融汇古今、融通中外。

理论是抽象的，往往也是枯燥的。当前我国哲学社会科学面临的一个重要问题，是如何建立以人民为中心的导向，真正理解和表达群众的思想情感，集中群众的经验智慧并将其上升到理论层面，然后用质朴的语言讲清楚深邃的理论，用人们喜闻乐见的方式说明白深刻的道理，使抽象的理论逻辑转变为鲜活的生活逻辑。总之，就是用群众听得懂的语言将思想转化为群众的生活智慧和改造世界的有效思想武器。20世纪30年代，国家处于深重的民族危机之中，如何摆脱危机让灾难深重的中华民族实现凤凰涅槃是青年学子的主要困惑。艾思奇的《大众哲学》恰恰在这个问题上给青年学子提供了一个解疑释惑的工具，发挥了意想不到的作用，影响了一代人。今天，虽然时代不同了，但青年同样面临困惑，而如当年《大众哲学》那般回答青年困惑的哲学书却未出现。艾思奇说，我写《大众哲学》，不是为那些富家子弟提供好看的衣裳，而是为贫穷的百姓提供一个烧饼。邢贲思后来回忆，他在1947年读到这本著作后感到醍醐灌顶,周围的一些同学也深受这本书的影响。他还谈到了一个印象深刻的例子,就是雷峰塔为什么会倒塌?艾思奇在书中解释,雷峰塔的倒塌是一个从量变到质变的过程。邢贲思从中得出一个重要的思想方法,就是要注意防微杜渐。[1]

正如马克思所说:"哲学家并不像蘑菇那样是从地里冒出来的,他们是自己的时代、自己的人民的产物,人民的最美好、最珍贵、最隐蔽的精髓都汇集在哲学思想里。"[2]的确,哲学社会科学也不应该"躲进小楼成一统",成为单纯、玄妙、抽象、神秘的体系,或者变成纯粹学术沙龙中的自由闲谈和自娱自乐。我们要提出具有原创性、时代性的概念和理论,创新学术话语体系。

第三节 对立统一规律

唯物辩证法包含着三大基本规律:对立统一规律、质量互变规律和否定之否定规律。三大规律中,对立统一规律是唯物辩证法体系的实质和核心,这种实质反映在哪里呢?这种核心地位又是如何确立的呢?

事物在发展变化中会呈现出某一方面量的积累,即量变,当量变积累到一定程度时就会发生质的变化,即质变。质量互变

---

[1] 邢贲思:《大众哲学为大众》,载《中国政协报》2014年10月20日。
[2] 《马克思恩格斯全集》第1卷,人民出版社1995年版,第219—220页。

事实上是事物发展过程中的不同状态,而这种变化是由事物内部矛盾推动的。另外,量和质、量变和质变的关系实质上也是对立统一的关系。事物在运动发展变化过程中会经历不同的阶段,第一阶段通常是肯定阶段。在这个阶段,事物内部矛盾的同一性占据主要方面,随着时间的推移会逐渐过渡到第二阶段,即否定阶段。在过渡过程中,事物内部矛盾的斗争性会占据主要方面,但事物的发展在内部矛盾的推动下,会最终再次进入另外一个阶段,即否定之否定阶段。无论是事物的肯定和否定、继承和发展的关系,实质上都是对立统一的关系。由此来看,无论是质量互变规律还是否定之否定规律,都是事物内部矛盾作用的结果,因此可以说,对立统一规律是唯物辩证法的实质和核心。

唯物辩证法的高明之处在于,既讲对立又讲统一,既讲斗争性又讲同一性。只讲斗争,双方会剑拔弩张,无助于问题的解决;只讲同一,又容易一味迁就,委曲求全,无助于争取到正当而合理的利益。这就启发我们要善于把握矛盾双方转化的条件性,把握主要矛盾,并能够坚持一分为二看问题,坚持两点论和重点论的统一。

条件性:矛盾双方的转化

矛盾双方的转化需要一定的条件,因此我们可以通过创设条件,促进或者延缓矛盾双方的转化,使其向着自己希望的方向转化。北宋沈括在《梦溪笔谈》一书中记载了一则"一举而三役济"的故事:宋代真宗时,皇城失火,宏伟的昭应宫被毁。大臣丁渭受命修复皇宫。施工时间短，任务重，既要清理废墟，又要挖土烧砖，还要运进大批建筑材料。怎样才能完成这样繁重而又紧迫的任务呢？经过思考，丁渭想出了一套变废为宝、事半功倍的施工方案：先把皇宫前大街的土挖来烧砖，大街成了一条河沟；然后把汴河的水引入河沟，用来运输木材和其他建筑材料；皇宫修好后，放掉水，将废墟留下的残砖断瓦等填入河沟，修复街道。这样，挖河一举，使得取土、运输和清理废墟这三个孤立的问题联系了起来，实现了弊与利的转化，加快了工程进度，提前修复了皇宫。

淮南王刘安在《淮南子》一书中记载了"塞翁失马"的故事。家里马丢了，塞翁并不悲伤，面对前来劝慰的乡邻，说："谁知道是祸还是福呢？"过了几个月，他的马竟然带了一匹胡人的骏马回来。邻人前来道贺，塞翁却未喜形于色，而是说："谁知道是祸还是福呢？"后来塞翁的儿子骑马摔下，大腿折了，邻人前来安慰，塞翁十分平静地说："谁知道是祸还是福呢？"过了一年，胡人大举入侵，塞翁儿子因腿疾未能入征，结果应征青年大多战死沙场，塞翁父子反倒得以保全。这个故事中，祸福反复交替，而促成祸福转化的每一个条件都是偶然，正是这些偶然因素促成了后来种种变化的结果。

现实中，促成祸与福转换的偶然因素不一定能构成必然关系，也就是说，如果失缺了其中的某一偶然因素，促成祸与福转换的条件链条就会断裂，祸与福之间就难以相互转换，那么，其中的坏事还是坏事，好事还是好事，双方是不会随着时间的流逝而自动地向对立面转化的。要变被动为主动，首先需要弄清楚促成两极转化需要的条件，然后主动创造条件，从而生成你所期待的结果。

纠结与果断：善于抓住主要矛盾

人们在日常生活中总会遇到难办的事情，或者面临多选一的情况，此时往往会变得纠结。为什么会纠结呢？原因是自己无法权衡利弊得失，选择甲就要失去乙，鱼与熊掌不可得兼，应该做出什么样的选择呢？

纠结就是矛盾在人们内心的一种真实反映。一个人除了自然属性的一面，更多的是社会属性的呈现。在社会这个大的统一体内，每个人每天都会生活在一组矛盾群中，人们不停地面临抉择，选择什么或是放弃什么，在得与失之间反复权衡。学生或许会为中午吃什么菜、晚上要不要上自习这种小事纠结，也会为要不要读研、要不要工作这种大事烦恼。趋利性往往驱使人以最强的动机做出最优的选择。但选择往往是，选择了其中的甘，就要承担其中的苦，最好的结果大多是奋斗而来的，而非选择而来的。

那么，如何让自己的生活更快乐，在抉择时少些犹豫不决，多一些当机立断呢？用哲学的话来讲，就是如何在面对诸多矛盾时，能够抓住主要矛盾？一个人总是抓不住主要矛盾，原因无非有二，一是缺乏目标，二是缺乏将目标细化为具体的科学行动的方法。漫无目的地做事情，即便事情做成了，也只是"无心插柳柳成荫",并不可靠,不能长期依赖。有目标,没有细化为具体的科学的行动,只能是"长使英雄泪满襟",事情往往难以成功。

总之,缺乏目标,就不知道矛盾在哪里;缺乏行动,就不知道怎么抓住主要矛盾。有目标,并且能够将目标细化,就会更清晰地认清形势,知道每一天什么事是必须要做的,就会很好地抓住主要矛盾。一个人在学习生活中理出头绪之时,就是看清矛盾之时;开始行动之时,也是努力抓住主要矛盾之时。抓住主要矛盾就意味着把握住了事物发展的大方向,意味着成功了一半。

很多时候,我们看到有些人处理问题时表现得游刃有余,会满心羡慕,却通常看不到人家在背后下的工夫。世界上哪有这样的人,张口就说,说了就对;拿来就拍板,拍板就正确。与其临渊羡鱼,不如退而结网。当我们能够做到理清事物发展的来龙去脉,能够做到从事物的表象看到本质,能够开始一点一点积累、一点一点进步,我们就能够很好地把握住事物的主要矛盾。

那么,一个人如何在实际行动中,提升干事创业的水平呢?干事情的过程就是解决矛盾的过程,要想把事情干好、干漂亮,就得深入分析一件事情的矛盾所在、症结所在、关键点所在,然后抽丝剥茧,一层一层捋清楚,实现由表象到实质,由感性到理性,从而解决问题。

一分为二:两点论与重点论相结合

看待问题既要一分为二,又要分清主次,要学会抓关键、抓主流。一分为二就是说天下的事都有复杂的一面，天下的人也都有复杂的一面，并非都是非黑即白的简单逻辑。生活中，我们常常会遇到这种非黑即白的争论。比如，两个人在争论，一个人说："你不要整天只想着吃！"另外一个人会回答："都不吃的话，我饿死怎么办？"事实上，整天吃和不吃只是两个极端，中间还有适度进食的可能。

我们需要先为非黑即白的思维正个名，即不要把非黑即白思维一概斥为无用，视为坏的东西，如果这样做了，就是非黑即白的思维了。其实，非黑即白的思维方式是人们生存的必需品。人类早期在野外生存，每天都会面临生命危险，遇到猛兽时，是逃走还是对敌？需要一个人瞬间做出决定，因为思考的时间越长，面临的风险就越大。所以，简单、直接、快捷的思维方式，在应对短期紧急情况时是非常有用的，而这种思维模式在长期的进化中，几乎成了人的本能选择。比如，司机驾驶汽车，突遇行人穿行马路，是立马刹车还是打方向盘避让？同样需要立即做出决定，思考时间的加长就会引发危险。

但为什么又要批评非黑即白的二元思维呢？因为随着社会的演进，人们面临的问题越来越复杂，如果每每都从本能出发，用二元思维来处理的话，将会引发更多的问题。比如，环境保护与经济发展之间的问题，完全地保护环境，把经济建设停下来，或者是完全搞经济建设，不顾环境资源的承载能力，都是一种二元思维。

孟子曰："尽信书不如无书。"尽信书，是一种极端，当然不可取。但孟子此言，绝不是说书不可信，而是说，书要信，但不能尽信，既不能走极端地迷信书本上所说的一切，也不能对书本上讲的一切都不信。毛泽东曾批判《二十四史》："一部《二十四史》，大半都是假的，所谓实录之类也大半是假的。"但他同时指出："如果因为历史大半是假的就不读了，那就是形而上学。"

同样，一个人要保持尊严，要有自尊，但也有一个适度的问题。过了头的自尊会沦为自卑，极度的自尊就是极度的自卑，极度的自卑必然发展为畸形的自尊。自尊不是孤立的，它通常是和自爱、自立、自强结合在一起的。没有了自立、自强、自爱，单纯的自尊是没有意义的，是不可取的，是不长久的。有些学生，家庭困难，却不愿意接受学校、社会、他人的资助，认为这就是自尊，事实上这不是。人都是社会中的人，人不可能孤立地存在，人与人需要交往，需要互相帮扶，人也只有在集体中才能够更好地生存下去。人的社会属性不因为自尊而发生转移。因此，要学会善待别人的帮扶，要学会感恩，接受别人温暖的关心和帮助不是无能、懦弱的表现，也不意味着不自立不自强，而是人性温暖善意的一面。在别人的帮扶下健康成长，力所能及的时候，帮助其他需要帮助的人，这不正是人类向往的一种人与人之间互助的关系吗？为此，看待事物、分析问题，要学会用联系的观点看，一分为二地看，从而有效地避免主观性。

分清主次就是要弄清楚雪中送炭和锦上添花的区别，分清哪些人和哪些事在人生和事业发展中起的是炭的作用，哪些起的是花的作用。炭是主，花是次。对于一个还在求学阶段的学生而言，学习是炭，其他的是花，要学会给温室大棚中的炉子里加炭，而不是只知道往大棚里摆花，炭没了，花也不会长久。

1909年，苏黎世大学要聘用一名理论物理学教授。有两位候选人：一位是在理论物理学界崭露头角的年轻的爱因斯坦，另一位是爱因斯坦的大学同窗好友、年轻的物理学家亚德勒。亚德勒已是大学教授，而爱因斯坦当时只是瑞士专利局的一个小职员。自然，亚德勒就顺利胜出。而这对亚德勒来说，只是锦上添花；但对爱因斯坦而言，却尤为重要。

然而，令人意想不到的是，当亚德勒获知与他竞争这个职位的是爱因斯坦时，竟坚辞不就。正是由于亚德勒的极力推荐与坚辞，爱因斯坦终于获得了苏黎世大学教授席位。从此，他有了更好的科研条件，并于六年后的1915年创立了广义相对论，从而开创了理论物理学的广阔新天地。真正的挚友，不是在你取得成绩时前来为你道贺的人，而是在你遇到困难时伸出援手的人。爱因斯坦终其一生，都衷心感激亚德勒。不挟权势而自傲，不持富贵而骄矜，不贪名利而忘义，是做人的本分，也是觅得挚友的关键。

人民立场：站在道义的一方

如果把目光投向社会，我们会发现社会上大体总会有两股势力，先进势力和落后势力。或许你会说，有多股势力。是的，双方力量平衡时，会有很多骑墙派，即所谓的中间派。但是当双方的力量发生显著变化后，骑墙派或中间派会很快消失，而倒向其中一方。在双方力量对比中，相对强大的一方一定会站在道义的一方，从而获得大多数人的支持，积累胜出的可能。共产党之所以从弱小变强大，能够在极其困难的情况下赢得革命的胜利，是它在关键节点上总是站在道义的一方，从而赢得了人民群众的支持。

"得道多助，失道寡助"是在重大事件面前实现矛盾双方力量逆转的关键。春秋战国时，齐宣王就武王伐纣一事向孟子请教。齐宣王问曰："汤放桀，武王伐纣，有诸？"孟子对曰："于传有之。"曰："臣弑其君，可乎？"曰："贼仁者谓之'贼'，贼义者谓之'残'，残贼之人谓之'一夫'（独夫）。闻诛一夫纣矣，未闻弑君也。"面对齐宣王的诘难，孟子认为，桀纣之流是伤天害理、毁仁灭义的独夫，理应被清除，这是合乎道义的。这也启发人们，一个人在工作生活中，一定要站在道义的一方，也就是站在人民群众的立场上，否则终会被人民抛弃。

解决人生中诸多事情的过程，就是解决矛盾的过程。很多事情我们处理得很快，得心应手，那是因为个人能力、知识储备程度高出了事物本身的难度，因而自己就变得轻松如欲，显得也很强大。如果面对的是很难的事情，处理起来便会棘手，事情之所以难，是对你而言，矛盾的对立面太强大了，超出了你的处理能力。这便如同让大学生去做小学生的数学题，当然很容易，可如果去做更高难度的高等数学，可能会吃力。这就是事物的对立面太过强大，超出了你当下的能力。

因此，一个人要想变得强大，就要不断地积累学习，拓宽自己的人脉。通过学习积累自身能力，使积累超出矛盾的对立面；通过结识更多优秀的人，向他们虚心请教，也是提升自我能力的一个途径。三人行必有我师，一个人要具备谦逊的品格，这样别人才更愿意帮助你。所以，一个人要想更好地生活，更好地处理生活中的难题，既要不断学习，也要保持好的人际关系，二者缺一不可。生活中总有一部分人会通过投机取巧使矛盾双方力量发生转化，比如通过做假、抄袭等途径解决考试难题。冒险就意味着时刻准备为此付出代价，正义的冒险，不成功便成仁，而非正义的冒险，因为失去了道义，是不会被人们同情的。

目的和手段是一对矛盾，一个人如果过于注重目的，就很可能搞乱了手段。考试作弊被抓，无论考了多少分，都会按零分计，还要准备接受处分。唐代李翱问道于高僧惟俨，高僧答："云在青山水在瓶"。人生不如意十之八九，目的不是每次都能达到，尽管你可能已经很努力了。实际上，不如意也是人生的构成部分，接纳自己，练就坦荡而豁达的心胸。

第四节　质量互变规律

质量互变规律是生活中经常会碰到的一个规律，比如日常的食物，在保质期内可以安全食用，超出保质期并且腐烂了，就失去了食用的价值。从生物学上来看，食物变质了，病菌污染了；

从哲学原理上来看，随着时日的迁移，食物在量的积累中发生了质变，不再是原来的食物了，它的化学性质发生了根本改变。

内在与外在：质与量

质是一事物区别于他事物的内在规定性，也就是能够与其他事物区别开并有着自身独特性质的部分。人与人之间的区别，往往不是指性别、相貌、体格，而是指不同的性格特征。一个人要学会练就自身独特的质，也就是独特的个性和特点。如果一个人找寻不到自身的特质，发现自己具有的都是别人具有的，而自己拥有的又是那么普通，那么不起眼，以至于觉得自己就是可有可无的人。

有些学生临近毕业才发现自己走过的大学四年，几乎没有特别的质。而找不到质的人，在生活中也就难以找到自信。一个人要学会发展自身的个性特质。人首先作为一个类而存在的，具有类的特性，这种类特征也就是区别于动物的存在，一个能够把类特性发挥到极致的人才能称之为人。一个没有本质特征的人，是一个徒有虚名的人。所以，臧克家说："有的人活着，他已经死了；有的人死了，他还活着。"

质变是事物失去原有特性的过程。一个事物首先因为具备某种质才存在，这种质不存在了，这个事物也就不存在了。所以，人死了，虽然他的肉体还在，但变成了一个缺少人的质的特性的存在了。因此，医学上判定一个人死亡的标准是脑死亡。

量是事物的规模、程度、速度等可以用数量表示的规定性。

单纯的规模增加不必然导致质变,混乱的量变更是产生不了质变。比如,我们在经济发展中,如果只是单纯追求经济总量的扩大、规模的扩大,追求数量上的GDP,这样的追求能否必然导致质变呢?或者说,这样的做法是否能够确保经济的发展质量呢?我们很可能因为资源环境的不可承受而导致经济发展的变缓,以致最后的停滞。再比如,现在流行的"中等收入陷阱"论,具体指,1960年被世界银行列为中等收入国家的101个经济体中,到2008年只有13个进入高收入国家行列,而这13个国家中人口超过2500万人的只有3个,剩余的徘徊不前。陷入中等收入陷阱的经济体,均是在高速增长阶段之后,没有实现经济从量的扩张转向质的提高。量积累到一定阶段要向质的阶段跨越,但这个跨越要积极作为。

而要实现质的飞跃,离不开创新。对于像中国这样一个大经济体,要想避免陷入中等收入陷阱,必须从依靠廉价劳动力、资源增长转变为依靠高生产率和创新来增长。我国在力图避免泰国、菲律宾、马来西亚等已经陷入中等收入陷阱的亚洲经济体所具有的隐患,同时,我们的近邻日本、韩国、新加坡提供了正面榜样。中国的领导人对此有着敏锐的认识,习近平总书记算过这样一笔账:世界发达水平人口全部加起来是10亿左右,而我国有14亿多人,全部进入现代化,那就意味着世界发达水平人口要翻一番多。不能想象我们能够以现有发达水平人口消耗资源的方式来生产生活,那全球现有资源都给我们也不够用!老路走不通,新路在哪里?"就在科技创新上,就在加快从要素驱动、投资规模驱动发展为主向以创新驱动发展为主的转变上。"[1]

据中国科学技术发展战略研究院发布的《国家创新指数报告2020》显示，中国国家创新指数综合排名世界第14位，2018年，中国SCI论文数量达到39.8万篇，占到全球总量的18.1%。[2]2000年，我们的排位是第38位，可以看出，进入21世纪，我们的创新能力实现了稳步提升，与创新型国家的差距正在逐步缩小。

但同时要看到隐忧，论文在很大程度上表征着创新能力和水准，中国的论文数量是世界第2位，但创新能力却处在第14位，这种不对等的位次，其实在一定程度上了反映了我们一部分论文的注水。我们看到，不少行业为提升职称在写论文，坐诊的医生在写论文，负责护理的护士在写论文，一线施工的工程师也在写论文，等等。这导致中国的论文数量呈爆发式增长，实际上，我们是不需要这么多论文的，特别是注水的论文。与其写论文，解决点实际问题是不是更好呢？

目前，我国有220多种工业产品产量位列世界第一，但自有品牌在世界100强品牌中所占数量仍然不多。品牌的英文单词brand源出古挪威文brandr，意思是"烧灼"。人们用这种方式来标记家畜等私有财产，以便与其他人的财产相区别。在中世纪的欧洲，手工艺匠人用这种烧灼的方法在自己的手工艺品上烙下标

---

[1] 田俊荣、白天亮、朱隽等：《中国经济新方位》，载《人民日报》2016年12月14日第1版。

[2] 《〈国家创新指数报告2020〉：中国创新能力稳步上升》，新华网，www.xinhuanet.com/tech/2021-06/03/c_1127525315.htm。

记，以便顾客识别产品的产地和生产者，产生了最初的商标。可见，从品牌的历史文化源头来看，品牌具有独特标记、印象深刻等天然特性。

我们有多少品牌能让世界印象深刻？2016年的一项国际市场调查发现，尽管中国制造风靡美国，但有94%的美国被调查者对中国品牌所知甚少，其中仅有2.53%提到联想、1.20%提到百度、1.07%提到华为、0.87%提到海尔和国航。与之相反，谷歌、微软、苹果、福特、波音、亚马逊、迪士尼……众多美国品牌在中国深入人心。[①]

我们需要基业长青的企业。一则统计显示，截至2013年，全球寿命超过200年的企业，日本有3164家，为全球最多，德国有837家，荷兰有222家，法国有196家。为什么这些长寿的企业扎堆出现在这些国家？因为它们无一不在传承着一种工匠精神。

好莱坞巨星娜塔莉·波特曼在2015年哈佛大学毕业典礼演讲中提到的一个例子，很好地诠释了日本的工匠精神。她去东京一家著名寿司店吃寿司，发现寿司好吃到让她这个素食主义者都欲罢不能，但发现店里只有6个座位。她一开始很好奇为什么不扩张，后来朋友向她解释：东京所有最棒的饭店都这么小，而且只做一样料理，因为他们要把事情做好做漂亮，关键不在于数量，而在于对事物追求至善至美过程中的愉悦。[②]

---

① 杨亮：《做品牌要耐得住寂寞》，载《光明日报》2016年6月30日第13版。

② 从易：《呼唤"工匠精神"》，载《南方周末》2016年3月25日。

量变可以引起质变，我们的量变已经相当多了，问题是如何实现质变呢？我们亟须推进科学转型，避免陷入类似于经济学领域中的中等收入陷阱。现在的学术界和世界经济一样，也出现了两极分化：许多国家只能输出原料，另一些国家对原料进行深加工，得出理论认识。后发国家为原料能出口而高兴，科学家也为其数据能为国际所用而庆幸。我国的科学研究需要向学科的核心问题进军，需要有原创性的突破，这就是转型。不能一直停留在中等状态，从外国文献里找题目，买外国仪器进行分析，取得的结果用外文在国外发表，这只是一种科学上的外包。想要成为创新型国家，就不能只注重论文优势，应该在国际学术界有自己的特色，有自己的学派，有自己的题目，不能仅仅沦落为西方话语的传声筒。

同样，一个政党的组织建设，比如中国共产党，如果只单纯注重扩大党员规模，而不注重党员发展质量和培养再教育，那么党员队伍壮大了，数量多了，就一定能够带来质变吗？答案显然是不一定的。量变到质变需要条件，因此，党的十八大以来，党中央提出了全面加强党的建设、全面从严治党的要求，十分重视党员发展质量和再教育。

我们常讲，一分耕耘，一分收获。事实上，更多的情况是，一分耕耘，一分积累，零分收获；五分耕耘，五分积累，还是零分收获；甚至是九分耕耘，九分积累，依然是零分收获；而只有十分耕耘，十分积累，你才能获取百分收获。积累对于量变至关重要。"大厦之成，非一木之材也；大海之阔，非一江之归也。"量变的积累往往不是一阵子,而是要有持久性。围绕着一个知识领域,每天积累一点,一年积累下来就不仅仅是365点,而是更多。这就类似于你每天在银行存10元钱,一年积累下来一定比3650元要多,因为有利息生成。知识同样如此,随着积累的量在逐步增多,会发生复利式的变化。

积累:实现质变的必经之途

量变到质变需要过程,更需要对量变规律的准确了解与把握。事物在发生量变的过程中,或者说是在进行量的积累、为质变的到来做准备的过程中,是需要一定条件的。事物的量变不是胡乱堆砌,凑数量,拼规模,耗时间,而是需要有合理的布局、合理的结构、合理的步骤,要分清轻重缓急、先后主次,待事物的发展达到一定程度,把握好关键节点,才能实现不飞则已、一飞冲天的效果。

当然,一个人可以借助外力来垫高自己的平台,也就是社会上通常所说的各种拼,我们无法拒绝社会上的所有拼。与普通人相比,富商、官员的子女显然都有借助外力垫高自己平台的机会。当然我们说,这样的人毕竟是少数,并且这些人当中也会有不肖之徒。如果一个人有能力,又有机遇,那他的人生自然会少走很多弯路。如果一个没有什么能力的人,靠拼关系,进入了所谓的好单位,入门可以拼,后续的竞争还可以拼吗?尊严、尊重可以通过拼拼来吗?有时,台子垫得越高,可能会摔得越惨。党的十八大以来,中央查处的严重违纪违法官员中,那些借助权势爬上高位后又摔下来的例子可谓举不胜举。

当然，对于普通人而言，即便没有外力垫高自己，如果能够勤奋、踏实、肯干，脚踏实地做好量的积累，照样可以收获人生的果实。平民又如何？世界是公平的，因为，总有一些素质是你无论如何靠拼都拼不来的，唯有脚踏实地做好量的积累。遗憾的是，总有一部分人既没有外力，也缺乏内功，终日浑浑噩噩、自怨自艾，生活中隐蔽了，而网络中却现形了，出现了一批键盘侠，又有何益？

另外，在量变的过程中，总是会发生一些阶段性的小质变，如果把最后的大质变当成一个大目标，小质变则是对一些小目标的实现。大目标是由小目标构成的，一个个小目标的积累，总会促成大目标的实现。

现实中，总有一部分人很聪明，领悟能力也很强，采取的量变方法也得当，通常是在行进的途中，能够实现走一段、飞一段，并很快就达到了质变的程度。而总有一些人一直在走，由于资质、方法的原因，总是飞不起来，只能一步一步地走。比如，新入职的高校青年教师，有些人年纪轻轻就迅速评上教授，有些人可能努力很多年才能够如愿，这就是量变过程的不同导致的质变效果不同。要承认这种差别的存在，如果资质不如别人，那就努力在毅力上给自己加分，只要方向正确，不气馁，不懈怠，走小步，不停步，天天都有新进步，虽然目标的实现会来得晚一点，但一定会到来。

不过，社会上总有一些人爱耍小聪明，不踏踏实实做好量变积累。小聪明耍一时且成功了，是运气，小聪明不可能耍一辈子，要记得回去好好努力，继续做好量的积累。

一个人要对自己想要达到的质变心里有数，然后按照质变的要求准备量变。通常来看，大学所学专业的发展方向就是将来要质变的目标。在量变的过程中，要老老实实地学，老老实实地干，如果总是跑着学，跳着学，隔三岔五地学一学，基础打得跟网眼一样，怎么在上面盖高楼大厦呢？

人生没有目标，只读自己喜欢读的书，或者热衷于"好读书不求甚解"，随意翻翻，胡乱量变，最后可能是读书不少，但却依然没有发生质变。贪多的人，到处挖坑的人，走马观花的人，往往都是一事无成。原因是每次都没有把量变积累得够深，虽然涉猎了很多领域，但从未见把哪一个领域钻得很深。

小事永远是大事的根，每一棵树的繁茂与衰败都可以从它的根上找到答案。生活中总有普通人却做出了大成绩，他能够一步一个脚印，脚踏实地积累，每隔一段时间都会实现一个小提高。自视甚高的所谓聪明人，什么东西都难以入其法眼，热衷于追求诗和远方，却看不到自己一亩三分地里的杂草，学东西跑着学、跳着学，结果看似百事通，实则无一样精通。

量变是事物在程度上的一种积累，这种积累具有不以人的意志为转移的客观性。人要正确看待事物发生量变的过程，要有等待的耐心。赵朴初写的《比风水厉害100倍的宇宙定律》中，提到了一条80/20定律。具体是指，人在达成目标前80%的时间和努力，只能获得20%的成果，80%的成果在后20%的时间和努力中获得。很多人在追求目标的时候，由于久久不能见到明显成果而丧失信心，继而放弃坚持，须知，命运修造是长久的事，要有足够的耐心。不要预期前80%的努力会有很大收获，只要不放弃，最后20%的努力就会有长足乃至本质的进步，量变才能达到质变。为什么成功的人总是少数，因为能坚持的人总是少数。有些时候，我们把事情办糟，把关系没处理好，个中原因可能很多，但其中一个往往是缺乏耐心。一个人总是没耐心，往往等不到事物发生质变就换方向了。量变的积累从一开始便是松散的，一点不扎实，质变自然不会到来。一个人拥有耐心并不代表着没有渴望和欲望，渴望和欲望都是允许的，但是要深埋心底，要有"独钓寒江雪"的定力。反之，我们也不能把耐心推向极端变成了拖沓。一个因事故马上危及生命的病人出现在大夫面前，大夫依然不温不火，是不是很危险啊？所以，哲学中的很多道理都要辩证地看，都要同其他原理联系起来看，要具体问题具体分析。

度：量变到质变的关键节点

我国著名数学家华罗庚在一次报告中以"一支粉笔多长为好"为例讲解他所倡导的优选法。对此，他解释道："每支粉笔都要丢掉一段一定短的粉笔头，但就这一点来说，愈长愈好。但太长了，使用起来很不方便，而且容易折断。每断一次，必然浪费一个粉笔头，反而不合适。因而就出现了粉笔多长合适的问题——这就是一个优选问题。"所谓优选问题，从辩证法的角度看，就是要适度，把握一定的度，太长不行，太短也不行。

事物从量变到质变的过程，中间也要经过这个临界点，超过临界点，事物就从一种状态跃升到另一种状态。与临界点相关的一个词是"度"。度是保持事物质的稳定性的数量界限，即事物的限度、幅度和范围。度的两端叫关节点或临界点，超出度的范围，一物会转化为他物。

度这一哲学范畴启示我们，凡事都要把握合适的度。有人将学生群体性格划分为四种类型：孙悟空型，有本事，能干，爱逞强；猪八戒型，有点小聪明，爱偷懒，善于沟通；沙和尚型，勤劳质朴，踏踏实实，不善表达；林黛玉型，心思细腻，敏感多虑。孙悟空型的学生犯了错误就需要严厉批评，批评得越严厉，越能激发他的上进心；而林黛玉型的学生则不然，点到为止，让其明白问题所在，批评过了，反而不妥。把握不了这一点，通常的教育管理就会犯经验主义的错误，就会习惯于用一套办法对付所有问题。列宁说："马克思主义的全部精神，它的整个体系，要求人们对每一个原理都要（α）历史地，（β）都要同其他原理联系起来，（γ）都要同具体的历史经验联系起来加以考察。"[①]抛开同其他原理的联系，不顾学生实际情况，批评教育学生用一个标准，即便是掌握了度，收到的效果可能也是事倍功半。

事物的量变有两个方向节点，向上的关节点和向下的关节点。向上，突破关节点，就变成了新事物；向下，突破关节点，

---

① 《列宁选集》第2卷，人民出版社1995年版，第785页。

就垂死了。人在发展的过程中，就是在向上的关节点上，把握好时机进行质变，实现质的飞跃；而要使腐朽的势力迅速衰退，就要把它的力量削弱到向下的关节点，把握好时机促成灭亡，避免死灰复燃，因此斩草要除根。

另外，把握关节点的过程中一定要慎重。我们常说的大意失荆州，就是在关节点掉了链子。成功需要很多条件，而失败只需要一个细节就够了，这个细节也就是关键节点。越是觉得量变都够了，可以质变了，已经胜利在握了，就差最后一步了，此时越需要倍加谨慎。人们常讲的临门一脚，结果功夫欠佳脚软了，前功尽弃，小概率事件可能就在这个时候出现了。这就如同烧炭，炭火空烧半晌，没烧足，反而会烧出毒气来。

团队协同开展项目合作，不是说你做的事情多，功劳就一定大。很多人都可以做量变的工作，而赋予这些量变以一定的结构，使之发生质变，这个难度系数要大得多。比如，我们做调查问卷，很多人都可以做，并且可以把调研数据统计出来，但是分析调研数据、得出结论，这就是质变。分析的难度系数要大于调查的难度。准确地分析调研数据就是项目研究中的关键节点，是推动事物能否发生质变的关键环节。

马克思主义用质量互变规律证明资本主义必然灭亡，共产主义必然实现。资本主义在进行量变积累的情况下是不会灭亡的，只有量变积累到一定程度才会发生质变。社会生产力的发展是需要量作为基础的，量变没有达到一定的程度，是不可能产生新社会的。即使我们把一个社会命名为更高级别的社会形态，也是名不副实，还要反过来补生产力欠下的账。判断一个国家是否先进的标准是其生产力的发展程度，而不是国家的富裕程度。这也就是为什么中国提出要建立一个富强国家，而不是富裕国家，富未必就强，而强往往伴随着富。中东很多国家依靠丰富的石油资源变得很富裕，但人们从未说过他们很发达、很先进。非洲很多国家本没有达到资本主义国家的生产力水平，却要学发达资本主义社会的政治模式，搞大民主和普选制，结果搞得一团糟。

中国现在处于社会主义初级阶段，就是为了补生产力欠下的账。中国成功地打赢了脱贫攻坚战，建成了全面小康社会，国家现在总体富裕了，但仍不够发达。即使人均GDP提高了，也不意味着中国就发达了。新时代，中国社会的主要矛盾是人民对美好生活的需要和不平衡不充分的发展之间的矛盾，发展生产力仍然是当务之急和核心任务。只有生产力发展水平提高了，科技创新能力提高了，才有可能真正地建设社会主义现代化强国。

第五节　否定之否定规律

事物在发展过程中总会历经不同的阶段，但有时给人的印象是反复，明明看到的是进步，却好像回到了从前。对此，该如何看待呢？要想准确地把握这一点，就需要了解和掌握唯物辩证法中的否定之否定规律，它主要包括两次否定三个阶段。第一阶段是肯定阶段，第二阶段是否定阶段，第三阶段是对第二阶段的否定。从阶段上来看，第三阶段看似是对第一阶段的回归，其实不然，它是在更高层面上的一种超越。

试举两个例子。一个例子是，禅宗有一段颇具意味的话，老僧30年前看山是山，看水是水；后来看山不是山，看水不是水；现如今看山还是山，看水还是水。第一重境界，看见山叫山，看见水叫水，这是存在的山水；第二重境界，原始浑朴的山水经过抽象，去除了原始浑朴气，看起来已经不像原始的山水了，成为对象的山水；第三重境界，山还是山，水还是水，但它不仅仅是认识的对象，还是一个审美的对象了。另一个例子是，梅兰芳在总结表演艺术时说过一句十分精辟的话："由简入繁繁又简，无限工夫内中含。"戏剧演出，用动作表现人物性格，起初，表现手段不丰富，动作是简单的；随着对人物性格理解的深化，动作逐渐繁多起来，语言、动作、眼神、气韵、情感丰富了，但是，表演也繁杂了；等到真正理解了人物的内心世界，把握住了人物的性格特质，表现手段反倒由繁变简了，往往用一个有表现力的动作就能把人物性格入木三分地表现出来。这由简到繁再由繁到简实质上完成了一次认识上的质变，是一次否定之否定的过程。

公—私—公：否定之否定

在原始社会，公的品格备受推崇，这不是说社会里面没有私，如果没有私的存在，又何谈公呢？只是和公相比，私不处于主导地位。公和私是一对矛盾，一方的存在以另一方的存在为依据。随着生产力的发展，分工的出现，一部分人从繁重的体力劳动中解放出来,开始把主要精力集中在文化、艺术、科学等方面。这样一来,一部分人就得花更多的时间和精力去从事体力劳动,只有这样才能够承担起全部人的吃饭问题。当多余的劳动资料被生产出来后,私有制就产生了,从此人类社会步入奴隶社会,私的观念开始占据主导。私有制的奴隶社会阶段事实上是对原始公有制阶段的否定,从历史上来看,这一阶段是很有意义的,奴隶社会替代原始社会,是一种历史的巨大进步。

只是人类刚刚摆脱了自然的奴役后,就又迅速落入了人的奴役的巢穴。随着生产力的发展,社会关系也在不停地进行调整,封建社会和资本主义社会,人们获得的自由和解放越来越多,尽管历史已经获得了长足发展,积极的因素在不断积累,但是社会的主要特点仍然是私大于公。事物是永恒发展的,生产力会在人们的推动下不停发展,人类社会也在不停发展,那么我们有理由相信:未来社会一定是一个更加注重公平正义的社会,是一个人们更能获取幸福的社会。我们将未来社会称为共产主义社会,显然共产主义社会是对第二阶段资本主义社会的否定,实现社会上由私占据主导地位转向由公占据主导地位。表面来看,这似乎是对第一阶段的回归,事实上,这是在一个更高水平上的超越。第三阶段的否定是对第一阶段和第二阶段的整合,达到了一个更加崭新的状态。

集体—个体—集体:否定之否定

安徽省凤阳县小岗村,这是一个中国农村土地改革史上具有划时代意义的村庄。1978年，18位农民秘密把集体土地"分田到户"，拉开了农村改革的序幕。而2013年，小岗村却做了另外一件事情，把农户手中的土地集中起来，向外流转，流转总面积达8400多亩，占可耕地面积的44%。①昔日冒着坐牢风险"偷偷摸摸"率先搞"分田到户"，现在又把土地归拢起来集中流转。分分合合，似乎又回到了原点，其实这不是"折腾"，而是顺应时代发展的螺旋式上升，前者是为了温饱，后者是为了进一步致富。

1978年之前的大包大干，是农村土地改革的第一个阶段，不适应当时生产力的发展，农民连饭都吃不饱；1978年之后包产到户，是对前一阶段的否定，这不仅适应了当时生产力的发展，而且很好地解决了农民吃饭的问题。今天，在新的历史条件下，包产到户的政策已不再适应生产力的发展现实，越来越多的人外出打工，一部分土地开始撂荒，于是需要重新做出选择，实现土地从分散走向集中，向外流转是契合当下现实的好思路。表面看，这像是对大包大干的回归，实际上，是一种在更高水平上的超越，是对生产力的一种更大的解放。马克思认为："一切文明民族都是从土地公有制开始的。在已经经历了某一原始阶段的一切民族那里，这种公有制在农业的发展进程中变成生产的桎梏。它被废除，被否定，经过了或短或长的中间阶段之后转变为私有制。但是在土地私有制本身所导致的较高的农业发展阶段上，私

---

① 王梦纯、钱伟、蔡华伟：《小岗村，改变静悄悄》，载《人民日报》2013年4月8日第14版。

有制又反过来成为生产的桎梏——目前无论小地产或大地产方面的情况都是这样。因此就必然地产生出把私有制同样地加以否定并把它重新变为公有制的要求。"①马克思的这段论述，准确地阐明了这一观点。

传统文化—西方文化—中西交融：否定之否定

在西学东渐之前，中国人从未怀疑过中国的传统文化，这个阶段，中国传统文化处于肯定阶段。历史步入近代，鸦片战争打开了中国的国门，由于自身的保守落后，100多年来处处被动挨打。西学渐进，中国人开始意识到中国传统文化中糟粕的一面，同时为西学中优越的部分所震撼，用西学改造甚至替代中国传统文化的呼声成为社会的潮流。新文化运动的兴起，开启了对中国传统文化的系统反思，这种反思在当时是一种进步，此时中国传统文化处于否定阶段。步入新的历史时代，在从站起来、富起来到强起来的历史进程中，我们再度发现，全盘否定中国传统文化就是否定中国的历史，就是否定文化的根脉，而切断文化的根脉，文化之树便不可能枝繁叶茂。我们需要重新回归到一个新的肯定阶段，只不过这一阶段不同于以往，因为不加区别地全盘传承中国传统文化和不加区别地全盘接纳西方文化，所带来的危害是一样的。看不到传统文化的精华，那是数典忘祖；看不到西学的先进之处，那是盲目自大。更好的办法是吸纳西学中优秀的部

---

① 《马克思恩格斯选集》第3卷，人民出版社1995年版，第480—481页。

分为我所用，以马克思主义为指导，对中国传统文化进行创造性转化、创新性发展。这个阶段就是否定之否定阶段。

否定之否定规律告诉我们，这里的否定不是全面打倒、全部推翻，而是在前一阶段的基础上实现新的发展。历史上，一个朝代可以推翻另一个朝代，可以烧毁前朝的宫殿房屋，可以处死前朝的遗老遗少，但却无法拒绝前朝遗留下来的生产力发展水平。生产力不停向前发展，这是一项不以人的主观意志为转移的客观规律。事物的发展是在有效继承前一阶段遗留下来的精神和物质财富的基础上实现的。摧毁了前一阶段所有的物质基础后，你会发现，接下来的发展突然变成了无本之木、无源之水。毛泽东在谈到正确处理人民内部矛盾的问题时，提出要坚持"团结—批评—团结"的公式，这一公式就遵循了否定之否定规律。

实体—虚拟—实体：否定之否定

随着世界经济危机的产生，西方不少发达国家已开始脱虚向实，推动国内实体经济的发展。实体经济是社会财富的主要创造者，是财富的源头所在。虚拟经济则有助于为实体经济搭建融资平台，实现资源整合，从而推动实体经济进一步发展，它的立足点在于服务实体经济。但是，如果虚拟经济脱离了实体经济自身循环，用钱生钱来壮大自我，这是经济发展的一种短视，会造成经济金融化、金融泡沫化，对经济发展造成伤害。

20世纪90年代之前，美国的实体经济十分发达。后来，美国开始战略转移，依靠金融创新和信贷消费大力发展虚拟经济。有关研究数据显示，美国金融行业在2004年所创造的利润占到了国内企业利润的40%左右，40年间这一比重提高了19倍，取代实体经济成为主导产业。然而，虚拟经济的过度创新不仅没有为美国开辟支撑经济发展的第二战场，反而被突如其来的金融危机拖入泥潭。结果是，经济结构失衡，经济增长乏力甚至衰退，与此同时，在新自由主义的资本效率优先政策主导下，社会两极分化进一步加剧。20世纪70年代之后的30年中，美国普通劳动者家庭的收入没有明显增加，而占人口0.1%的富有者收入增长了4倍，最富有的5%左右的美国人拥有全国70%左右的财富，这一时期被称为200多年来"最糟糕的时期"。[1]美国学者乔姆斯基曾一针见血地指出，新自由主义的理论和政策代表了极端富裕的投资者和不到1000家庞大公司的直接利益，只不过是少数富人为限制民众的权利而斗争的现代称谓而已。[2]

2008年国际金融危机之后，美国充分认识到不能仅仅依赖过度的金融创新和毫无限度的信贷消费拉动经济，开始重视国内产业尤其是先进制造业的发展。美国先后启动了"先进制造业伙伴计划""国家机器人计划""选择美国倡议""国家出口倡议"等一系列项目和计划，鼓励制造业重新回归，重启"再工业化"战略。特朗普任期内，也在讲回归实体经济，这不是简单的回归

---

[1] 杨河：《"两个必然"仍然是时代发展大趋势》，载《人民日报》2016年2月26日第7版。
[2] 张宇：《深刻把握社会主义条件下经济与政治的辩证法》，载《人民日报》2016年12月15日第7版。

实体经济，而是用重大科技创新来武装产业体系，重振美国制造业的辉煌。

"物质生产实践具有基础和决定作用"，这句话道出了社会发展要重视实业的真谛。欧洲以旅游业为经济支柱的国家在遭遇金融危机时便显示出自己的脆弱性，无不狼狈不堪。希腊、西班牙、葡萄牙、意大利等旅游业发达的国家，经济发展水平在欧盟却是倒数。德国、法国同样有旅游业，但从来都是附属。旅游业是不抗风险的，所以德国把主要精力集中在发展实业。德国人口仅8000多万，却拥有2300多个世界级品牌，是名副其实的制造业强国。德国的慕尼黑（宝马汽车总部所在地）、汉堡（奔驰汽车总部所在地）、斯图加特（保时捷汽车总部所在地）、沃尔夫斯堡（大众汽车总部所在地）形成了强大的制造业集群，称霸于全球高端汽车领域。法国的航空业非常发达，法国航空－荷兰皇家航空集团是欧洲最大的航空公司。另外，法国的核电、石油加工业也十分发达，农业更是极度发达，农副产品出口居世界第一，占世界市场的11%。法国达能公司是世界著名的食品和饮料企业、世界上最大的鲜乳制品生产商，旗下的品牌如达能、多美滋、乐百氏等。

2008年国际金融危机爆发后，德国能够于欧盟各国"一枝独秀"，率先走出衰退，对比一些西方国家出现产业空心化、失业率升高、收入差距拉大的严重矛盾，就充分证明了经济发展任何时候都不能脱实向虚。

这就启发我们，要避免金融经济对实体经济的冲击。金融很重要，市场经济下它是血脉系统，但成也萧何败也萧何。我们需要让金融以更低的成本，更高的效率，更安全的通道，更便捷的工具，为实体经济稳增长服务。党的十八大以来，习近平总书记多次强调发展实体经济的问题。中国作为一个大国，必须始终高度重视发展壮大实体经济，不能走单一发展、脱实向虚的路子。

第五章 认识活动的规律性

第五章　认识活动的规律性

回望整个人类认识活动的历史过程，总有一种"摸着石头过河"的感觉，是在不断的实践中，通过不断总结经验来提升认识水平的。无论是神农尝百草发现了五谷的传说，还是爱迪生发明灯泡的试错过程，都会给人一种感觉，正确认识的形成过程好像就是在不断"试错"的过程。甚至有人总结，人生就是在不断试错中成功的。那么，人类的认识活动到底有没有规律可循呢？要理解这一点，就要从人类认识活动的逻辑演进出发来考察。首先，人类的认识来源于实践，而实践本身带有物质性，物质的发展变化是有规律的，如果把上述逻辑进行反推，便可以明确得出，人类的认识活动是有规律可循的。认识运动的基本规律是，从实践到认识，再用认识指导实践。从认识的过程来看，总要经历由感性认识到理性认识的过程。

第一节　感性认识与理性认识

感性认识和理性认识是认识活动的两个不同阶段，由于感性认识往往通过人的生理器官就可以获取，因此，感性认识通常很容易做到。一个人来到世界便开启了认识的功能，从咿呀学语到读书求知，认识能力和认识水平在不断提升，无论是模仿、读书还是亲身实践，都是具体的认识过程。但由感性认识上升到理性认识则不那么容易，需要借助理性思维来把握，这样就要求人不断学习，不断提升理性思维，从而完成从感性认识到理性认识的跃升。

感觉、知觉和表象：感性认识的三种形式

人类的一切直接知识都是从感性认识中获取的，那么，什么是感性认识呢？感性认识指的是人们通过自己的肉体感官对于事物表现出来的现象的认识，它具有直接感受的特征。

在感知事物的方式上，有的人会用耳、眼、鼻、口等器官共同感知一个事物，而有的人则仅仅用眼看看而已。生活中，人们用得最多的感知器官便是眼睛，像眼花缭乱、大开眼界等成语；当然正是因为人们用眼用得太过频繁了，很多事物都保存不了，也就成了"过眼云烟"；眼睛用得多了，往往会不自觉地把其他器官给屏蔽了，于是便有了"眼高手低"；当然眼见也不一定为实，因为眼睛的感觉有时太单一，所以会出现"有眼不识泰山"的误会。

不同人的感觉器官是不一样的，比如，味道之间的细微差别很多人是感受不到的，所以舌尖味蕾特别敏感的人才能成为品酒师。比如，带有污染的企业会向空气中排放一些废气，有时即使仪器也无法测定，这便催生了一种职业叫闻臭师。当今社会，一个人如果能够把自己某一方面的感官能力实现超水准发挥，他便可以借此求职谋生。

第五章　认识活动的规律性

同样，不同人的感官能力会有所不同，这便导致感性认识能力的不同，也就是为什么面对同样的事物，有的人会更敏感、更细腻。一朵凋零的花朵，一片飘落的黄叶，一只无家可归的小猫，都会让一个感性的人心生无限爱怜。这也是为什么同处于一个时代，同样都是诗词文章大家，苏轼的词大江东去、气势豪放，秦观的词却柔情似水、温婉平和。

一个人越能充分调动自己的多方感官，他认识事物的能力就会越强。为什么到现场看球赛、看明星演唱会、听音乐会和在电视上看是两回事呢？因为一个人到了现场，自身的多个感官就会被调动起来，都在感觉，不仅感觉对象，还感觉现场氛围。所以有人说，到现场看球，其实是看球迷，看球迷的热情呐喊，感受现场的氛围。所以为了让气氛变得热烈，便有专门人士负责营造气氛。

《华盛顿邮报》曾做了一个有趣的实验，请世界上最伟大的音乐家之一、著名小提琴家约夏·贝尔在华盛顿朗方广场地铁站里，用一把制造于1713年、价值350万美元的小提琴先后演奏了6首巴赫的作品。其间有1097人经过，只有6个人停了一会儿，约20人给了钱，但多数是边走边扔给他，总共收到了32美元。演出结束时，无人鼓掌，无人理会。可就在两天前，他在波士顿一家剧院演出，所有门票售罄，而要坐在剧院里聆听他演奏同样的乐曲，平均得花200美元。特定的环境会给予人特定的感觉，不要指望那些到了音乐厅的人就都是专家级水准的观众，很多人是为了感受音乐厅的氛围。因此，同样的演出，由于环境不一样，给人的感觉也会不一样，而收到的演出效果便截然不同。

感性认识包括感觉、知觉和表象三个环节。感觉就是感官对现象的反映。眼睛看到的色彩，耳朵听到的声音，手放在冰块上感到的冰凉，这些便是感觉。知觉就是把感觉到的东西合为一个整体。比如，有一事物，人通过视觉看到它圆的形状、红的颜色，通过嗅觉闻到它特有的芳香味，通过手的触摸感到它硬中带软，通过味觉品尝到它的酸甜味，把所有感觉到的东西合成整体，人们给其命名为苹果。

表象是对知觉到的整体进行保存、再现和重组。再现就是在记忆中提取原来的知觉，人又会根据自己的处境来提取自己想要强调的方面。重组就是把自己保存起来的知觉，根据自己的喜好和目的分解后，再组合出一个新的知觉。这就是人创造出来的表象。这时，人带有了主观性，保存的时候会只保存自己想看到的，不保存自己不想看到的，甚至只看得见和留意自己相信的事物，对于自己不相信的事物就不会留意，甚至视而不见。

跃升：形象思维到理性思维

感性认识的思维过程主要呈现的是形象思维。形象思维会存在不少问题，主要在于：一是有的东西没有被感觉到；二是保存时有的东西没有被保存；三是再现时只凭自己的喜好再现；四是对知觉进行了带有强烈强主观性的重组。如此一来，人们把自己头脑中的表象通过各种方式表达出来时，就不再是原本的事物了，它已经打上了人们认识的烙印。因此，感性认识、形象思维

第五章 认识活动的规律性

带有强烈的个体性。为了获取更准确的认识,人们的感性认识必须上升到理性认识,形象思维必须上升到理性思维。

只会形象思维,缺乏理性思维能力的人是难以获取关于事物本质和规律的认识的。形象思维的特征是鲜活,能给人的感官以直接刺激,而且反映起来简单,因此人们喜欢看形象的再现,比如图片或者视频,它能给人以真实感。事实上,人们往往抽取图片中自己喜欢的或合乎自己目的的画面,选取视频中自己喜欢的或合乎目的的一段活动,这都带有主观性。现在流行的抖音、B站等短视频平台,通过大数据算法,根据人的喜好精准地推送视频,常常使人上瘾,甚至欲罢不能。这反而会加剧人们的形象思维,以至于不少人甚至很少阅读文字。

另外,在网络上描述一些事情时,通常也是有图或视频为证,即便如此也难以保证事件被描述得准确、客观。生活中一些人由于过于习惯自身的形象思维,逐渐忽视了自我理性思维能力的锻炼和提升,往往会出于善良的愿望"围观"或转发一些"带图真相",事实证明,最后被无情地利用了。现在,不少网络言论积弊甚多,如言语低俗、匿名攻击、"绑架"名人伟人为己所用、不明真相地胡乱点评,看文章看个标题就开始发声,这些不良现象均不可忽视。

对此,政府需要规制网络乱象,依法依规打击网络造谣传谣者。但政府的依法打击只能限制不造谣、不传谣,并不能够提升个人的认知素养。面对一些未经证实的言论,看到一些未经证实的图片视频,能否不盲从,从形象思维上升到理性思维,还有待个人素质的提升。因此，无论是作为生活中的个人，还是作为网民，都不要盲目地听信一些未经证实的传言，要学会全面地了解事物，不能看到一点表象就匆忙下结论。

但是做到这一点并不容易，需要不断地培养、锻炼自身的理性思维能力，甚至要逆本能而行，因为人的本能会让人选择短期舒服的行动，即跟随和接受，而思考意味着消耗脑力，这个过程是不舒服的。追求舒服就会导致人的懒惰，幻想以最少的付出换取最大的回报。最少的付出，自然是看到什么就认为是什么，跟着别人的意见转发就是。懒惰使不少人被别人的言论影响和控制，直至体会到切肤之痛，才开始反思。

因此，我们只有勤奋，不断地锻炼自己的理性思维能力，实现从形象思维到理性思维的跃升，才能够在认知判断中不跟风、不盲从，逐步拥有自己独立的思考和判断。届时，再面对一些网络乱象、社会谣言，我们不仅不会被"带节奏"，甚至能够主动与歪风邪气做斗争，从而维护网络环境的正能量，引来清风将网络的"雾霾"吹散。

概念、判断和推理：理性认识的三种形式

理性认识是指对事物本质的认识，包括概念、判断和推理三种形式。理性认识必须以感性认识为前提，它是感性认识的深化。吕叔湘指出："理论从哪里来？从事例中来。事例从哪里来？从观察中来，从实验中来。"如果没有感性知识做基础，那个理性知识就靠不住,就可能是骗人的玩意。①但是感性认识仅限于认识事物的表象,知其然而不知其所以然。人具有认识事物本质的潜能,但并不是所有人都能够把这种能力发挥出来。有些人,可能一生都停留在认识事物的表象阶段,从未认识到事物的本质。央视《新闻1+1》栏目,选取时下热点新闻予以剖析,与网络相比,选取的热点总有一定滞后性,对此,节目主持人白岩松认为,网络追寻到的新闻答案是显性的,我们寻找的是新闻事件背后更深层次的答案,因此网络并未给节目带来多大冲击。节目自2008年开播以来,收视率一直居于高位,深受观众喜欢。这就表明,一档节目能够挖掘到新闻表象背后的内容,并予以深度解读,就不会因事件本身不够新鲜而失去观众。的确,直观的答案人人都能看到,但深层次的答案往往需要人们动用理性思考能力去挖掘。

理性认识能力首先要从概念出发,那什么是概念呢?把所感知到的事物的共同本质抽象出来,加以概括,就成为概念。由于概念经过了抽象的过程,所以就意味着理性认识的到来。人们给单个事物取名,那不是概念,就是名,如果要给一类事物取名字,就是概念,因为包含了抽象和概括。取名的过程不涉及抽象、概括,可以相对随意,可以根据自己的喜好而来,这只是命名而已。比如,网络上梳理出不少比较诙谐的名字,像"高富帅""何武器"等。

---

① 江蓝生:《追望那远去的身影——吕叔湘先生辩证、科学的学术思想》,载《光明日报》2016年7月10日第7版。

我们对事物进行比较，就能找出一类事物的本质属性，这时就能对这类事物做出它是什么或不是什么的判断。判断就是肯定或否定事物的本质属性。根据判断对事物进行辨别分类的过程，就是推理。比如，看到一种水果，发现它具有苹果的特征，就把它分到苹果一类中去。或者说，看到一个苹果，不知道它有什么属性，通过查资料可以了解它的属性。所以说，我们通过认识苹果的定义，就能认识所有苹果的一般特征。

推理，即以一个已知的判断为根据，推导出另一个新判断的逻辑思维形式。判断是推理的直接组成部分，而概念是判断的直接组成部分，是推理的间接组成部分。按性质划分，推理可分为演绎推理和归纳推理。

演绎推理就是根据某个一般的原理，推出与这个一般原理相关的个别事物的结论，即哲学认识论意义上的由一般到个别的推理形式。比如，真正的马克思主义者是解放思想、实事求是的，邓小平是真正的马克思主义者，所以，他是解放思想、实事求是的。

归纳推理是由个别性前提推出一般性结论的推理，即由个别到一般的推理。它的推理顺序与演绎推理刚好相反。例如，恩格斯在《论权威》一文中论证"劳动者在大生产活动中的联合行动，正在取代各个人的独立活动"这一观点时，就运用了从个别事例中总结归纳出一般原理的归纳推理方式。恩格斯是这样归纳的，一是现代工业代替了各个分散的生产者的小作坊，二是火车代替了客运马车和货运马车，三是大资本家代替了小自耕农。列举完三个条件后，恩格斯概括，由于现代工业、火车、大资本家都是大联合活动代替了个人的独立活动,所以联合活动正在取代各个人的独立活动。运用归纳推理应注意的是,用来作为前提的各个事例必须真实可靠,而且是能够反映事物本质和主流的典型材料,如果材料不可靠,结论就会失去说服力。

演绎推理和归纳推理是常用的两种严密的逻辑推理方法。人们在实际应用中,往往会将这两种推理方法结合起来,使它们相辅相成、相得益彰,以便在推理论证的过程中收到更好的表达效果。

豁然开朗:认识中的理性因素与非理性因素

豁然开朗,这是人们对一个事物百思不得其解时,突然因某种偶然的因素而实现的思维打通,获得顿悟,达到新的认识状态。从人的认识过程来看,包含着理性的因素和非理性的因素。理性的因素通常容易被理解,包括概念、判断、推理等抽象的逻辑思维形式,是经过人们深思熟虑后得出的认识。而非理性因素,本身并不属于人的认识能力,但对人的认识活动的发动和停止、对主体认识能力的发挥与抑制起着重要的控制和调节作用。这些非理性因素给人的认识活动及认识过程提供了动力、动因和调节控制的机制。

当理性因素达到一定程度,思维过程的矛盾和冲突得到进一步的揭露和展现,沿着原来的逻辑思路发现再也无法推进时,理性思维似乎走到了"山穷水复疑无路"的地步,这时直觉、灵感、顿悟等非理性因素便开始发挥作用,预示着"柳暗花明又一村"的到来。19世纪,德国有机化学家凯库勒一直苦苦思索苯分子的结构,却无太大进展,直到一天夜晚,他在书房打瞌睡,眼前再度浮现出旋转的碳原子,碳原子的长链像蛇一样盘绕卷曲,忽见一条蛇抓住了自己的尾巴,并旋转不停。他像触电般地猛醒过来,开始整理苯环结构的假说,并最终发现了苯环结构。对此,凯库勒说:"我们应该会做梦,那么我们就可以发现真理,但不要在清醒的理智检验之前就宣布我们的梦。"

科学史上类似的"偶然"发现非常之多。英国物理学家、化学家道尔顿为母亲买袜子时,发现自己和弟弟的色觉与其他人不同,从而发现了色盲病;英国化学家波义耳偶然发现盐酸会使紫罗兰花瓣变红,从而发现了酸碱指示剂;弗莱明因怀疑一种霉菌液是否能够阻碍病毒性细菌的生长,从而发现了青霉素;等等。但正如弗莱明所讲的那样,机会只留给有准备的头脑。我们不能够因为别人的"偶然"发现,就过分地迷信"偶然",一味地幻想天上掉馅饼,而不去付出实际的艰苦努力。

偶然性和必然性是结合在一起的,科学史上的看似偶然,后面其实都带有必然的因素。我们必须认识到,理性因素的作用是非理性因素作用的基础和平台。直觉、灵感、顿悟的思维形式发生作用后,仍然需要条理化、分析和推理性的工作。这是个显而易见的道理,如果没有后续的艰苦研究,很多科学发现可能就是简单地停留在表象阶段,而不会有大的突破。因此,马克思主义哲学强调的是,非理性因素要受到理性因素的制约,人应当在理性因素的主导下发挥非理性因素的积极作用。

第二节　从感性认识到理性认识

从认识的过程来看，人的思维仅仅停留在感性认识阶段是不够的，要实现从感性认识到理性认识的跃升，这是人类不断认识和改造自然，让自然更好地满足自身需要必须经历的阶段。客观来讲，这也是提升一个人观察分析问题能力、解决实际问题能力所必需的素质。

三个条件：感性认识上升到理性认识

怎样才能实现从感性认识到理性认识的跃升呢？基本方法有三：一是要占有大量的、丰富的、合乎实际的感性材料，这是基础。类似于一个木匠加工桌椅，首先得有合适的木材。二是要有工具。把占有的材料进行理性地加工，这需要借助工具，工具就是马克思主义基本原理，可想要真正掌握这个工具并不容易，通常是知道的人多，弄懂的人少，会背的人多，会用的人少。马克思主义基本原理如同木匠加工桌椅用的斧头、锯、刨子、凿子等，使用精当者亦不多。三是要有加工的本领。同样是一堆材料和工具摆在面前，不见得每个人都能加工得了，更不见得每个人都能够加工出精品，这需要匠人具备加工的本领。本领怎么来呢？从实践中来。"千仓万箱非一耕所得，干天之木非旬日所长。"你得不停地用工具去加工材料，一次不行，两次，两次不行，三次，反反复复练习，总有一天你的分析水平和认识水平就提升了。由感性认识上升到理性认识并非易事,毛泽东曾这样总结:"要完全地反映整个的事物,反映事物的本质,反映事物的内部规律性,就必须经过思考作用,将丰富的感觉材料加以去粗取精、去伪存真、由此及彼、由表及里的改造制作工夫"[1]。

关于实践和认识的关系,毛泽东在《实践论》中这样写道:"通过实践而发现真理,又通过实践而证实真理和发展真理。从感性认识而能动地发展到理性认识,又从理性认识而能动地指导革命实践,改造主观世界和客观世界。实践、认识、再实践、再认识,这种形式,循环往复以至无穷,而实践和认识之每一循环的内容,都比较地进到了高一级的程度。这就是辩证唯物论的全部认识论,这就是辩证唯物论的知行统一观。"[2]古人讲:大厦之成,非一木之材也;大海之阔,非一流之归也。获取理性认识离不开实践的积累,无论是获取哪个领域的知识,如果想实现更深入的理解,都需要我们脚踏实地,一步一个脚印地努力实践,只有历经了这个过程,才能够逐步实现积少成多、积沙成塔、积小流成大海、积跬步以至千里,从而实现"主观和客观、理论和实践、知和行的具体的历史的统一"[3]。

人的认识不是一成不变的,像江河里的流水一般,在漫长的人生河道中会改道。因而,人要通过自身的实践活动和认识活动,不断地丰富、补充甚至纠正前面的认识。一个心智成熟的人

---

[1] 《毛泽东选集》第1卷,人民出版社1991年版,第291页。
[2] 《毛泽东选集》第1卷,人民出版社1991年版,第296—297页。
[3] 《毛泽东选集》第1卷,人民出版社1991年版,第296页。

不会幼稚到把儿童时期形成的认识一成不变地保留终生。如果一个人的智力停留于儿时，那就是痴呆。①因为他的认识没有随着实践而深化，他的认识能力是弱化的。

理论与枪炮：批判的武器与武器的批判

马克思在《〈黑格尔法哲学批判〉导言》中指出："批判的武器当然不能代替武器的批判，物质力量只能用物质力量来摧毁；但是理论一经掌握群众，也会变成物质力量。理论只要说服人，就能掌握群众；而理论只要彻底，就能说服人。所谓彻底，就是抓住事物的根本。但是，人的根本就是人本身。"②

批判的武器指的是理论，社会行将发生变革的前夜，总会涌动各种思潮。五四时期，社会上各种主义盛行一时，不少仁人志士为了救国救民开出了各种药方，提供了各种批判的武器。武器的批判指的是实实在在的武器，整套的剥削制度，剥削阶级的国家机器，剥削阶级用来麻醉人民的宗教和其他各种精神支柱，构成了强大的物质力量。③而物质的力量只能用物质力量去摧毁。因此，救国救民需要拿起武器来斗争，尽管批判的武器的确重要，但更重要的是革命的实际斗争，用革命手段推翻剥削阶级的政治统治，是对剥削阶级进行"武器的批判"。所以马克思讲，理论

---

① 陈先达：《散步·路上——我与学生聊哲学》，中国人民大学出版社2014年版，第229页。
② 《马克思恩格斯选集》第1卷，人民出版社1995年版，第9页。
③ 萧灼基：《马克思传》，中国社会科学出版社2008年版，第89页。

代替不了枪炮，摧毁资本主义靠的不是理论而是工人阶级的武装斗争。但他也肯定了理论的重要意义，认为用纯粹彻底的理论武装工人，是可以转化成工人的自觉行动的。

马克思认为，理论只要彻底，就能打动群众、说服群众，而理论的彻底表现就是要抓住人这个根本。这里的人，指的是具体的现实的人，利益指的是人民的利益。马克思认为："人们为之奋斗的一切，都同他们的利益有关"[①]。因此，维护人民群众的利益对于获取人民群众的支持是至关重要的。

实际工作中，有时会因为考虑长远利益，制定的一些政策方针不被群众理解，导致政策在实际工作中难以贯彻执行，影响了政策的效力。那怎么办呢？对此，习近平总书记在浙江工作时说："我们的方针再正确，如果不被群众理解，也难以贯彻执行。如果群众不听，你就先跟着群众走，群众跳火坑，你也跟着跳下去。群众觉悟了，从火坑里爬出来，最终还是要跟你走。群众跳，你不跳，干群关系就疏远了。你一起跳，感情上拉近了，工作就好做了。"[②]这种"跳火坑"的方法论，从根本上来看，还是依靠群众，通过实践来做群众的说服工作。对此，习近平总书记总结：相信和依靠群众，又不做群众的尾巴；教育和引导群众，千万不能站到群众的对立面。

---

① 《马克思恩格斯全集》第1卷，人民出版社1995年版，第187页。
② 习近平：《干在实处　走在前列——推进浙江新发展的思考与实践》，中共中央党校出版社2006年版，第532页。

中国道路：实践的理性选择

马克思说："理论的对立本身的解决，只有通过实践方式，只有借助于人的实践力量，才是可能的"[①]。理论是否正确要回到实践中，靠实践来检验，实践高于理论，根源于它具有直接现实性的品格。中国特色社会主义理论、道路、制度是否正确，检验的标准是中国当下丰富生动的实践，而不能是外人的评说或是所谓的逻辑演绎。实践证明，中国特色社会主义道路是一条切合中国实际、符合中国国情的正确道路。

新中国成立70多年来，中国从一个一穷二白的国家跃升为世界第二大经济体，进出口贸易总额位居世界第二，外汇储备稳居世界第一，大多数工农业产品产量位居世界第一，已经成为具有全球影响力的制造业大国。民生方面，脱贫攻坚胜利完成，全面建成小康社会。2020年，我国经济总量突破100万亿元大关，人均国内生产总值连续两年超过1万美元。在直观感受上，大多数家庭、大多数农村、大多数社区的生活水平比5年前都有显著的进步与提高。

走对的路，就没必要回头或者摇摆不定。找到一条正确的道路是多么不容易，对于中国这样一个14亿人口的大国而言，走错一小步，乘以14亿，那就是一个大错。中国这么个大国，中国共产党这么个大党，路如果不选择好，走错了或是拐了弯了，目标

---

① 《马克思恩格斯文集》第1卷，人民出版社2009年版，第192页。

可能就达不到了。所以，革命时期找到一条正确的道路不容易，建设时期找一条正确的道路也不容易，苏联的教训殷鉴不远。既然路走对了，我们就要坚持走到底，一张蓝图绘到底。

但世界并不太平，由于中西方发展模式的根本区别，国际社会上总有一些别有用心的人，产生了"担心"。西方社会有一个看法，他们历经几百年开创的西方资本主义道路是人类实现未来发展唯一正确的道路，担心没有按照他们"规定"的道路开创现代化，这会对整个西方的制度模式提出挑战，而这是西方不愿接受的。

如当前的中美贸易战，不少人认为中国的发展挑战了美国的实力，美国马上要对中国施压。事实上，美国对中国产生不安的原因是中国的发展方式，甚至发展速度都不是其最主要的关注点。如果我们按照美国认为"合理"的方式去发展，也许中国再发展得快点儿美国也不在乎，因为美国认为可以跟中国竞争。现在美国认为，中国的发展方式即他们称之的"国家资本主义"是党和政府起主导作用，违反了美国所谓的规则，美国很难与之竞争。换句话说，美国认为中国的发展利用了美国或者西方主导的国际市场和国际分工体系，但是中国并没有按照美国所主张的"市场规则"行事，因此就要打压中国，迫使中国改变。如果想继续享受美国市场和国际市场分工的好处，那就要按照美国的规矩来办事。否则，这个市场将对中国关闭。[①]因此，美国打击的是

---

① 李若谷：《中美关系发生了实质性变化》，载《经济导刊》2019年第1期。

第五章 认识活动的规律性

中国的发展模式,进一步来看,中美之间的争论是道路之争,这是问题的本质。如果中国还说美国打贸易战是因为中国的实力变化了,这种认识就不够全面了。

中国特色社会主义制度,在改革开放40多年后,让中国成为一个世界级大国。这个制度挑战了西方认为的无懈可击的制度模式,"这是他们感到最担忧的东西",西方引以为豪的市场失灵了、民主失效了,而社会主义中国,民主不是只有一种模式,协商式民主也是可以的。虽然承认有"不止一种模式",但这并不代表他们认可中国走的社会主义道路。西方呼吁"中国威胁论"者的理论渊源在于,根据西方民族国家发展的规律来看,认为中国经济力量的高速发展会打破现存的国际关系秩序,随着中国实力的增强,中国的野心必将膨胀,而中国的"非民主"政体会对国际关系产生极为不利的影响。西方国际关系理论的一个重要假设就是民主国家之间不会发生战争。这种理论推广到中国,自然就是中国必然会构成对现存世界秩序的威胁了。①

但是,作为一个后发国家,中国没有也不可能走西方民族主义国家的发展道路。西方在分析中国问题时,利用的是现有的西方概念。社会科学研究离不开有效的概念,但概念是有文化和历史背景的,用在西方背景下发展起来的概念来分析中国问题,自然会出现误解。所以,习近平总书记在中法建交50周年纪念大会上讲道:"拿破仑说过,中国是一头沉睡的狮子,当这头睡狮

---

① 郑永年:《中国模式:经验与挑战(全新修订版)》,中信出版社2016年版,第247页。

醒来时,世界都会为之发抖。中国这头狮子已经醒了,但这是一只和平的、可亲的、文明的狮子。"①历史已经证明,中国能够取得今天的成绩正是因为选择了正确的发展道路,能拿出这样的成绩单,根本问题还是制度和道路的胜利。因此,在发展道路和政治制度的问题上,要"咬定青山不放松",才能"任尔东西南北风"。

"为国不可以生事,亦不可以畏事。"在根本性问题上,中国既需要具备战略定力,又要能看到前进道路上面临的风险挑战,特别是在面对重大风险挑战时,必须敢于开展斗争,并取得斗争的胜利。这也是新时代,我们提出要开展伟大斗争的含义所在。

第三节 从理论走向实践

列宁有一句名言:"世界不会满足人,人决心以自己的行动来改变世界。"②人类的实践是把世界的现实性变成非现实性的活动,也就是把人的理想变成现实的活动。理论与实践的统一,是马克思主义的一个最基本的原则。从理论的发展归宿来看,理论必然要走向实践,这是理论的生命力之所在。理论具有反思的批判功能,源于实践的理论,对于实践具有规范、矫正、引导的作

---

① 《习近平讲故事》,人民日报出版社2017年版,序第2页。
② 《列宁全集》第55卷,人民出版社1990年版,第183页。

用。①马克思说:"光是思想力求成为现实是不够的,现实本身应当力求趋向思想。"②

知行合一:理论与实践的结合

实现从理论到实践的飞跃,需要具备一定的条件。一是要从实际出发,用一般理论指导具体实践,切忌教条。实际不是僵化不变的实际,而是发展变化的实际。二是要让理论回到实践中,为群众所掌握。群众不认可、不掌握的理论是发挥不了多大功效的。理论是对具体实践的总结,是规律性的内容,马克思主义理论不能被抽象为书斋式的、不食人间烟火的、远离群众的理论。每当中国共产党有新的理论创新时,都会下大气力宣传党的最新理论成果,目的就是让群众掌握。三是要掌握正确的工作方法。方法有多种,好的方法事半功倍,不恰当的方法则事倍功半。不得不指出的是,现有的理论宣传中还不同程度地存在着一些不足,比如抽象地空泛谈论、自拉自唱的有之,只谈事不说理、将理论庸俗化的有之,照搬照抄理论原文、缺乏与实际具体结合的有之,等等。这些都影响着理论的传播和群众对理论的掌握。

客观条件的限制以及具体事物发展的多变性会致使人们的认识运动往往无法一次完成,从而变得反复。事物发展的条件变了,人们的认识也应跟上,不要落后于时代。当年,毛泽东在《反对本本主义》一文中批评道:"我们的身子早已下山了,但

---

① 孙正聿:《理想信念的理论支撑》,吉林人民出版社2014年版,第3页。
② 《马克思恩格斯选集》第1卷,人民出版社1995年版,第11页。

是我们的思想依然还在山上。"[1]后来,习近平总书记在莫斯科国际关系学院演讲时讲过一句类似的话:"不能身体已进入二十一世纪,而脑袋还停留在过去"[2]。事物的具体发展过程已经向前推移了,转变到另外一个发展阶段了,人们的主观认识就应当随之而转变到下一个阶段。西方一些势力总是戴着有色眼镜看中国,尽管也有人看到了中国特色社会主义制度的优势、韧性、活力和潜能,但出于意识形态的原因,心知肚明却嘴上不认账,依然抱定西方那一套讲了一二百年的价值观不放,并竭力向外输出,思想认识仍然没有走出冷战阶段的固有思维。[3]这就要求人们在认识活动中,要坚持一切从实际出发,尤其是要根据不断变化的实际不断调整自己的认识。

一切从实际出发,指的是在实际工作中,要充分结合当下正在做的工作实际,将理论、观点、看法和具体的工作结合起来。从实际出发,是指从发展变化着的实际出发,不是从僵死的、静止的实际出发。客观实际不是凝固不动的,它处在发展变化中。承认客观实际的发展变化,并自觉地将自己想问题、出思路的过程和客观实际的发展过程紧密结合起来,个人的观点才不会凝固,思想便不会僵化,步伐不会落后。

然而需要指出的是,真正做到一切从实际出发并不容易,这

---

[1] 《毛泽东选集》第1卷,人民出版社1991年版,第114页。
[2] 《十八大以来重要文献选编》上,中央文献出版社2014年版,第260页。
[3] 秋石:《意识形态工作要紧紧抓在手上》,载《求是》2014年第7期。

包含四个方面的内容：一是要做好调查研究。没有调查研究，没有搜集、掌握足够多的客观资料，从实际出发就是无源之水、无本之木。二是努力学习各种知识。当今世界，科技发展迅猛，如果一个人没有科学知识、社会知识、人文知识，是很难做到从实际出发的。三是切实提高理论思维水平。本质和规律看不见、摸不着，要透过现象看到本质，把握事物发展的必然性、普遍性、规律性，必须要有理论思维能力。四是增强社会责任意识。拥有了强烈的社会责任意识，想方设法把事情办好，就能够真正做到一切从实际出发。因此，一切从实际出发，实事求是，绝不是一句响亮的口号，也绝非空话、套话。

士别三日当刮目相看，这是因为每个人都处在不断的发展变化中，用老眼光、老思路看人会影响我们对一个人的正确判断。从小调皮捣蛋长大后未必会到处惹是生非，从小就是三好学生长大后也未必能处处遵纪守法，因此，"三岁看大，七岁看老"是不准确的。一个人的成长过程会不断发生变化，高考没考好并不代表着接下来的人生都将暗淡无光，高考考得好也未必代表将来一定能够成长为国之栋梁。人生是一场长距离赛跑，输掉了起点，并不代表着会输掉途中，更不意味着一定会输掉终点；赢得了起点，也不意味着一定就能够赢得途中，更不意味着会赢得终点。从发展变化着的实际出发，看待生活，看待自己，看待他人，看待人生，会让自己对生活有一个清醒的判断，对人生有一种更为明澈的认识和把握。

这些道理体现出什么样的哲学原理呢？从逻辑上来看，对事物发展变化的把握,则是对事物永恒运动一面的把握,把握永恒运动便能把握住事物的规律。但事物在一定的历史发展阶段、一定的时空背景下,状态、性质将保持一定的稳定性,又体现出相对静止的一面,对事物相对静止一面的把握,恰恰体现为人们对事物概念的把握。因此,人不要因为事物的变动不居、难以把握而变得茫然不知所措,也不要因为把握住事物静止的一面就沾沾自喜,丧失与时俱进的进取精神。

基本经验:解放思想与实事求是的统一

准确地把握事物、认识事物要从实际出发,坚持在事物发展变化的真实状态中把握事物。而一切从实际出发,就要实现解放思想和实事求是的统一。邓小平强调,解放思想和实事求是是一致的,只是角度不同,并指出:"什么叫解放思想?我们讲解放思想,是指在马克思主义指导下打破习惯势力和主观偏见的束缚,研究新情况,解决新问题。""解放思想,就是使思想和实际相符合,使主观和客观相符合,就是实事求是。"[①]因此,解放思想实际上是实事求是的动态表达形式,解放思想与实事求是是科学思想方法所要求的不可分离的两个层面。

直观来理解,解放思想需要胆识,需要魄力,但不是不尊重事实和客观规律的盲目解放。20世纪50年代中期,我们也提倡解放思想,但是由于没有实事求是地解放思想,导致了后来的"大

---

① 《邓小平文选》第2卷,人民出版社1994年版,第279、364页。

跃进"，违背了生产发展的客观规律。解放思想首先要尊重事实，尊重事物发展变化的客观规律，顺应规律，顺势而为，乘势而上。实事求是基础上的解放思想才是最大的解放思想。

对于实事求是，毛泽东曾做过精到概括："'实事'就是客观存在着的一切事物，'是'就是客观事物的内部联系，即规律性，'求'就是我们去研究。"[1]实事求是指从实际对象出发，探求事物的内部联系及其发展的规律性，认识事物的本质。

这里需要进一步说明的是，实事这个客观存在物，是全面的，而非片面的。一枚硬币，你看到正面是客观，他看到反面也是客观，但这样的客观都是片面的客观，貌似都是实事，但不是全部的实事，实事求是、一切从实际出发是指要把握住事物全部的实事，而非片面化地从实际出发。[2]片面性不是毫无根据，而是根据不全面，所以才叫片面性。而要把握住事物的全部又是非常困难的，每个人观察分析问题都会站在一定的立场上，看到的都是问题的一面，很难事无巨细、面面俱到地看全、认清，事实上，也没有必要。因为事物的有些细枝末节不影响事物的本质，也就无关大碍了。毛泽东曾说，聪明的人和愚蠢的人的分界线在于是否掌握了事物的规律，掌握住规律了，人就比较主动，就会变得很聪明；如果没有认识到事物的规律，人的行动总是不自觉，甚至带有盲目性，这时候，我们就是一些蠢人。"大跃进"

---

[1] 《毛泽东选集》第3卷，人民出版社1991年版，第801页。
[2] 陈先达：《散步·路上——我与学生聊哲学》，中国人民大学出版社2014年版，第223页。

就是因为没有掌握住事物的规律，干了一些蠢事，毛泽东自我批评时，是承认这一点的。

只有对事物发展变化的本质规律有更深刻的把握，才能够在此基础上更好地发挥主观能动性，更好地解放思想。由此可见，解放思想和实事求是是统一的，二者的统一深刻地体现了唯物论和辩证法的统一，体现了客观规律性和主观能动性的统一。

第四节　从必然王国到自由王国

马克思认为："全部社会生活在本质上是实践的。凡是把理论引向神秘主义的神秘东西，都能在人的实践中以及对这个实践的理解中得到合理的解决。"[①]马克思的论断意义何在？由于这段话出自马克思的《关于费尔巴哈的提纲》，在一个提纲性的文件里面，不可能做出详细的论证。因此，初看这句话，似乎觉得前后并无必然联系，甚至不明其意。实际上，如果我们做进一步解读，便会发现，这是一段意蕴极为深刻的话。社会生活在本质上是实践的，而实践的物质性特征说明了实践的唯物性，自然社会生活也具有物质特征，也是唯物性的。社会生活的唯物性直接表明，上帝在社会生活中没有立足之地。全部社会生活来自人的实践，人从生产实践中来，也必将走向社会实践的深处，社会生活

---

① 《马克思恩格斯选集》第1卷，人民出版社1995年版，第56页。

是由人的实践创造的，而不是由上帝创造的。这样我们便可理解后半句话的内容，"把理论引向神秘主义的神秘东西"都必将为实践所破解。

人的本质：一切社会关系的总和

马克思认为，人的现实本质是一切社会关系的总和。这句话的含义很丰富，人的本质属性是社会属性，表现在各种社会关系中，特别是经济关系中，而人的本质在这种经济关系中不是固定不变的，而是经常变化的。因此，我们在社会上总会看到一些人为了个人利益不管不顾，甚至违背基本的道德约束，到最后朋友反目、亲人背离。

的确，马克思所说的"'思想'一旦离开'利益'，就一定会使自己出丑"[①]，甚至从整体上来看，人们所奋斗的一切都同他们的利益相关。但问题的关键在于你代表着谁的利益，为了谁的利益在奋斗，是"人不为己天诛地灭"，还是"为人民的利益"在奋斗？是为一部分特定的人群，还是为大多数人的利益在奋斗？这关乎人的价值选择。

同样，人也离不开关系。人们太在乎关系这件事了，发一条朋友圈，点赞数量的多少甚至都会牵动你的感受。大概很少有人会不在乎自己的人际关系，我们也不止一次地听到或看到"人要具备良好的人际关系"这样的劝告。的确，一个人如果人际关系

[①] 《马克思恩格斯全集》第2卷，人民出版社1957年版，第103页。

良好，加之有能力，事业基本上就会比较顺利。能力是鱼，人际关系是水，鱼不在水中，只能是条死鱼。一条很笨的鱼，放入水池，照样能够活得很好；而一条再聪明的鱼，如果总想着离开水生活，那最后只能是死路一条。比较《西游记》中唐僧和孙悟空的人际关系，我们可以看到，唐僧前世是佛祖的弟子，而孙悟空则是一个石猴，虽然拜一师父，但和师兄弟关系不睦，并曾被师父赶出山门；和牛魔王拜把子，后又闹翻；和东海龙王是邻居，却抢人家宝贝；和二郎神等天兵天将是同事，可不给人留面子，后来大闹天宫还踢人家屁股。这样的人际关系怎么能行？反观唐僧，见神仙就磕头跪拜，在天庭是佛祖弟子，在人间是唐王拜把兄弟，人神两界都有不错的人际关系。这样的为人，难道还有干不成的事情吗？

看看周围一些人际关系处理得不好的人，道理就更明显了。那么，怎么处理人际关系呢？先学会说"废话"，因为这是建立人际关系的第一句话。人们交往时，说几句无伤大雅的、客套的废话比真话、实话更容易打开局面。当然，也要学会赞美别人，清代学者俞樾在《一笑》一书中讲了这样一则笑话。

古时有一说客，当众夸口说："小人虽不才，但极能奉承。平生有一愿，要将1000顶高帽子戴给我遇到的1000个人，现在已送出了999顶，只剩下最后一顶了。"一长者听后摇头道："我不信，你那最后一顶用什么方法也戴不到我头上。"说客一听，忙拱手道："先生所言极是，不才从南到北，闯了大半辈子，但像先生这样秉性刚直、不喜奉承的人，委实没有！"长者听后大悦，自得地说："你真算得上是了解我的人啊。"听了这话，说客哈哈大笑道："恭喜恭喜，我这最后一顶帽子刚刚送给先生你了。"①这是一则笑话，但寓意丰富。人人都无法拒绝赞美，但赞美别人绝不是出口便赞，而是要言语具体、态度真诚，如此一来，将会给人以舒适感，这也会很好地改善彼此的人际关系。

习近平总书记在浙江工作期间所著的《之江新语》中有一篇短文《打好团结牌》，文中讲到，懂团结是真聪明，会团结是真本领。那些"孤家寡人"、包打天下的"超人"，是不能长久的。这恰到好处地点出了处理人际关系的真谛。回望青年时期的毛泽东，他的人际关系也经历了一段从处理不好到处理好的转变期。长征之前，在重大问题上，和别人相左时，他经常发怒，结果自己的正确意见往往成了少数派，不被理解；长征后，他最大的变化是，学会团结大多数，不再对别人发怒，能够心平气和地把大家召集起来，哪怕意见不统一，也会先争取部分同志，然后积小胜为大胜，最终获得大家的支持。新中国成立后，面对朝鲜战争的爆发，毛泽东提出抗美援朝，领导层不少人起初并不同意，他连续召开会议，苦口婆心地说服大家，最后大家都接受了他的意见，全力支持抗美援朝。这也正应了他所讲的："思想斗争同其他的斗争不同，它不能采取粗暴的强制的方法，只能用细致的讲理的方法。"②

---

① 朱宏业：《赞美三原则》，载《语言文字报》2014年11月19日第3版。
② 《毛泽东文集》第7卷，人民出版社1999年版，第231页。

必然与自由：从必然王国到自由王国的跃进

人类社会的发展过程，其实就是人类不停止地解决人与人、人与社会、人与自然的矛盾的过程。在解决矛盾的漫漫征途中，人类的每一个脚印，每一步进取，都在指引着人类从必然走向自由。

必然，是客观事物的发展变化规律，事物本就是原本的样子，"不为汤存，不为桀亡"，按自己的规律发展变化。自由，是人们对必然性规律的认识和把握的状态，"自由不在于幻想中摆脱自然规律而独立，而在于认识这些规律，从而能够有计划地使自然规律为一定的目的服务"。人们对事物发展变化的规律把握得越深刻、认识得越清晰，自由的感觉就越强烈。恩格斯认为："犹豫不决是以不知为基础的，它看来好像是在许多不同的和相互矛盾的可能的决定中任意进行选择，但恰好由此证明它的不自由，证明它被正好应该由它支配的对象所支配。"①

毛泽东说："感觉到了的东西，我们不能立刻理解它，只有理解了的东西才更深刻地感觉它。"②以英语学习为例，如果没有掌握学习的规律，那么学英语便会觉得苦恼，自然就谈不上自由的感觉。干工作同样如此，对工作熟悉，上手便快，就会觉得轻松、惬意；如果不熟悉，便会觉得痛苦、压力大、不自由。从必然到自由的过程，就是人们充分认识规律，并在规律的支配下充

---

① 《马克思恩格斯文集》第9卷，人民出版社2009年版，第120页。
② 《毛泽东选集》第1卷，人民出版社1991年版，第286页。

分把握规律,更好地利用规律实现为人类服务的过程。

当人们能够充分地认识规律、把握规律的时候,当人们从必然逐步走向自由的时候,整个人类社会也必将从必然王国跃进自由王国。每个人自由全面的发展是一切人自由全面发展的前提。在人类社会的必然王国里,由于现有阶段人类认识能力的限制,很多规律还没有被认识、没有被把握,因此人们还不能够随心所欲不逾矩地生产、生活,总会因不了解、没有掌握客观规律而受到制约。

随着社会的发展,人类的认识水平和认识能力在不断提升,对客观规律的认识将更加清晰,对规律的把握将更加深刻,从而能够更好地利用规律为自身服务。恩格斯在《反杜林论》中指出:"自由就在于根据对自然界的必然性的认识来支配我们自己和外部自然;因此它必然是历史发展的产物。"[①]由此可见,自由是一个过程,随着历史的发展、人类认知水平的提升,人逐渐变得自由,面对自然和社会时会更加从容有度、自由洒脱,更有能力协调人与自然、人与人、人与社会之间的关系,也会为了人类的永续发展构建更加美好的未来,也一定能够步入一个全新的阶段——自由王国。

任何事物的发展都离不开一定的条件。人类向自由王国跃进的途中,同样需要具备一定的条件,甚至是不可或缺的必备要件,那就是科技的发展。随着生产力水平的提高,人们获得经济

---

① 《马克思恩格斯文集》第9卷,人民出版社2009年版,第120页。

上的富足，人类的生存状态将步入自由状态。需要指出的是，人类每前进的一小步，都是在不断地为迈向自由王国做量的积累。比如交通，人们对便捷交通工具的渴盼，古往今来概莫能外。但古人的陆路交通工具只能是马匹，而随着社会的发展，火车、汽车甚至飞机的出现极大地改善了人类的运输能力。李白在《早发白帝城》中有"千里江陵一日还"的诗句，感慨顺水行舟速度之快，这种夸张的手法在古代已是飞快的速度了，可在今人看来，这不算快，人类依靠科技的力量能够创造出远快于"一日千里"的速度。回望人类交通能力的发展过程，没有对规律的认识和把握，没有科技的巨大进步，都是不可想象的。

　　窥一斑而见全豹，我们有理由相信，随着社会生产力的不断发展，人们对规律的认识将越来越充分，对规律的把握将越来越自如，人类社会的自由王国也一定能够到来。正如马克思所说："于是，人在一定意义上才最终地脱离了动物界，从动物的生存条件进入真正人的生存条件。人们周围的、至今统治着人们的生活条件，现在受人们的支配和控制，人们第一次成为自然界的自觉的和真正的主人，因为他们已经成为自身的社会结合的主人了。只是从这时起，人们才完全自觉地自己创造自己的历史；只是从这时起，由人们使之起作用的社会原因才大部分并且越来越多地达到他们所预期的结果。这是人类从必然王国进入自由王国的飞跃。"①

---

　　① 《马克思恩格斯文集》第3卷，人民出版社2009年版，第564—565页。

共产主义：马克思的逻辑推演

马克思穷其一生为工人阶级写作，和论敌论战，领导工人运动，其洋洋洒洒的著述指向一个目标——揭示人类社会的发展规律，向人们证明现有的资本主义社会必然为未来的共产主义社会所代替。

共产主义社会作为马克思描述的一个社会制度，离我们今天的现实生活还很远，看不见，摸不着，受现实生产力发展水平的制约，在现阶段，我们也没有办法通过实践去检验。那么，如何才能相信共产主义能够成为现实呢？这便需要严谨的逻辑推理。

首先，作为智慧生物的存在，人类无论在哪个时期，作为一个整体，劳动是为了追求更好的生存条件，满足物质和精神的双重需要。列宁也说，世界不会满足人，人决心以自己的行动来改变世界。世界更美好，人类在这个星球上活得更自由自在，这离不开好的制度设计，而共产主义就是要完成这种更公平、更合理的制度设计。

而完成这样的制度设计是需要一定条件的，空想社会主义的制度设计也很好，为什么没办法实现呢？主要原因就是它的制度设计不符合当时的历史条件。马克思经过研究发现，实现共产主义的制度设计，离不开高度发达的生产力。他认为，只有人们创造了足够的物质财富，才不会为生活劳累奔波，才有可能论及自由自在的发展。对这一点他是深有感触的，他因生活问题常年奔波，甚至需要恩格斯的援助。

从今天的社会制度来看，资本主义社会的制度设计，一定程度上实现了人的自由、平等发展，并且自由、平等也是资本主义的价值取向。但马克思发现，这种自由、平等实现得并不充分，在资本主导的社会中，受资本的控制，供给和需求之间的矛盾难以克服，经济危机不可避免，并且每一次危机带来的是经济的衰退，是对人类创造的物质财富的毁灭，是对人类物质和精神的双重打击。危机来临，根本谈不上人的自由全面发展。

社会不断向前发展，人类不会允许自己的制度设计一直停留于此，特别是随着生产力的发展，人类积累了越来越多的物质财富和精神财富后，也会源源不断地积累推动变革的力量。从人类社会发展的历史中便能够看出这种规律性的变化，人类经历了原始社会、奴隶社会、封建社会、资本主义社会，每一个阶段的生产力水平都有质的飞跃，同时伴随着生产力的进一步释放，人类本身向着更加自由、更加公平、更加民主的社会迈进。这样的发展次序说明，人类社会的发展是有规律可循的。循着这一规律，可以想见，未来的制度设计将会更加优化，将会在更大层面上实现人的自由和平等。

那么，什么促使了人类社会的更迭呢？我们在历史中找寻各种答案，最后把目光固定到生产力上。生产力才是人类社会制度变迁的决定性力量，正像铁器的出现及普及使用代表着封建社会诞生的生产力水平，蒸汽机的出现标志着资本主义社会诞生的生产力水平一样，是生产力在影响人类社会的发展。

因此，在人类社会的发展过程中，生产力的发展高度将决定未来社会的发展高度。且不论别的,我们对比当今世界的发达国家和发展中国家,就能直观地感受到不同社会的不同发展高度。虽然目前我们还没办法预测未来到底什么样的生产力发展水平才会标志着共产主义社会的诞生,但可以据此规律来推测,未来一定会有一个比今天更为发达的生产力发展水平。

那生产力的发展又具备什么样的规律呢?生产力是一种物质的力量,因此,就具备物质所具备的一般规律。那么,物质具备什么样的一般规律呢?物质的一般规律是通过自然辩证法来概括的,也就是自然界的发展规律,即对立统一规律、质量互变规律、否定之否定规律,这三大规律已经为实践所证明。那么,通过上述逻辑反推,便可以用来作用于社会制度变迁方面。

生产力作为一种物质的存在,社会制度的设计就是生产关系的一种表现。物质决定非物质,如果这一点需要被证明,则只要证明谁是第一性的问题,即物质是第一性还是意识是第一性。如果能够证明物质是第一性的,物质决定意识,那么上述逻辑推理就是成立的;如果证明不了,那么由此推论出的所有内容都将失去意义。

这就回到了唯物主义和唯心主义关于物质是第一性还是意识是第一性的争论之中了?这非常关键。

今天看来,似乎这个问题无须证明,因为物质本来就先于意识而存在。在不少人的眼里,物质第一性还是意识第一性是一个脱离现实的问题,可在马克思那里,这是一个非常实际的问题。因为在马克思生活的社会,基督教占据着社会的主流,唯心主义盛行，唯心主义是上帝存在的辩护律师，消除唯心主义就可以消除上帝。如果物质是第一性的，上帝就没有了存在的余地，对上帝的否定，就等于摧毁了欧洲整个基督教制度。

为此，针对唯心主义提出的意识第一性的观点，马克思驳斥道："意识的一切形式和产物不是可以通过精神的批判来消灭的，不是可以通过把它们消融在'自我意识'中或化为'幽灵'、'怪影'、'怪想'等等来消灭的，而只有通过实际地推翻这一切唯心主义谬论所由产生的现实的社会关系，才能把它们消灭"[①]。这可谓一语中的，抓住了消除各种唯心主义思想的根源。

在中国的传统文化中，无神论是一大特征，所以，我们很难理解马克思为什么要费尽力气论证物质是第一性还是意识是第一性，进而通过论证得出物质决定意识。"对宗教的批判是其他一切批判的前提"[②]，马克思这样的论证是为了驳斥上帝造物说，只有推翻了上帝，才能够得出共产主义社会最终可以实现的结论。我们从中可以体会到马克思逻辑推理的缜密，一环套一环，环环相扣。

[①]《马克思恩格斯选集》第1卷，人民出版社1995年版，第92页。
[②]《马克思恩格斯文集》第1卷，人民出版社2009年版，第3页。

第六章 认识真理与追寻价值

第六章　认识真理与追寻价值

清代纪晓岚的《阅微草堂笔记》载有一则《河中石兽》。文章通过一个找寻落入河里石兽的故事,告诉人们要具体问题具体分析,不要把一定条件下才能成立的具体真理抽象为不分条件、不分时间的普遍真理。无论是自然现象还是社会现象,其发生往往有着复杂的原因,不能只知其一而不知其二,要综合考虑多方因素。列宁认为:"辩证法的基本原理是:没有抽象的真理,真理总是具体的……"①认识真理的过程中,我们不要将真理抽象化,要时刻认识到已经变化了的时间、地点、条件,不断调整自我认识,努力做到主观认识与客观实际相符合。

第一节　更好地认识真理

一个人要想更好地认识真理,首先得提升自我认识能力,这就得架构好自身的知识体系。如果架构的知识体系是零散的、支离破碎的,那这个人的认识能力就不可能提高,也就不可能准确地认识真理,更谈不上准确地把握真理。

---

① 《列宁选集》第1卷,人民出版社1995年版,第523页。

知识体系：认识真理的基础

知识体系按其内容划分来看，大体上可分为人文知识和科学知识。科学知识包括自然科学知识、社会科学知识和思维科学知识，人文知识主要包括文史哲和艺术等知识。以人文知识的学习来看，学人文必须得先学哲学，哲学又需要在历史里面学，因此才说文史哲不分家。

自有文字以来，人类积累的知识太过庞大了，作为一个有志于学的人，要设计好自己的知识体系，不能漫无目的地学。作为青年学生，如果说以前的意识还不够，那么从现在开始，按照自己的志向准备好知识结构，未来也不是不可以做成大事。"大志非才不就，大才非学不成。"立下大志，但没有才华，大志是难以实现的，而大的才华有天赋因素，更离不开后天的学习。

毛泽东17岁时，挑着行李走出韶山去湘乡求学，临行前，在父亲的账本里夹了自己抄录日本诗人西乡隆盛的一首诗："孩儿立志出乡关，学不成名誓不还。埋骨何须桑梓地，人生无处不青山。"这是何等气魄。

古人讲"志不立，如无舵之舟，无衔之马，飘荡奔逸，何所底乎！"又讲"志不立，天下无可成之事"。立志、成事不是看什么职业能够赚大钱就立什么志，而是看自己哪方面的潜能具备开发的优势，把努力目标设置在自己最擅长、最有天赋的方面。这和社会倡导的全面发展并不矛盾。全面发展不是全能发展，追求全能的人或许是全都不能。一个人如果不知道自己到底想要什么，总是跟风学东西，最后很可能是什么也没学着，因为那些热门的东西未必是你擅长的。

有关资料显示，现在，全世界每分钟都有一本新书出版，即使一个学科一年的新知识，一个人就需阅读45年。那么由此看来，选择学习什么、不学习什么，对一个人而言就非常重要。一个人的能力是有限的，会有各种各样的偏好，有自己擅长的和不擅长的，从发挥最大效益的角度来看，选择自己擅长的领域进而开发自己的潜能，是实现人生价值的最优选择。有些人一生碌碌无为，原因有很多，但其中一点便是选择了自己不擅长的领域，花了大量的时间和精力去学习一些对个人发展作用不大的技能。由于受到自身性格的影响，既没有能力跳出自己选错的行业，也没有心态去适应所在的行业，最后消磨了人生。有时候，做选择什么比做什么都重要。

一个人对事物的认识总是要经历很长的阶段，不同的阶段有不同的认识，同样，一个人认清自己，也不是一件容易的事。明确了自己的奋斗方向后，可以开发一些业余爱好，比如书法、篆刻、绘画等艺术爱好，打球、游泳、健身等体育爱好。中国第一首小提琴奏鸣曲《行路难》出自"地质之父"李四光，"航天之父"钱学森早年写过一本名为《科学的艺术与艺术的科学》的著作，"杂交水稻之父"袁隆平小提琴拉得非常好，科学家爱因斯坦和量子论专家普朗克曾同台演奏。即使在大众印象中严肃的党和国家领导人同样有自己的业余爱好，比如，毛泽东爱好游泳，曾游过长江、湘江、北戴河等；邓小平喜欢打桥牌；习近平总书记在接受俄罗斯媒体采访时，说自己爱好阅读、看电影、旅游、散步。曾担任中央政治局常委、国务院副总理的李岚清爱好篆刻、音乐，出版过专门谈论音乐的著作《李岚清音乐笔谈》；因为喜欢篆刻，他还曾寄语广大青年"不要只玩游戏，还可以玩篆刻，可以提高文化修养，激发创造精神"。因此，在学习之余，选择一些自己喜欢可以放松身心的业余爱好，这会让自己的生活变得更加丰富多彩。

一个人若要更好地运用、发挥自身的知识体系，特别是在具体工作中，情商是一个不可忽略的因素。2013年5月，习近平总书记在天津调研就业工作时指出，"做实际工作情商很重要"。情商包含着沟通、协调等诸方面的综合素质，这些素质理应成为一个人构建整体知识体系的重要组成部分。

生活中，我们常发现一些人学历平平，甚至都没有系统地念过书，但为人处世却游刃有余，投身商海也是风生水起。当然需要明确的是，情商固然很重要，但并不能因此忽视对智商的提高，我们要用辩证的思维看待生活中的问题。这里不去做无谓的"情智之辩"，一个人无论到何时，提升学习能力，强化知识储备，都是做好实际工作的关键。

读书与实践：更好发挥主观能动性

有时，我们在面对事物的发展变化时会显得左支右绌，比较为难，不知道到底如何做才是发挥主观能动性，而不是死板僵化；不知道如何行事才是尊重客观规律，而不是乱作胡为。"善其谋而后动,成道也。"落实工作前,需先抽出一定的时间来思考工作本身,搞明白做好工作的科学路径至关重要。生活中,不尊重客观规律,方式方法不科学,不谋就动,胡乱发挥主观能动性的负面例子太多了。比如一些政绩工程、形象工程,为了"献礼",盲目压缩工期,忽视工程质量和安全。工程施工本身有其科学依据,比如,采用现浇混凝土施工的楼层,混凝土初凝时间一般为6小时,在混凝土未终凝、强度达不到要求、强行在其上面施工时,就会导致混凝土因过早承受载荷而产生不规则裂纹,影响结构的整体质量和使用寿命。同时,盲目缩短工期,会使各种检测、试验的必需时间被挤占,正常的施工秩序受到干扰,必然会影响工程质量。多年前,国内一些工程项目发生质量问题、安全事故,大多与盲目压缩工期相关。2007年8月,湘西土家族苗族自治州凤凰县正在建设的堤溪沱江大桥发生垮塌特大事故,造成64人死亡,22人受伤。事故的一个原因是,拱架拆卸过早。建设方为确保自治州50年州庆的时间节点,强行压缩工期,缩短了大桥主体结构的养护期,导致大桥承载能力减弱,以至于发生重特大事故。2008年11月,杭州地铁1号线工地发生坍塌事故,原因正是在地质发生变异的情况下,施工队未进行处理,仍然抢工期施工,最终导致事故发生,造成21人死亡。

一个人该如何提升自己的能力,更好地把握客观规律,发挥主观能动性呢?多学习,勤实践是最好的方法。通过读书掌握更多知识,丰富知识架构,扩充学识水平;通过实践,丰富工作经验,提升工作能力,特别是处理具体事务的水平。

网络的出现使人们的生活变得更便捷，足不出户便可知晓天下事，但同时发现，网络正在改变人们的阅读方式，深度阅读逐渐衰退。"字太多，不看了"，这是网上面对长文时常见的评论。人们通常习惯微博140字之内的小段子，喜欢细小的、简短的抖机灵式的阅读。大众的阅读变得越来越碎片化，获得的信息量虽然很大，但却杂碎，如果不加以有效整合，难以构建起一个人的知识体系。叔本华曾说，不管你学识如何渊博，如果不能反复思维、咀嚼、消化的话，它的价值，远逊于那些所知不多但能予以深思熟虑的知识。①

钱穆谈及读古代诗文时曾讲，读古代诗人的作品如不读其全集，特别像杜甫、苏轼，如不按照年谱一首首去读，而只读选本，又爱看选家批语，这样最多领略些作诗的技巧，永远读不到诗的最高境界。即便读诗文，钱穆先生都倡导系统阅读，更何况是借助网络，阅读的也只是些零碎的信息呢？

时下读书的人越少，我们越是要倡导多读书，特别是抽时间、花精力读些有难度的书，这绝非逆潮流而动，而是增进学识、提升能力的好办法。列宁认为，读黑格尔的《逻辑学》是引起头疼的最好方法。王蒙也说："我主张读一点费点劲的书，读一点你还有点不太习惯的书……除了有趣的书，还要读一点严肃的书。"北京大学中文系教授张颐武说："读晦涩难懂的书是一种挑战，阅读时一定要有相当大的决心和耐心，只要熬住了，坚

---

① 杨昊：《"字多不看"让你失去什么》，载《人民日报》2016年11月15日第19版。

持读下去,就有豁然开朗的时候。"

读书不能赶时髦,对于流行的东西要有自己的判断和选择。美国19世纪思想家、作家、诗人爱默生在《书籍》中说:"我必须提供的三条实用准则是:第一,决不阅读任何写出来不到一年的书;第二,不是名著不读;第三,只读你喜欢的书。"在某种意义上,爱默生恰当地回答了读书难度的问题。吉林大学哲学系教授孙正聿总结读书有四点:一是真诚,抑制不住的渴望;二是真实,水滴石穿的积累;三是真切,举重若轻的洞见;四是真理,剥茧抽丝的论证。

读书的过程有助于提升个人能力,有助于认识和把握客观规律,自然也有助于发挥主观能动性。当然,读书不能变成一味地死读书,读书之余,还要勤于实践,多到生活一线体验,积累干事创业的真正本领,在具体实践中磨砺干事创业的本领。当前有些高学历人才,毕业后就在大机关工作,若干年后,仍然书生气未脱,有的还"迂"得出奇,最根本的原因,就是没有到一线锻炼。现在强调,年轻干部要多压担子,多墩苗,在实践中经受锻炼,在普通岗位上经历一些难事、急事、大事、复杂事,不断积累实践经验,从最生动的一线汲取营养,快速健康成长。

发挥主观能动性的水平和认识客观规律的能力是相辅相成的。一个人能力强大了,面对客观事物时才能够准确把握,复杂的事情也能妥善处理。"从心所欲不逾矩",这是孔子讲的人到70岁时的一种理想人生状态。用70年的时间来积累自己的能力和水平,做人做事从容中道,恰到好处。孔子是一个个性鲜明、兴趣爱好广泛、多才多艺、生活丰富的人，但他能控制住自己。《论语》记有"唯酒无量，不及乱"。《论语·子罕》载："子曰：'入则事公卿，出则事父兄，丧事不敢不勉，不为酒困，何有于我哉？'"可见，孔子好饮酒，而且不限量（"酒无量"），但他从未醉酒失态，更未因好酒而酗酒乱性（"不及乱"），该干正事就干正事，"不为酒困"，这是"从心所欲不逾矩"的最高境界。

一个人水平不高，能力不强，主观能动性的发挥就会受限、受掣肘、不顺意。如果一个老师学识渊博，对所讲述的内容很熟悉，讲课的时候就会轻松如欲，看似随意却不偏离主题；如果知识浅薄，对所授内容一知半解，知其然而不知其所以然，那课堂教学就不会顺畅，不仅难以给学生讲清讲透，更经不起学生质问。这种课堂，无论对于老师，还是对于学生，都难以称得上享受。以前的观点是，要想给学生一碗水，老师得有一桶水，那么面对今天知识爆炸、资讯发达的社会，恐怕一桶水已经远远不够，老师得有一潭水。学生可以容忍老师的严厉刻板，但不能原谅老师的学问浅薄。

另外，一个人实力不济时，形成不了自己的风格，因为没人认同；当你强大时，就可以追求自己的特色了，别人也会认可。人如此，国家亦如此。我们坚持走中国特色社会主义道路，所谓特色其实就是个性，中国还没有足够强大时，总有人不认同这个特色，当中国变得强大了，特色就会成为风格和样板。如果我们能够把中国特色社会主义建设得更强，成功走向现代化，那么中国就会成为世界上首个没有通过走资本主义道路而成功迈向现代化的国家,这将为世界上一些后发国家通往发达之路提供全新选择,这就是中国方案的历史意义。

第二节　从实践出发理解社会生活的本质

马克思有一句经典名言:"哲学家们只是用不同的方式解释世界,问题在于改变世界。"①后来这句话刻在了位于伦敦郊外的海格特公墓的马克思墓碑上。在马克思主义哲学中,实践主要是指改造世界的活动或劳动人民的劳动,这主要是要通过肯定劳动来肯定劳动人民在历史上的伟大作用。

马克思晚年给女儿劳拉讲了这样一则寓言:一位船夫和一位哲学家渡河,哲学家问船夫懂不懂历史,船夫说不懂,哲学家说那你失去了一半的生命;又问懂不懂数学,船夫依然说不懂,哲学家说那你又失去了另一半的生命。这时一阵大风袭来,把小船打翻了,哲学家和船夫都落水了,船夫问哲学家会不会游泳,他回答不会。船夫说,那你就失去了整个生命。结合上述马克思的经典名言,我们发现,马克思是很讨厌那些光说不练的假把式的哲学家的。事实上,"历史上出现过各种哲学,它们可以对现实不满、对现实进行批判,但没有一种为创立新的世界而奋斗的哲

---

① 《马克思恩格斯选集》第1卷,人民出版社1995年版,第57页。

学。它们的社会理想,往往是不满现在,怀念过去,而不是通过实际地改变现实,走向未来"①。唯独马克思主义哲学做到了这一点:改变现实,走向未来。

实践:社会生活的本质

理解实践,要从其特征谈起。从实践的特征谈实践,这是西方哲学的主要特点,中国传统哲学通常不这样分析,而是重体验,认为哲学的这些特性是无须言说的。可西方哲学不同,一定要从特征、特点讲起,这样可以显示其逻辑的严密与强大。

马克思主义对实践的理解具有很强的逻辑性,而中国传统哲学对实践的理解往往重体悟、感悟,往往会针对某方面事情说起。陆游有一首很有名的教子诗《冬夜读书示子聿》:"古人学问无遗力,少壮工夫老始成。纸上得来终觉浅,绝知此事要躬行。"这是一首讲解做学问诀窍的诗,陆游告诉儿子:一个既有书本知识又有实践经验的人,才是有学问的人,做学问离不开实践中的体悟。另外,佛教常讲的"如人饮水,冷暖自知",是实践,也是体验。知行合一说,读万卷书行万里路,等等。中国哲学很少去思考实践有什么特征,包含什么内容,具体指什么,更多地强调一种体验。认为体验到了,实现内化升华就达到目的了。因此,中国哲学中的实践是体验式的。

实践的社会历史性指人类的实践活动受制于具体的社会历史

---

① 陈先达:《哲学中的问题与问题中的哲学》,载《中国社会科学》2006年第2期。

条件，随着社会历史条件的变化而变化，是具体的、历史的。这种概括是一种哲学层面的总结凝练，如果我们把聚光灯投射到现实生活中，抽象就会变得生动而丰富。这启发我们，一是人类的社会实践活动不要超越自己所处的历史阶段，否则会吃苦头；二是人类的社会实践不要落后于自己所处的历史阶段，落后也会吃苦头。

一个人在中学阶段的主要任务是努力学习，如果把时间精力花费在玩乐上，结果会是学业荒废，贻误大好青春年华；或者是本应该做得更好，上更好的大学，结果没有达成愿望，抱首空憾，这就是个人的实践超越了其所处的历史阶段。

《桃花源记》只能是梦中桃花源；月亮上还不适合人类生存，非要搞太空移民，肯定不能成功；空想社会主义者模拟的社会形态注定要失败；英语还没学好呢，就着急学二外，给人的感觉好像真的学有余力似的。整个社会的经济、文化、历史发展还不具备实施西方民主模式的情况下，非要把自己拉进去，结果把国家搞糟了。鲁迅在《论"第三种人"》中深刻地揭示过这一点："生在有阶级的社会里而要做超阶级的作家，生在战斗的时代而要离开战斗而独立，生在现在而要做给与将来的作品，这样的人，实在也是一个心造的幻影，在现实世界上是没有的。要做这样的人，恰如用自己的手拔着头发，要离开地球一样，他离不开，焦躁着，然而并非因为有人摇了摇头，使他不敢拔了的缘故。"[①]

---

① 鲁迅：《论"第三种人"》，见《鲁迅全集》第4卷，人民文学出版社1981年版，第440页。

从实践的整个过程来看，它包括物质资料的生产活动、处理社会关系的实践、科学实验等。在人类社会发展中，运用工具作用于客体时，人要不停地调整人与人的关系，如经济关系、政治关系、法律关系等，这是因为人与人相处不可避免会产生矛盾，调整矛盾的过程也是人类实践的过程。人类在改造自然界的同时要不停地处理人与人的关系，这是相伴相行的。从这个角度来看，社会生活在本质上就是实践的。

实干：最大的实践与担当

人类的实践将自然界与社会生活予以分离，又将自然界与社会生活统一起来。这本身就是一对矛盾，既对立又统一。只讲对立，离开了自然界，人类将无法生存，社会生活成了无源之水、无本之木。只讲统一，将自然界和人类社会混为一谈，那么人类依然生存在茹毛饮血的时代，人类社会的真正形成、价值、意义也就无从谈起。

从根本上来看，人类社会之所以能够出现，是人类在改造自然界的过程中，为了调整人与人的关系，需要构建一整套社会制度来规范人们的行为，这样人类才能更好地生存，而这种规范就形成了人类社会。人类社会是人的实践活动的对象化，是人的对象世界。

历史上，赵国赵奢"纸上谈兵"，长平之战被秦军大败。两晋"虚谈废务"，风气延续久远，贻害颇深。东晋灭亡后，世家大族子弟的影响力一直持续到南朝，这些人往往自命清高，毫无担当，争抢闲散职位，鄙视忙碌职位，喜欢高谈阔论，却无治国理政的实际本领，常常以酗酒、服药为清高的标志。魏晋时期的名士争相服药，其中一种主要是由石钟乳、石硫黄、白石英、紫石英、赤石脂等五种无机物构成，名"五石散"，后被统称为"寒食散"。名士把这些药当作保健品，其实它不仅毫无滋补功效，反而大为有害。国家政权掌握着这些人手中，焉有不败之理。①两晋、南朝时期的治理被搞得一塌糊涂，也就不难理解了。

因此，实干是最大的实践，也是最大的担当。改革开放初期，围绕着中国的发展方向问题，全国人民，不分男女老少、内行外行、识字不识字的都卷入了姓"社"姓"资"、姓"马"姓"修"的争论，一时间，空谈争论之风颇为盛行，经济生产反倒没人搞了。针对这种风气，邓小平指出，改革开放"会有不同意见，但那也是出于好意，一是不习惯，二是怕，怕出问题"。他采取了"不争论"的方式，说："对改革开放，一开始就有不同意见，这是正常的。……不搞争论，是我的一个发明。不争论，是为了争取时间干。一争论就变复杂了，把时间都争掉了，什么也干不成。不争论，大胆地试，大胆地闯。"②在关键时刻，邓小平以巨大的政治勇气和担当回答了社会争论。遇到一时看不准的事或看不清的问题时，要做实干家，躬身实践，埋头去干，

---

① 李凭：《寒人掌机要：救不了的短命政权》，载《检察日报》2014年12月9日第6版。

② 《邓小平文选》第3卷，人民出版社1993年版，第374页。

在实践中检验，而不是只做夸夸其谈的人，一味搞争论，辩是非曲直。

针对文山会海，有一副对联将其刻画得入木三分，上联是"你开会我开会大家都开会"，下联是"你发文我发文大家都发文"，横批是"谁来落实"。这副对联不仅批评不抓落实的时弊，更是道出了"为政贵在行"的真谛。明末清初思想家唐甄，在山西长治做知县时，为了动员百姓种桑养蚕，不但挨家挨户做说服工作，而且带头示范。结果一纸文书通告未发，就在三旬之内种桑80余万株。唐甄认为，如果只管发文，不管落实，结果只能是"百职不修，庶事不举"，公文告示贴的满大街也不过是一纸空文。因此，他发出了"以实则治，以文则不治"的感慨。[①]

影响实干的另外一个因素是思想狭隘，认为前人栽树后人乘凉，自己花工夫辛辛苦苦地干事创业，可能最后也享受不到成果，岂不是白忙活一场。这也导致很多人不愿意为远大目标而奋斗，特别是当这个目标已经超出了自己的生命周期或者是超出自己的任期时，奋斗的热情和动力就很难保持。比如，共产主义的远大理想，可能有人会觉得在自己这一生是不可能实现了，于是就难以为这个远大理想而奋斗。再如，为官一任的问题，可能在这个岗位上只工作几年，一些官员有很大的冲动搞短期行为，期望短期政绩。

萧伯纳说："人生不是一支短短的蜡烛，而是一支由我们

---

① 《习近平用典》，人民日报出版社2015年版，第36页。

暂时拿着的火炬。我们一定要把它燃得十分光明灿烂，然后交给下一代的人们。"伟大的事业不是由一代人完成的，而是一场接力跑，要一棒接着一棒跑，一代接着一代干。古代讲为政要讲究承续，注重长远，"不在一时，而在万世"。北宋攸县县令张潜讲过这样一句话："政之及于一时者，浅而易知；政之及于百年者，深而难测也。"①为官一任，任期有限，往往会遇到前任留下的未竟事业，到底能不能接续完成，对到任官员也是一种挑战。为官者要有"功成不必在我"的历史耐性，也要有"功力必不唐捐"的发展自信，扎扎实实地接好自己这一棒、干好这一段、写好这一章，一个问题一个问题地解决，一个脚印一个脚印地前进，防止毕其功于一役的浮躁、只求短平快的功力和大干快上的盲目。

山西右玉县地处毛乌素沙漠的天然风口地带，是一片风沙成患、山川贫瘠的不毛之地。近70年来，无论遇到什么样的风风雨雨都不改初衷，一张蓝图、一个目标，"飞鸽牌的干部做永久牌的事业"，县委一任接着一任、一届接着一届率领干部群众坚持不懈干，把"不毛之地"变成了"塞上绿洲"，林木覆盖率从不到0.3%扩大到现在的54%。右玉的可贵之处就在于，始终发扬自力更生、艰苦创业、功在长远的实干精神。习近平总书记多次批示，也屡屡在公开场合向人们讲起右玉的故事。

---

① 〔北宋〕张潜：《大观楼记》，清同治十年（1871年）《攸县志·卷九·艺文》。

第三节　实践是检验真理的唯一标准

1845年，马克思在《关于费尔巴哈的提纲》中论及了检验真理的标准问题："人的思维是否具有客观的真理性，这不是一个理论的问题，而是一个实践的问题。人应该在实践中证明自己思维的真理性，即自己思维的现实性和力量，自己思维的此岸性。关于思维——离开实践的思维——的现实性或非现实性的争论，是一个纯粹经院哲学的问题。"[①]这包含三点意思：一是一个理论是否正确反映了客观实际，是不是真理，这在理论范围内是不能得到解决的，理论无法自己来检验自己，人们也无法根据理论家的观点和看法来评判它的对错；二是理论的客观真理性不能由客观对象来检验，客观对象只是客观存在，无所谓对与错；三是检验思维的客观真理性的唯一标准只能是社会实践，只能在社会实践的比照中来检验。马克思主义的实践观点并不陌生，但是历经"文革"，人们对这一基本观点的认识较为模糊，澄清这一认识，还有待开展真理标准问题的讨论。

确定性与不确定性：实践检验真理

1978年5月11日，《光明日报》头版刊发了《实践是检验真理的唯一标准》一文，由此引发了一场关于真理标准问题的大讨

---

① 《马克思恩格斯选集》第1卷，人民出版社1995年版，第55页。

论。"这场讨论的一个重要成果是,从根本上纠正了长期以来人们已经习惯了的以领袖的决策和指示为真理标准的僵化思维模式。按照'两个凡是'的观点,不是实践决定领袖的决策和指示,而是领袖的决策和指示决定实践,这就把思维和存在、实践和理论的关系完全弄颠倒了"①。颠倒的结果是,必然要陷入唯心主义的泥潭。邓小平在谈到真理标准问题讨论的意义时指出:"只有解放思想,坚持实事求是,一切从实际出发,理论联系实际,我们的社会主义现代化建设才能顺利进行,我们党的马列主义、毛泽东思想的理论也才能顺利发展。从这个意义上说,关于真理标准问题的争论,的确是个思想路线问题,是个政治问题,是个关系到党和国家的前途和命运的问题。"②

当然,我们需要辩证地看,实践是检验真理的唯一标准并不意味着实践能够准确无误地检验真理,更不意味着那些一次甚至是多次的实践能够在真理和谬误之间划出界限。列宁说:"社会生活现象极其复杂,随时都可以找到任何数量的例子或个别的材料来证实任何一个论点。"③列宁还举过这样一个例子,如果你在欧洲大陆的西海岸驾驶一条船,一直向西开。你每天在轮船上看大海,大海都是平的。船向西开了一两个月,绕地球转了一圈,回到了出发的港口,你还会以为海洋是平的,不相信地球是圆的。因为你每天看到的大海都是平的。类似的例子,日常生活中

---

① 邢贲思:《真理标准讨论的当代意义》,载《求是》2013年第23期。
② 《邓小平文选》第2卷,人民出版社1994年版,第143页。
③ 《列宁选集》第2卷,人民出版社1995年版,第578页。

可以多次看到或遇到。

爱迪生发明电灯做了1500多次实验都没有找到适合做灯丝的材料，有人嘲笑他说："爱迪生先生，你已经失败了1500多次了。"爱迪生回答："不，我没有失败，我的成就是发现1500多种材料不适合做电灯的灯丝。"如果爱迪生一两次实验失败，就得出人类无法发明能够持续性照明的灯丝这等"真理"，那么我们可以想见，最后灯泡的发明者这顶桂冠一定不会落在爱迪生头上。所以，过分夸大实践的作用，特别是局部实践，容易"使真理变成错误"。

从辩证法的角度来看，实践检验真理的标准是绝对性与相对性、确定性与不确定性的统一。列宁指出："实践标准实质上决不能完全地证实或驳倒人类的任何表象。这个标准是这样的'不确定'，以便不让人的知识变成'绝对'，同时它又是这样的确定，以便同唯心主义和不可知论的一切变种进行无情的斗争。"[①] 实践检验真理的标准的确定性指的是绝对性，即检验真理不能用理论来检验，也不能用客观事物来检验，客观事物本身无所谓正确与否，无法用来检验真理，因此，检验真理正确与否的标准只能是实践，这一点是确定无疑的。反复的多次实践一定能够最终鉴别出认识的真理性，这就肯定了实践的绝对性。

实践的不确定性主要指的是相对性，指实践对认识真理的条件性。任何实践都会受到一定具体条件的限制，因而具有一定

---

① 《列宁选集》第2卷，人民出版社1995年版，第103页。

的局限性,这是因为,无论是主体还是客体,还是已经占有的材料,都处于一个不断变化的过程。实践是人们在理性认识的指导下,制定出方案并把它变成现实的活动,如果方案成功,就表明实践成功了,否则就是失败了。只要实践成功,通常情况下就能证明我们的理性认识是正确的。非常情况下就未必如此,因为你的成功或许是偶然的,未见得是你的理性认识就正确,同样你的失败也可能是运气问题,未见得你的理性认识就是错误的。比如,有的国家中途抛弃了社会主义道路,放弃了共产主义信仰,这并不必然说明社会主义道路就走不通,共产主义就是乌托邦,就实现不了。就当今世界来看,的确,社会主义只是刚刚破题,共产主义社会远没有成为现实,反倒是资本主义发展方式继续释放其内在活力,"人类社会的发展规律并不像我们过去想的那样一目了然,而是隐藏在目前尚不断展现繁荣的社会现象中"[①]。理想还没有实现不等于理想就是乌托邦,现实存在的不必然就是合理的。共产主义的实现需要准备一定的条件,在条件还不具备的情况下搞共产主义,那肯定是成功不了的。在实现共产主义的过程中,急于求成,做出超越历史阶段的事,会导致实践的失败,但这说明不了共产主义就不能够实现。

实践对真理的检验不可能一次完成,总要经历一些阶段,受具体历史条件的影响,会表现出某种相对性、有限性和不确定性。社会生活是复杂的,恰如列宁所说:"如果不是从整体上、

---

① 辛鸣:《信仰是政党之魂》,载《中国教育报》2016年6月30日第5版。

不是从联系中去掌握事实,如果事实是零碎的和随意挑出来的,那么它们就只能是一种儿戏,或者连儿戏也不如。"①只是在现实生活中,我们大多已经习惯了用实践去检验一些立竿见影的事情,凡是需要长期、长久检验的事情,我们大都没有耐心去做。比如,学专业课,即使知道它很有用,可这需要经过长时间的打磨、学习,要劳心费神。到外面考个证件,这是短平快的项目,于是很多人很喜欢做。有些地区搞政绩工程,为什么?这是有动机的,一任领导也就三五年,有的甚至更短,在这么短的时间里做长远的、战略性的事情,一定是来不及的,所以得搞一些看得见、摸得着的短期内能见效的事情。每到年底,上一级政府会对下一级政府进行考核,考核就要有量化指标,战略性的事情往往短期内指标变化不明显,会影响部门政绩,影响负责人的政绩。这也是当前政府工作考核中的无奈。因此,号召为官从政要有"功成不必在我"的境界,需要在改革政绩考核模式上再下功夫。

生活中有很多无奈。大学同班同学,毕业后,有的做销售,做得很好,两三年赚了几百万,房子、车子都有了;有的做研究,通常本科两三年后,只是读个研究生,也很难研究出高深的东西,毕业后工作,发现收入和同龄人简直没法比较。这种生活的实践带给人的体会和检验,会让人无所适从,可能会让个体反思自己当初的抉择是否正确,甚至认为,是不是自己也应该放弃

---

① 《列宁全集》第28卷,人民出版社1990年版,第364页。

目前的工作去那些赚钱快的行业？每个人都有人生追求，也都有擅长的领域，只有把个人追求和自身擅长结合起来，把个人发展和国家社会的发展结合起来，人生选择才会更有意义。

所以，无须跟风，亦无须毫无节制地追赶潮流。在新时代的今天，社会不需要不顾民族利益一味追求个人利益最大化的人，需要的是有担当、有作为、把民族的前途和命运扛在肩膀上的年轻人。我们需要的不仅是一个富裕的中国，而且是一个强大的中国，我们要让每一个国民强大，因为每一个人强大了，国家才能真正实现强大。

理论创新：发展真理的必经之途

理论源于实践，真知出自实践。毛泽东说："你要知道梨子的滋味，你就得变革梨子，亲口吃一吃。"①这说明了实践对获得真理性认识的重要意义。"物有甘苦，尝之者识；道有夷险，履之者知。"任何事物都有甘苦之分，只有尝试过才会知道；天下道路都有平坦坎坷之分，只有走过才会知晓。清朝的魏源讲："披五岳之图，以为知山，不如樵夫之一足。"说的就是这个道理。检验和发展真理需要理论联系实际，为什么呢？因为理论是抽象的、一般的，实际则是具体的、特殊的，运用抽象的理论解决具体的实际问题，必须是理论联系具体的实际，具体问题具体

---

① 《毛泽东选集》第1卷，人民出版社1991年版，第287页。

分析。①

真正的理论联系实际就是对理论的创造性运用，就是创新。面对日趋激烈的国际竞争，我们比历史上任何时候都更加渴盼创新。在所有的创新中，实践基础上的理论创新尤为关键，它是社会发展和变革的先导。理论往往起着先导的作用，理论创新会引发制度、管理、科技、文化等各个层面的创新。

理论往往起着解放思想的作用，思想不解放，是因为一些理论认识比较模糊，理论认识清晰了，就容易看明白很多事情。新中国成立后，缺乏建设社会主义的实践经验，我们一边倒地学苏联，全方位地学习苏联。后来中苏关系破裂，学苏联学不下去了，开始被迫根据实际国情，打破苏联模式的束缚，结合自身的实际条件进行探索，走自己的路。

"文革"期间，偏离了正确的路线，喊出的口号是"宁要社会主义的草，不要资本主义的苗"，养三只鸭子就是社会主义，超过三只就是资本主义。今天看来，这些口号和做法是那么荒谬，而当时的人就信以为真，原因之一便是在理论上没有弄清楚生产力的不分国界性，没有弄清楚生产力无所谓姓"社"或是姓"资"的道理。

模仿苏联的经验不成，"文革"的做法不成，我们不得不另辟蹊径，摸着石头过河，走别人未曾走过的路，继续探索社会主义建设道路。不再争论，通过改革开放再次接受了市场。市场

---

① 张耀灿、郑永廷、吴潜涛等：《现代思想政治教育学》，人民出版社2006年版，第285页。

本身没有意识形态成分，它是一种人类创造财富的工具，资本主义可以利用，社会主义也可以利用。邓小平较好地解决了这个问题，这种去意识形态化的市场意识是符合历史和当时的社会情况的。

一个国家如此，一个单位、一个人亦如此，如果只会一味模仿、缺乏创新，那就永远不可能获得实质性的成长。唐高宗时，河北枣强县尉张怀庆不学无术，却偏好舞文弄墨，只知抄袭，别人送他顺口溜"活剥王昌龄，生吞郭正一"，讥讽他的抄袭行为。[①]这不仅成为笑谈，还演化为一个成语"生吞活剥"，讽刺缺乏创新能力的人。吕思勉谈了研究学术的三重境界：上乘为"不循他人之途辙，变更方向自有发明"，中乘为"循时会之所趋，联接多数事实，发明精确定理者"，下乘为"仅以普通眼光，搜集普通材料，求得普通结论者"。可见唯有创新，才能做得上乘学问。齐白石对弟子许麟庐说："学我者生，似我者亡。"讲的就是艺术创新要在继承的基础上敢于独创、另辟蹊径，不能一味模仿、生吞活剥。

同样，一旦缺乏创新，只知跟随，便可能陷入"毛毛虫效应"的怪圈。法国昆虫学家法布尔把许多毛毛虫放在一个花盆边缘，使其首尾相接围成一圈，在花盆周围，撒上松叶。毛毛虫夜

---

① 李义府诗曰："镂月成歌扇，裁云作舞衣。自怜回雪影，好取洛川归。"张怀庆把李诗改为："生情镂月成歌扇，出意裁云作舞衣。照镜自怜回雪影，时来好取洛川归。"后来别人又见他抄袭王昌龄及郭正一的诗，就送他一个讽刺性的顺口溜："活剥王昌龄，生吞郭正一。"

以继日地绕着花盆边缘转圈，终因饥饿和精疲力竭而相继死去。法布尔设想毛毛虫会很快厌倦这种毫无意义的绕圈而转向它们比较爱吃的食物，遗憾的是，毛毛虫并没有这样做。这种喜欢跟着前面的路线走的习惯被称为跟随者习惯，把因跟随而导致失败的现象称为"毛毛虫效应"。要打破"毛毛虫效应"，就必须打破一味的跟随，必须实事求是，学会根据实际情况的变化而做出新的改变。

理论创新必定反对教条主义，马克思主义不是教义，是方法。理论创新不仅不违背马克思主义，反而是马克思主义认识论的根本要求。因为马克思主义认识论强调，人的认识是无限发展的，人会在实践中不断发展自己的认识。既然如此，随着实践的推移，新的认识总会出现，理论创新永不停滞。

书本里讲的知识都是一般情况，也就是说，通常情况下是正确的，特殊的情况必须具体问题具体分析。如果只会照本去做，忽略了对实践经验的总结，那同样会陷入本本主义和教条主义的泥沼。马克思主义强调，人的认识不断向前发展，新的实践带来新的认识，马克思主义为进一步的理论创新提供出发点和方法，告诉人们具体怎么做，而不是告诉人们一个具体的结论。它是指南针，指明了方向，剩下的需要个体去做。

当前，我国经济发展步入新常态，原有的以牺牲环境、消耗资源为代价去换取一时经济增长的模式难以为继。创新、协调、绿色、开放、共享的新发展就是根据当前变化了的实际情况而提出的发展理念。创新发展才能避免动力衰退，协调发展才能避免失衡失重，绿色发展才能避免环境透支，开放发展才能避免画地为牢，共享发展才能避免社会动荡。这说明，只有思想永不自满永不僵化，发展才能永不懈怠永不停滞。

第四节　人生的价值选择

人总是会按照客观规律办事，成功的实践都是真理尺度和价值尺度的统一。人的生命是有限的，能干的事情也是有限的，不可能不加区分地选择很多事情，并且都能做好，也不可能读尽天下书，行遍天下路。面对生活、面对人生，个体必须做出选择，如何选择呢？事实上，每个人选择的背后都隐藏着一个基本的价值判断，价值判断不一致，选择因而不同。

价值：横看成岭侧成峰

哲学上的价值不同于经济学中的价值，也不同于日常生活中的价值。生活中某种商品的价值，更多的是指价格，哲学中的价值是一种抽象，是对各种特殊价值现象的本质概括。它属于揭示外部客观世界对于满足人的需要的意义关系的范畴，是指具有特定属性的客体对于主体需要的意义。

价值具有客观性、主体性、社会历史性和多维性。一个东西是否有价值，或者具备的价值量的大小是因人而异的。对在沙漠里行走的人来说，一杯水的价值要比一沓百元大钞大，水能够承载生命，而百元大钞对此时的生命而言却毫无价值。如果把这个例子放置在日常生活中，毫无疑问，百元大钞的价值将远远大于一杯水。这一杯水并没有发生任何变化，这是一种客观存在，只是这杯水会随着时空背景的变化，变得不再一样。不同的时空背景下，这杯水对不同状态的人而言会表现出不同的价值来，呈现出一定的主体性和社会历史性。

同一事物，不同的人审视的角度不同，就会得出不同的结论，就如同一幅书法、一件艺术品，在艺术家眼里是珍品，可在普通人眼里，那不过是一个普通物件而已。如果每个人都能够准确地鉴别出古董、古物，那就不会有人把祖上传下来的古物卖个白菜价了，也不会有人因为看走眼花了金子价却买回了一颗"大白菜"了。横看成岭侧成峰，用它来表达价值的多维性是最恰当不过的。

价值评价是否正确取决于相关知识性认识的准备。知识准备不够的话，评价难免会出问题。有的学生对哲学的知识准备不足，还觉得这些东西没用，为了不"浪费"时间，上课看英语、做习题，还觉得自己这样做很聪明，其实这才是最大的愚蠢。很多东西，你不懂，当然就看不出它的价值。

在做价值评价的时候，为了不至于让评价变成"公说公有理，婆说婆有理"，需要寻找一个大体统一的评价标准，即是否符合人类整体的利益和需求，是否与历史发展的基本要求和趋势相符。

第六章　认识真理与追寻价值

价值观：人生的向导

价值观是人们关于价值本质的认识以及对人和事物的评价标准、评价原则和评价方法的观点的体系。它与世界观和人生观是一致的，对一个人起着导向作用。大家基于同一个真理的标准出发，价值观不同，会引出不同的甚至截然相反的行为取向。一位中学化学教师，觉得在学校工作收入低，辞职后，开始利用自己所学化学知识制造雷管卖钱，不小心发生爆炸，造成周边多处民宅受损。武汉一知名高校化学系副教授，在有机化学领域颇有建树，但却利用专业知识，与人合伙开办制毒工厂，毒品远销海外，月销售额60万美元，事情败露后，被判处无期徒刑。[①]因此，一个人无论拥有多少知识，都要不断地锤炼自我品格，树立正确的价值观。

毛泽东在《为人民服务》一文中论述了著名的"重于泰山、轻于鸿毛"的生死论，他的秘书田家英对其做过生动形象的阐述。新中国成立后，田家英到一所军校演讲，他以路上遇到的一出丧事为例展开论述：有的人死后，人们捶胸顿足，悲痛不已，这叫"死在脚下"；有的人死后，人们喜上心头，拍手称快，这叫"死在手上"。原因何在？关键在于人的价值观不同，作为一个革命者，应该"死在脚下"，而不是"死在手上"。

哲学是提出和论证一定社会形态的社会秩序的学科。不同的

---

① 《武汉：参与制贩毒品副教授一审被判无期》，载《中国青年报》2017年4月14日第4版。

社会需要不同的社会秩序，而特定社会中能够使人们信以为真的论证方式也不一样，西方社会大多依靠《圣经》来论证，中国选择了马克思主义哲学的论证方式。马克思主义创立的过程，充满着对当时社会现状的批判，马克思本人也积极投身工人运动，通过艰苦的理论思考和具体实践来寻找一个更为合理、科学的社会形态。

哲学的内容不一定是真的，如一些唯心主义哲学理论，但也不是所有的真都是善的，不是所有的假都是不善的。哲学中的某些在历史上起过善的作用的假被历史铭记了，是有价值的。所以，历史上的唯心主义大家同样被作为思想的学者让人怀念，让人尊重。

中国儒释道三种价值体系共存，如果用科学体系来衡量的话，真理只有一个，只能是一元的，这就无法解释为什么儒释道三者能够共存。所以，不能用科学真理来衡量人文学科的价值。同样，遇到一件事到底是当机立断好，还是反复思量佳呢？优柔寡断和当机立断之间有明确界限吗？此时便无法用科学真理来衡量。如果把马克思主义在特定条件和具体时空背景下讲的话运用到另外一个场合，就会犯教条主义的错误。

一种好的价值体系，最好是建立在真理之上，但是当采用真理达不到构建社会秩序的目的时，其他非真理的价值体系也是可以用的，比如宗教，这应该是中国允许宗教存在且有宗教信仰自由的理论基础之一。古人讲："畏则不敢肆而德以成，无畏则从其所欲而及于祸。"康德讲，有两样东西，愈是经常和持久地思考，对其历久弥新和不断增长之魅力以及崇敬之情就愈加充实着心灵：头顶的星空和心中的道德准则。这些格言对于构建良好的社会秩序非常有用，让人们时刻保持一颗敬畏之心。但敬畏不是迷信，没有必要敬畏鬼神，但不能没有敬畏之心。毛泽东认为"彻底的唯物主义者是无所畏惧的"，这是指不怕鬼、不信邪所需要的思想状态，但不能由此就放大为一个人对法律、道德都无所畏惧，甚至肆无忌惮。"君子终日乾乾，夕惕若厉，无咎。"有了敬畏，才有自律。马克思认为："道德的基础是人类精神的自律"。如果多一些对生命、对人生、对法治的敬畏意识，少一些市场经济的利欲熏心，人们可能会生活得更轻松些。

多元文化：多样选择与秩序失范

随着改革开放的深入推进，各种社会思潮的涌入，中国已经步入了一个文化多元的社会阶段，人们的选择越来越多，价值取向渐趋多元。多元文化的一个显著特点是，无论一个人干什么事，总会有人提出不同意见。"父子骑驴"便是一个典型的例子。

父亲和儿子牵着一头驴，父亲坐在上面，儿子牵着，路人会说父亲的不是；而儿子坐着，父亲牵着，路人会说儿子的不是；最后两个人都坐着，路人会说两个人的不是，把驴快压死了；后来两个人都不坐了，路人会说他们实在是愚蠢，养个驴白养呢。无论父子怎么做，总会有人提出不同的看法。

《吕氏春秋》记载了一则楚王失弓的故事。楚王去云梦泽打猎，不小心把心爱的弓丢了，侍从们要循原路寻找。楚王说，算了吧，不必去找了，楚人失之，楚人得之，到不了别处的。侍从们都很佩服楚王的豁达与胸怀。孔子听闻此事后说，这句话如果去掉"楚"字就好了，不妨："人失之，人得之。"老子听说了孔子的评论后，也发表了看法。他说再去掉"人"字会更好，那样就是"失之，得之"，这样才符合天道。楚王、孔子和老子，对同一件事看法不同，可见他们的差异。[①]实际上，他们是基于不同的价值观念得出了不同观点。

如果一个社会或一个族群是由一元文化主导的，那么很多事就很容易达成共识，很容易做，因为人们的价值观比较相近。非洲的一些原始部落至今仍存有一些看似愚昧的做法，但整个族群无人反对，并认为这是族群特有的文化。一元文化虽然能形成向心力，但也会损害个人的自由发展，甚至会伤害一个人的天性。

多元文化的特征是人们的思想更自由，不同的人有不同的价值判断标准，但这会带来社会意见的不一致，甚至影响社会凝聚力和向心力。需要认清的一个事实是，社会已经来到多元文化交汇相融的阶段，多元价值观下的多元选择让社会变得更难治理，政府在面对这个课题时，答案很可能也是多元的。

需要明确的是，一个社会仅仅有多元价值观是不够的，还需要核心价值观的引领。我们现在倡导社会主义核心价值观，只要践行社会主义核心价值观，大家就会认同你的行为。

---

① 杨新元：《从楚王失弓说开去》，载《人民日报》2014年4月7日第8版。

当国家遭受外敌入侵时，辩称自己是人类主义者，谁来统治都一样，为了保全自己，拿国家核心利益做交换，卖国求荣，做汉奸，等到战争结束时，人民会审判你，你会背上汉奸的骂名。为什么呢？因为在民族国家作为主流政治实体的当代世界，如果离开了对国家核心利益的诉求，人类共同利益也会失去根基。人类的共同利益和国家的核心利益是辩证统一的关系，是共性和个性、普遍性和特殊性的关系，把握这一关系需要底线思维。那就是在倡导建立人类命运共同体的同时，强调与其他国家的合作是有底线的，那就是坚决维护自己的核心利益。如果缺失了这一点，不仅国家核心利益会受损，人类的共同利益也将无根本着落。

对于普通的社会成员来说，具备一些基本的价值观是底线，但对当代青年而言，则需要培养独特高尚的价值观。一个人拥有了高尚的价值观，做的事会让自己感到幸福，他的精神是强大的、丰富的，或许物质生活仍有不足，但他依然可以成为一个高尚的人。

今天社会上出现的很多问题，让人深感焦虑。导致这些问题的原因很多，其中一个重要的原因是，社会处在转型期，各种矛盾错综复杂，提出的主导价值观同时在经受市场经济的冲击。高尚被一些人认为不值一提，赚钱成了硬道理。当人们对高尚、正义不以为然时，对赚钱、利益尤为看重时，社会便有可能滑向粗鄙的边缘；当人们只关注经济利益时，正确的价值观就会被冲击得千疮百孔，违法犯罪、铤而走险成了稀松平常之事。各种低俗讨巧的文艺作品为追逐市场利益，博取眼球，开始无底线、无下限，并美其名曰"艺术自由""天性解放"。当卖馒头的不吃自己卖的馒头，卖水果的不吃自己卖的水果，社会将多么可怕。用法律来规范市场经济没错，问题是法律不像空气，也不像流水，可以无缝不至，总有法律规制不到的地方，总有盲点出现，而这些区域恰恰需要道德来修补，需要世人的敬畏之心去填充。

一个人不要老想着钻社会的空子，如果凭钻空子赚了很多钱，又能如何？想想自己并不高尚的行为，能幸福吗？想想自己有一天可能东窗事发，甚至有牢狱之灾，那种提心吊胆、彻夜难眠的心境真的是钱可以补偿的吗？党的十八大以来，迫于强力反腐的高压态势，一些被抓的或是主动投案自首的腐败分子坦言，自从把事情向组织交代清楚后，自己终于可以安心睡个好觉了。

价值标杆：社会主义核心价值观

回望历史，是为了更好地认识现在和未来。人是需要一点精神的，缺失了精神的人，缺失了道德底线的人，物质财富尽管富足，又有何用？

事物是永恒发展的，人类社会也是如此。在各种价值观念乱云飞渡之时，我们更需要社会主义核心价值观的指引。党的十八大以来，社会主义核心价值观既体现了社会主义的本质要求，继承了中华优秀传统文化，也吸收了世界文明的有益成果，体现了时代精神。

一个人的价值观只有和国家、社会主导的价值观结合起来，才能更好地为国家做贡献,才能成为国家脊梁的组成部分;一个人只有将个人的梦想和国家的梦想结合起来,才能更好地实现个人价值。马克思在青年时代说:"历史承认那些为共同目标劳动因而自己变得高尚的人是伟大人物;经验赞美那些为大多数人带来幸福的人是最幸福的人。"[1]钱学森、邓稼先、于敏等为国家民族做出重大贡献的人,在任何时代都将受到尊敬和爱戴。一个人做到这些,他的一生必将是和国家、民族同奋斗共担当的一生,他的伟业也必将为国家和民族永远铭记。

那么,谁来担负起这个价值观呢?这就离不开人文社会学科,因为科学给人们提供的是对事物真理性的认识。价值观不同于科学,它有多重标准,人文社会学科中有些内容不一定是真的,但是对个人或集体却是善的;科学中的东西都是真的,但却不一定是善的,所以人们要用人文的善去指引科学的真。科学的发展一旦失去引导,就容易给人来带来灾祸,且不说用于战争的武器装备,就是和平时期,一旦突破了底线,也会带来伦理道德的冲突,与人类社会倡导的价值导向相悖。比如,轰动一时的南方科技大学副教授贺建奎,私自组织包括境外人员参加的项目团队,蓄意逃避监管,使用安全性、有效性不确切的技术,实施国家明令禁止的以生殖为目的的人类胚胎基因编辑活动,致使2人怀孕,先后生下3名基因编辑婴儿,严重违背伦理道德和科研诚信。最终,贺建奎被依法判处有期徒刑。

---

[1] 《马克思恩格斯全集》第40卷,人民出版社1982年版,第7页。

如果一个社会没有人文社会科学树立道德标杆，社会将为利益所驱动，从而陷入混乱。同时，如果人文社会学科自身乱了，人的思想也会随之而乱，不知道如何选择人生准则，或者说，人生的价值准则将会被利益捆绑。这种风气如果刮向学校，教师思想就会乱，忙着抢项目、挣钱，学生自然就跟着乱了。如果一个国家靠分配权力或利益来驱动学者研究的积极性，通过这种选拔机制选拔出来的至少是非常功利的人，也不乏为了得到功利而弄虚作假的人。

轰动一时的日本青年科学家小保方晴子，2014年1月在《自然》杂志发表了关于一种"万能细胞"的论文，在同行提出质疑后，自己无法在有监督的条件下重复实验。最终，她供职的日本理化学研究所在当年12月宣布否定其论文结果。① 云南民族大学校长彭金辉曾把"急于发文章、急于拿学位、急于出著作、急于评职称、急于拿奖项、急于当导师"的现象称为："将十年磨一剑"的执着与艰辛变成"一年磨几把小刀"的短期速成。②

一种好的管理不是让很多没有真本事做研究的人急着做研究，而是让有真实力真本事的人专心致志做学问，这样才有机会培养出大学问家。现在的乱象之一是，评价的压力使许多学校利用一切关系争取科研项目和经费。如果社会上面子工程搞得好的

---

① 转引自《韩春雨论文遭质疑，各方如何评说》，载《新华每日电讯》2016年8月3日第4版。

② 《"过度评价"触发科研不端行为》，载《中国青年报》2014年5月26日第1版。

人活得好，开后门走关系的人过得好，而坐冷板凳的人想做不给条件，生存不下来，就不可能有大师，因为把大师产生的土壤给铲掉了。严重一点，甚至连优秀的科学家都无法存在。

北京大学教授饶毅指出："以前大学生普遍因为道德和面子而有所顾忌，现在的不少毕业生普遍追求利益而不顾颜面，道德更只是对其他人的要求。申请经费从少数人打招呼到普遍打招呼，不打招呼被理解为不尊重评委，一个年纪轻轻的人可以因为积极搞关系而连续几年影响部委的经费，这些都是以前不可想象的。"①

当今社会，学术大师寥若晨星，而如李一、张悟本、王林等"江湖大师"却"人才"辈出，不能不说是一种讽刺。所以，好的管理要为人才的脱颖而出开辟通道，让人才在好的环境里发挥个人最大能力。数学家丘成桐访问酒泉卫星发射中心和国防科技大学，得知科研人员心无旁骛数十年如一日地搞科学研究，很受触动，问当地领导是如何将这些人才汇聚到一起的，领导回答的第一条是我们为科研人员提供足够好的待遇，让他们心无旁骛专心搞科研，为国家做贡献。可以想见，除了好的待遇，单位一定有好的科研文化。因为科学具有两重性——科研的成果是生产力，是第一生产力；科研的土壤是文化，是先进文化。作为生产力，科学是有用的；作为文化，科学是有趣的。两者互为条件，一旦失衡就会产生偏差。假如科学家不考虑社会需求，只知道自娱自乐，科技创新必然萎缩；相反，失去文化滋养、缺乏探索驱

---

① 转引自《中国科技进步赢得世界点赞，该怎么看》，载《新华每日电讯》2016年8月3日第6版。

动的科学研究，只能做一些技术改良，难以有创新突破。

　　当社会上很多人钻进钱眼出不来的时候，你却能定住自己，做自己喜欢、擅长的事情，静心修炼内功，那多么了不起啊。一个人有钱了，如果没有高尚的价值追求，也只是土豪而已。近年来，社会上有这样一群土豪：到国外买LV包像买白菜一样，迎娶新娘把百元大钞卷成"羊肉卷"，年终分红用数百斤现金垒成"钱墙"……这一系列作为的鲜明特点便是"有钱、有钱、有钱"。107岁的邵逸夫去世时，不少人认为，土豪们是不是应当从邵六叔身上学习点兼善天下的情怀和扶危济困的善举。[①]2016年，清华大学教授赵家和过世四年后，他勤俭节约、资助学生的故事才公开，一件毛衣穿十几年，却捐出1500多万元救助2204名贫寒学子，癌症晚期却舍不得用进口药。

　　拥有的金钱只够自己生活却不在乎钱，且能够为更加崇高的目标去奋斗，这是真高尚，是真了不起。一个人接受完学校的正规教育是要走向社会的，要成为社会劳动者群体中的一员，在满足个人需求的同时为社会做贡献。古人讲："为世忧乐者，君子之志也；不为世忧乐者，小人之志也。"由此来看，立志勤奋学习不完全是为了自己在学习，所学的知识、技能必须和社会的需要统一起来，这样个人的价值才会更大。然而，与知识、技能的学习相比，个人价值观的选择更为重要。要将个人的价值观和社会主义核心价值观统一起来，这样的人在社会中才能获得尊重、

---

① 李拯：《"土豪"拷问社会价值》，载《人民日报》2014年1月21日第4版。

获得认可。

一个实践经验丰富、经历过很多事情的人通常有一套丰富、完整和确定的价值观，因为他曾经面临过很多选择，经受了不同情况的考验。为此，当他再次面对选择时，就会显得游刃有余。大多数人在面对选择时会纠结，甚至当别人问到一件事的时候，比如加入学生社团，他会说："我再想想。"该做决定了，别人一句"你可别后悔啊"会让他更犹豫，这就是没有阅历，价值观不够明确，面对事情难以抉择。因此，我们需要不停地实践，不停地提升认识，让自己从感性走向理性，从生涩走向成熟。人通过历练，才能成熟。世事洞明皆学问，成熟的标志是一个人形成了更多的理性认识。

价值观教会人如何选择，但是如何去实现自己的选择呢？还得具有选择的本事，是到政府当公务员还是到公司当职员？前提是得具备两方面的本事。那么本事如何而来呢？需要不断地学习知识和技能来充实自己，提高自己的本事。只有真知才是最可用的、最可宝贵的。

第七章 人类社会发展的规律性

第七章　人类社会发展的规律性

人类社会的发展到底是客观的，还是主观的？人类社会的发展有规律吗？毕竟，人类社会的发展不像自然界的变化规律那样，给人呈现出直观的状态。恩格斯说，正像达尔文发现了有机界的规律一样，马克思发现了人类历史的发展规律，这是马克思重要的伟大发现之一。如果人类社会的发展没有规律可言，是杂乱无章的，那么，我们又怎么能够得出原始社会、奴隶社会、封建社会、资本主义社会、社会主义社会等不同社会制度的历史演进过程呢？如果我们生活在一个毫无规律可言的社会状态中，人类未来的社会理想又该在哪里呢？人类又该依靠什么去追寻美好的未来呢？如此一来，上帝不就必然要现身了吗？因为马克思发现了人类社会的发展规律，指出了人类社会的演进之路，所以，人类通过自身奋斗完全可以追求到美好的未来。

第一节　社会存在与社会意识

人类社会发展的客观规律告诉我们，人类社会的发展不以人的主观意志为转移，因此我们无法做到想要什么样的社会就有什么样的社会，就如同一个人无法选择自己的出身和家庭背景一样。老子期待回归到小国寡民、鸡犬之声相闻老死不相往来的社会。袁世凯,这个曾经被梁启超、孙中山、李大钊都赞许过的总统人选,却偏偏想着回到封建帝制当洪宪皇帝,结果,当了103天皇帝,退位73天后就忧惧而死。这些都说明,通常情况下,如果要选择自己想要的社会,首先要尊重社会发展的规律。

生存与劳动:人类社会的特征

人类社会是物质运动的最高形态,是人们在特定的物质生产资料基础上相互交往而形成的各种关系的有机系统。人为了满足自身的需要而集聚、交往,随着交往的不断扩大,人类社会便形成了。

作为一个有机整体的人类社会具备哪些特征呢?

其一,解决人类自身生存的物质条件是其首要要件。人类社会的整体是由个人构成的,每个人拥有的物质躯体,可以风餐露宿,但不能不吃不喝,所以首先要解决生存和发展的物质基础问题,也就是要解决好吃穿住行的问题。人只有活着才能够谋划其他事情,所以人类社会必须把物质生产放在首位。

其二,只有通过劳动才能够获取生活资料。地球是目前发现的唯一适合人类生存的星球,但它并不直接给人类提供舒适的物质生活资料,所以人类必须劳动,通过劳动创造出满足自我生存的生活资料,这就是生产劳动的意义。生产劳动的发达程度决定着其满足人类生存需要的程度。因此,一个社会,物质生活条件的高低取决于其生产方式和生产力水平。很多人希望自己长寿,原因之一便是在一个社会的一定阶段不可能看到所有的东西,有的东西要等到社会发展到一定阶段才能产生，人们希望通过延长寿命看到人类创造出更多、更丰富的产品。

其三，劳动需要有序进行。劳动创造人类社会，但不能无序进行，无序进行的劳动导致的混乱是难以想象的。如果没有有序的生产劳动，人类社会就不可能有分工，没有分工，人类就不可能创造出如此先进的生产力和如此众多的社会财富，人类或许还停留在茹毛饮血的原始社会。当然，生产劳动总体上的有序安排，并不排除个别生产劳动的无序进行。同样，不同社会状态下，生产劳动秩序的安排也不尽相同，会受到文化传统、习惯势力的影响，都有自己的特点，有的科学，有的未必科学，有的可以学习借鉴，有的却无法简单照搬。比如，在德国，准时非常重要，如果约定好是7点，那就在7点出现，早到和迟到都是不礼貌的；墨西哥的时间观念通常不强，比如约定好晚上8点开会，迟到一两个小时是常态。

其四，人类需要集体、团队的力量。人类最初面对强大的自然时，充满了孤单、恐惧，只有拧成一股绳，团结起来，依靠集体的力量才能够抗拒自然，这就是集体力量的伟大之处。人是社会动物，需要抱团，需要合群，一个人再强大，也斗不过丛林的猛兽，但团结起来，却统治了整个自然界。这便是集体的力量。人需要集体，渴望集体，但形成的不同群体又在为各自的利益互相斗争，这便是集体力量带来的异化。不同群体所拥有的发展资源、发展能力不同，造成了互相之间的斗争，这种异化的力量在某种程度上使人类更加关注局部的利益，而忽略了人类整体的利益。

时至今日，当人类变得强大、不再畏惧自然的时候，又开始消解集体的力量，崇尚自由，追求自我，有意无意地忽略集体曾经带给人类的无可比拟的力量。人类面临的另一个难题是，如何在追求个人自由和维护集体力量之间找寻平衡，既能够拥有个人的自由，又能够感受到集体的无穷力量和团结友爱的温暖。

社会存在：社会物质生活条件的总和

社会存在是指社会物质生活条件的总和。社会物质生活条件指的是人类社会的物质生活赖以存在和发展的物质要素的总和。社会是由人类的物质交往活动形成的，因此，社会存在便是各种物质生活条件的汇总了。

社会存在主要包括地理环境、人口因素和生产方式，其中生产方式对社会的发展起着决定作用。以色列，这个国土面积不大且一半为沙漠所覆盖的国家，是中东地区经济发展水平最高的现代化国家。日本，这个70%的国土面积为山地、地震频发、自然资源匮乏的国家，经济体量一直位居世界前列，是典型的发达国家。一国之发展，不全在于自然禀赋，核心在于生产方式。

当然，一方水土养育一方人，地理环境虽然对一国社会发展的影响不是主要的，但其对一国国民的总体气质影响至深。比如日本，由于多火山地震，且国土面积小，危机感就很强；韩国，由于位居朝鲜半岛南端，地域狭小，还要应对中北亚的复杂局势，这致使其民族整体心态较为焦虑。小的国家民族成分如果比较单一，价值观统一，思维方式类似，就有凝聚力，强大的时候就容易搞扩张。国土面积大的国家，民族成分多的国家，思维方式也比较多元，无端干涉其他国家的动机就不强，如果不是正义的事，也难以团结民众。可是，如果是受到侵略，国民的凝聚力会比平时更强大。

人口因素无疑是影响一国之发展的重要因素。人口因素指的是构成人类社会的有生命的个人的综合，主要包括人口数量、质量、构成、发展、分布和迁移等。人口数量庞大，人均占有资源会下降，就有资源欠缺的危机感；人口数量不足，国家、民族会难以为继，同样令人忧虑。俄罗斯在步入21世纪初时，人口锐减，后来采取多种措施，才在十多年里实现了20万的人口增长，这被总统普京认为是俄罗斯主要的成绩之一。俄罗斯鼓励生育，倡导一对夫妇生育3个孩子，甚至将法定结婚年龄一降再降，最后降至14岁。考虑到我国人口老龄化进程，我们也调整了计划生育政策，推出了一对夫妻可以生育3个子女的政策。

当然，公民的健康素质不够，生活质量和水平不仅不高，社会也负担沉重。14世纪中叶，欧洲鼠疫肆虐，英伦三岛和爱尔兰损失了超过40%的人口，欧洲经过百年才从这场危机中摆脱出来。20世纪90年代，艾滋病在一些非洲国家不断蔓延，不但夺去无数生命，也延缓了经济社会发展的步伐。

人口质量主要表现在公民的文化水平上，一个以文盲占主要人口比例的国家是无法从事高智商创造性活动的。道德水平的提升对一个国家的人口素质而言同样重要。人口素质重在教育。美国实施12年义务教育，不同的大学层次使大学的录取率接近

100%，而高度发达的教育支撑着美国一直处于世界一流的科研、学术、创新中心。

就中国而言，由于经济实力、具体国情的限制，还不能够完全实现12年义务教育，大学录取率保持在74%左右。中国显然已经成为世界上的人力资源大国，下一步要做的是从人力资源大国变成人力资源强国。

根据国家统计局发布的第七次全国人口普查数据来看，全国具有大学文化程度的人口达到21836万人，平均每7人就有1人读过大学。这一数量比巴西的人口多近1000万，比俄罗斯的人口多6000多万，比日本的人口多9000多万，是韩国人口的4倍多。2020年，中国科协发布的报告显示，中国科技人力资源总数（2018）达10154.5万人，规模继续保持世界第一。但是，在2021年发布的国家创新指数排行榜（2020）上，中国位列第14位，前四位分别是美国、日本、瑞士和韩国。规模和位次并不匹配，表明我国急需进一步加强理论创新、制度创新、科技创新和文化创新方面的研究与实践。

社会意识：人脑对社会存在的反映

社会意识不是凭空产生的，它是人脑对社会存在的反映。但是人的大脑本身不产生东西，如果要产生，如果形成了社会意识，那只能是对社会存在的反映。社会存在决定每个人的个人需求，而个人需求又会影响个人观念，个人观念的整合便是意识体系。那么，可以得出社会存在决定社会意识的结论。

第七章　人类社会发展的规律性

唯心主义者认为，社会意识（人们的思想、理论、信念）或"绝对观念"、神等是社会发展的基础、动力。马克思把辩证唯物主义推广到社会现象的领域，确定了社会存在决定社会意识，这是一个极其伟大的发现。[①]如果在社会领域能够证明社会存在决定社会意识，那么唯心主义者提出的"绝对观念"、神都将不是人类社会的创造者，神也将无法立足。

马克思指出，推动社会发展的动力是社会的基本矛盾，因为事物内部的矛盾是推动事物发展的动力，人类社会同样如此。将辩证唯物主义引入社会领域，神不再是推动社会发展的动力，神的存在也就失去了依据。

人们对社会存在的反映受制于一定的社会历史阶段。当社会处于一定发展阶段时，人们能够反映的也只能是所处阶段的现象，不可能反映超越阶段的现象。

明清之际，科举考试达到顶峰，凡考必为八股模式，完全脱离现实生活，根本无法培养人的实际能力，梁启超痛斥道："民之愚，国之弱，皆由于此。"当时文人士大夫的社会意识只能是对当时社会存在的反映，他们不可能想象到今天的考试状态，即便是个别有识之士能够预测未来社会考试制度会更宽松，考察面会更广，但一定没法知道我们今天要通过高考，并且是时而大综合，时而文理分科，也更不大可能预测到我们会考外语。

当然，这并不是说，人们在面对未来社会时是盲目的、无能

---

① 罗森塔尔、尤金编：《简明哲学词典》，中共中央马克思恩格斯列宁斯大林著作编译局译，生活·读书·新知三联书店1973年版，第283页。

为力的。通过认识、把握社会存在的本质和社会发展规律，人们可以预测未来社会在满足什么样的条件时便能够实现，但是无法也没有必要去描绘未来社会的具体形象。

我们通过认识当下社会，可以预见共产主义社会在具备什么样的生产力发展条件时才能实现，至于共产主义社会到底是什么样子，今天的人做的具体描述都只能是想象。正像1000多年前的人无法预测21世纪的人的生活状态是什么样子的一样。

社会的复杂性造成了不同的人具有不同的社会意识。社会的光怪陆离会让人们有时只能看到事物的现象，而看不到现象背后的本质。要突破这一瓶颈，需要个人具备较好的分析能力。分析能力不同，形成的看法就会不同。分析的过程同样复杂，况且不同的人由于立场、知识储备、认识水平的不同，面对同样的问题有时会得出完全不同的结论。横看成岭侧成峰，远近高低各不同。比如，就当前中国经济发展出现的问题，不同的经济学家、不同的流派视角不同，有时甚至基于同一现象也会得出完全相反的结论。又如，当前一线城市的高房价，有人认为政府应当出手，控制房价上涨过快；有人则认为，房价应由市场来调节，它属于市场中的微观经济成分，政府不应干涉。

北宋文学家曾巩在《寄欧阳舍人书》中这样写道："而人之行，有情善而迹非，有意奸而外淑，有善恶相悬而不可以实指，有实大于名，有名侈于实。"人总是复杂的，有人心地善良却行为失当，有人心怀不轨却外表端庄，自然也有人实大于名，有人名不副实。所以，学会识人，不仅要听其言，还要观其行。

一个单位里，领导和普通职员看到的、思考的也会不一样，因为二者的社会存在不一样。这也致使在某些情况下，职员对领导层的决策会有异议，私下会议论领导决策的是非。为什么会如此呢？原因是，通常情况下，领导层由于处于高位，决定着他看到的东西要比职员多，思考的问题要比职员深，形成的结论、做出的决策可能是综合考虑多方因素的结果，而由于上下沟通不畅，可能会导致职员的不理解。

因此，在公司内部，上级的决策要对下级有一个很好的解释，沟通要顺畅、不要堵；下级的意见、第一手资料要有向上反映的途径，打通由下到上的反馈路径，便于上级不断丰富自己的社会存在，从而做出更好的决策。这自然也启发领导层要尽可能做好调研工作，掌握足够多的材料，确保决策的科学。

别样的人生：不同的社会存在

社会存在决定社会意识，有着同样社会存在的人，往往会拥有相近的社会意识，由于拥有近似的生活、知识背景，在一起沟通就会更顺畅。比如，来自相似家庭背景的学生，共同话题就会比来自不同家庭背景的学生要多些。有时，男女生处朋友，女方会说，你不懂我，可能是两个人的社会存在有太多的不一致，沟通起来比较麻烦，容易闹矛盾。所以，老百姓讲门当户对是有一定道理的。通常情况下，两个门当户对的人在一起，社会存在比较相像，沟通起来就比较容易。这不是说门不当户不对的两个人就不能在一起，如果两个人的价值观比较相像，只要沟通起来不存在大的障碍，也是应该得到肯定和祝福的。

　　生活增加人生阅历，丰富的社会存在让人变得高明。但是，不是所有经历丰富的人，都拥有深刻的生命体验。有些人看似拥有丰富的人生经历，可一聊天才发现他头脑简单，缺乏内涵，除了吃喝玩乐，再没有其他深刻的内容。这是因为，他在自己的社会存在中从来都是轻轻飘过，从未踏踏实实、扎扎实实地生活。丰富的社会意识不是社会存在在人脑中的自动呈现，它必须经过加工才能生成，加工的过程便是思考总结的过程。所以，有的人会通过记日记或者周记，将人生不同阶段的社会存在进行加工整理，形成自己独特的、丰厚的社会意识。

　　成功的人生大都走过坎坷的道路。听成功人士讲故事，不是听他是怎么成功的，而是听他成功的路上遇到过什么困难以及如何克服困难的。坎坷的人生经历，以及通过克服困难走向人生豪迈的过程，这些难得的人生体验都是宝贵的社会意识。可见，宝贵的社会意识都是从艰难的社会存在中经过思考总结得来的。

　　人的社会意识可以是个体性的、群体性的或社会性的。一个人的意识太超前，虽然也是社会意识，但别人理解不了，讲出来，别人也不信，显现出很强的个体性。如果他把这些意识用书或画呈现出来，多年后，当社会发展到人们普遍能够意识到他体悟到的社会意识时，这时他的社会意识的社会性就被认同了。曹雪芹呕心沥血写就《红楼梦》，披阅十载，增删五次，如此巨大的努力却连家人都无法养活，而今天又有多少人靠一部《红楼梦》养活自己呢？一个新的社会领跑者，思想超越时代，他要公开自己的理论或许会受到很多打击，有些人出于自身利益考量打击他，有些人因为不了解而打击他，所以伟大的人要有坚韧不拔的毅力，要耐得住人生的挫折。

意识的反作用：思想落伍最危险

科举是中国封建时代一种重要的选人用人制度，它是封建时代的政治精英们维护自我统治的一种意识形态体现。考试自古以来就是指挥棒，考试的内容显然是封建统治者自我意识形态的呈现。当然，凡事都有两面性，科举并不全是坏处。科举在一定的历史时期表现出了一定的先进性，在将近1300年的科举历程中，我国有96项重要科技成就，平均不到13年就产生1项。但其落后性也比较明显，1521年即明朝中后期开始到清末的近400年间，重要科技成就只有11项，平均36年才有1项科技成就问世。而从传教士利玛窦1602年传入西学到1905年我国废除科举制，其间产生的重要科学成就只有5项。而17世纪，欧洲出现了诸如牛顿、哥白尼、伽利略、培根、洛克、笛卡尔、斯宾诺赛、莱布尼茨等科学巨人或思想家。

闭关锁国导致的封闭僵化思想对社会发展的阻碍作用是显而易见的。1636年清朝建立以降，我国重要的科技成就仅有3项。这表明，有清一朝的270多年间，平均90年才产生有1项科技成就。与西方相比，落后是不言而明的。欧洲的18世纪已是工业革命的世纪，已经是"科学知识型基本确立和不断扩展的世纪"。到19世纪末，不仅细胞学、生物进化论、能量守恒定律、电磁学等现代科学成就层出不穷并开始转化为新的技术和生产力，而且如社会学、政治学、历史学、经济学、人类学、教育学等，也先后采用自然科学的研究范式建立起基本的科学研究方法。①

道不可坐论，事不能空谈。中国为什么会落后呢？有研究表明，康熙曾经对西方科学技术很有兴趣，请西方传教士给自己讲西学，内容包括天文学、数学、地理学、动物学、解剖学、音乐、哲学等，光听讲解天文学的书就有100多本。这个时期大概是1670年到1682年，连续两年五个月不间断学习西学。时间不谓不早，学习内容不谓不多，但问题是当时虽然有人对西学感兴趣，也学了不少，所学却没有对经济社会发展起到多大作用，大多是坐而论道、禁中清谈。

再以康熙主持传教士编纂的《皇舆全览图》为例，从1708年开始，历时10年之功绘制而成，走在了世界前列。但是，这样一个重要成果长期被作为密件收藏于内府，社会上根本看不见，没对经济社会发展起作用。反倒是参加测绘的西方传教士把资料带回西方整理发表，使西方人在相当长一个时期内对中国地理的了解超过了中国人。②思想会反作用于存在，思想不解放，再好的科学技术不与社会发展相结合，被当作奇技淫巧，就不可能对社会发展起作用。

---

① 谢广山：《中国古代知识形态及其近代转型》，载《前沿》2011年第18期。

② 《习近平谈治国理政》，外文出版社2014年版，第125页。

真话与假话：说真话与真话不全说

人是社会动物，社会存在的复杂必将导致人存在的复杂。一个人要讲实话，要实事求是，本身没有错，但绝不意味着一个人见到什么就说什么，口无遮拦。但我们也不能据此滑入另一个极端，总讲好听的话。巴金曾说，好听的话越讲越多，一旦过了头就不可收拾，一旦成了习惯就上了瘾，不说空话反而日子难过。有人曾总结，为人说话要做到"说的都是真话，但真话不全说"。每个人所处的环境都不一样，有些话是不能说的，即使你说出来了，别人也不一定理解，或者说的话把人都给得罪了。

社会存在是不断变化的，每个人所处的社会存在会随着时代的变化发生变动。不同的人生阶段往往会产生不同的认识水平。比较遗憾的是，人生没有彩排，不能够从头来过，无论是做得好还是不好，过去就过去了。"往者不可谏，来者犹可追"，人生没有后悔药，因此要向前看，瞄准未来去努力奋斗。当然并不是说，人不应该回望历史，而是应该学会在回望历史、总结反思中，不忘初心，继续前进。

一个人必须对自己的一切行为负责，当你对自己采取负责任的态度时，就会向前看，看自己能做什么。如果一个人依赖心强，就会往后看，容易盯着过去发生的、已经无法改变的事实长吁短叹。一个读了普通大学的人，可能想如果自己高中阶段再努力一把该多好；一个起初认为外语并不重要的人，为了追求高薪或升职，会突然发现外语真的很重要。意识到问题，就抓紧时间，在当下努力，而不是沉湎于过去，被内疚和后悔套住内心，拴住脚步。

一个人要有敢讲真话的勇气和听得进真话的雅量。革命战争年代，粟裕很多次和毛泽东的意见不一致，但后来都证明他是对的。苏中"七战七捷"如此，淮海战役也是如此。粟裕的可贵之处在于，心里有什么不同意见就讲出来，为了革命事业无私无畏，将个人得失置之度外，这就是一种大胸怀。面对中央的重大决策，粟裕曾三次斗胆直陈，毛泽东胸怀更大，几乎全部采纳了他的意见。相反，蒋介石就少有听真话的雅量，官员也少有讲真话的勇气。1949年，蒋介石败退台湾前，李宗仁才敢对蒋介石说真话，"因为国事已至不可收拾地步，不得不畅所欲言"。

智者：社会的引领者

通常一个人幼年的时候，很难发现家人、老师教给自己的知识是重要的。如果看到一个人口吐华章、文质彬彬、气质儒雅，你会羡慕他求学阶段背诵了很多诗文，可自己在那个阶段可能并没有认识到背诵对自己的发展有什么重要性。

年幼时，个人的社会存在太简单，简单到更愿意玩乐，对有难度的事情天生不愿意尝试，因而会认识不到一些事情的重要性。这就是为什么必须对孩子施加教育，该从严管理的时候必须从严管理，这样会避免等他长大了，各方面条件不具备了却后悔莫及。另外，我们为了让孩子在小时候学得好一些，得让他信任一个老师，如果他信任老师，那么老师的教学会变得相对容易。

个人如此，国家同样如此。国家是需要领袖带领整个国民爬"山"的，领袖能让人产生信任感，人们信任他，就会跟着他爬"山"。如果一个人谁都不信，就不会耐心爬"山"了，于是只能在山脚徘徊。一个只会在山脚欣赏风景的人，很难说是视野开阔的人；一个只能待在山脚的民族，注定是没有前途的民族。

榜样是看得见的哲理，是引领时代前进的标杆和旗帜。时代需要榜样，需要楷模，但不能将榜样、楷模神化。所以一个智慧的人，即使很多方面都很优秀，也要看到自己只是某方面优秀而已，不能因为一方面的优秀就成为一种高不可攀的存在。现在，某些地方的宣传没有分寸，好人好事，宣传过头，生生给捧杀了。而问题的另一面是，个别媒体对一些负面新闻紧追不舍，本来没多大事，生生给渲染坏了。

第二节 生产力与生产关系

生产力和生产关系矛盾运动的规律是人类社会发展的基本规律。自然界不会自动地满足人类生产生活的需要，人类要生存下去，就必须通过自己的劳动解决好衣食住行问题，也就是解决好物质生活资料的问题。因此，人类的第一个历史活动就是生产出物质生活资料，所以生产力的概念就明确了。生产力是人类在生产实践过程中形成的改造和影响自然并使其适合社会需要的物质力量，也可以表述为，生产力是在物质资料生产过程中形成的人与自然的关系。

人才：生产力的第一资源

生产力主要是反映人与自然的关系，从其要素划分来看，可分为劳动资料、劳动对象、劳动者。劳动资料即劳动手段，用什么样的生产工具进行生产，这是区分不同社会发展阶段的一项重要依据。历史上用铁锹挖土和当今用挖掘机挖土，表面看都是在挖土，实际上，由于生产工具的不同，铁锹和挖掘机折射的是两个截然不同的社会时代。

劳动对象和人们的认识能力是相关的。正如生活中，并不是每一种事物都可以纳入人的认识客体，关键取决于人的认识能力和认识水平。在专家看来，很多事物可能都是宝贝，而在普通人看来，只不过是泛泛之物而已。黑格尔认为，如果一个人没有相应的概念，经验的对象就是存在着的无——它存在着，但对没有相应知识的人来说却是无。例如，虽然X光片或心电图客观地存在着，但对于没有医学知识的人而言，就是存在着的无，无法构成认识的客体。恰如马克思所说："只有音乐才激起人的音乐感；对于没有音乐感的耳朵来说，最美的音乐也毫无意义，不是对象"[1]。

劳动对象其实从一个侧面反映和体现着社会生产力的发展水平。地球经过几亿年的演化，地下埋藏了丰富的煤炭、石油、天

---

[1] 《马克思恩格斯文集》第1卷，人民出版社2009年版，第191页。

然气等资源，这些资源能够大规模地作为人们的劳动对象也只是在近代资本主义生产方式确立后。实际上，古代的人同样需要这些资源，同样渴望清洁的能源、持久的照明、舒适的生活，但由于生产力发展水平的限制，自然也就不具备大规模开发的能力，资源并没有成为他们的劳动对象。近年来，随着科技水平的提高，人们发现了一种页岩气，即蕴藏于页岩层可供开采的天然气资源。页岩气从不成为人的劳动对象变为人的劳动对象，科技的推动力量发挥了至关重要的作用，而页岩气在多大程度上实现大规模的开发利用，进而缓解能源紧张的局面，同样要看科技的突破程度。

劳动者是重要的人力资源，人才始终是第一资源。"致天下之治者在人才"，人才是衡量一个国家综合国力的重要指标。晚清时期，清朝统治已是风雨飘摇，首批睁眼看世界的洋务派已经看到人才的重要性，张之洞认为：中国不贫于财，而贫于人才；人才日多，国势日盛；非育才不能图存，非兴学不能育才。[1]为培养人才，洋务派开办了很多新学，毕业的学生甚至可以不通过科举，直接授予官职。

当今时代，国家间的综合国力竞争日趋激烈，说到底还是人才的竞争，人才资源作为经济社会发展第一资源的特征和作用更加明显，已经成为综合国力竞争的核心。"育才造士，为国之本"，谁能培养和吸引更多优秀人才，谁就能在竞争中占据优

---

[1] 张之洞、刘坤一：《筹议变通政治人才为先折》，见舒新城编：《中国近代史教育资料》上册，人民教育出版社1961年版，第47页。

势。①古往今来，这个道理始终未变。发现人才，培养人才，用好人才，这是人才工作的一个逻辑闭环。习近平总书记在2021年9月召开的中央人才工作会议上强调，要信任人才，尊重人才，善待人才，包容人才。历史上，韩信在项羽帐下只是个执戟郎，也就是门口警卫人员；善于识人用人的萧何"月下追韩信"，人才都汇聚到刘邦帐下，焉有不胜之理。

当今世界，人才的竞争已趋白热化，世界各国都在极力抢夺人才。美国把人才列为比美元、军事更加重要的国家核心战略。2021年6月，美国推出《2021年美国创新和竞争法案》，发布国家创新战略，通过实施移民新政等举措，抢占人才竞争的制高点，宣称"为美国未来100年的领导地位奠定基础"。随着我国综合国力的提升，海外留学归国人才的比例在不断提升，教育部公布的数据显示：1978年至2019年，各类出国留学人员累计达656.06万人，其中165.62万人正在国外进行相关阶段的学习或研究；490.44万人已完成学业，423.17万人在完成学业后选择回国发展，占已完成学业群体的86.28%。②能够留住高水平人才，建立一支宏大的高素质人才队伍，这是我们推动创新驱动发展战略。因此，中央发出了"广开进贤之路，广纳天下英才"的号召，强调要"充分开发利用国内国际人才资源，积极引进和用好海外人才"。

---

① 习近平：《在欧美同学会成立100周年庆祝大会上的讲话》，载《人民日报》2013年10月21日第2版。

② www.moe.gov.cn/jyb_xwfb/gzdt_gzdt/s5987/202012/t20201214_505447.html.

100多年前,作为近代中国开眼看世界的第一人,魏源发出这样的感慨:"人才者,求之则愈出,置之则愈匮。"应该看到,每个时代有每个时代的人才,觉得某个时代人才匮乏,原因不在于没有人才,而在于缺乏让人才脱颖而出的制度设计,缺乏善于挖掘、培养人才的意识。当代中国,面对激烈的国际竞争,必须树立强烈的人才意识,创造良好的环境,真正实现习近平总书记在中央人才工作会议上所强调的,不要求全责备,不要论资排辈,不要用一把尺子衡量,让有真才实学的人才英雄有用武之地。[1]

上海大剧院建造得很有特点,白色弧形拱顶和具有光感的玻璃幕墙有机结合,在灯光的烘托下,宛如水晶宫殿。剧院外墙的玻璃帷幕是由德国人负责安装的,每一块玻璃的角度都不一样。有一次,一块玻璃坏了,国内竟然找不到维修的工人。后来请德国专家来,两天工夫拆下来再装上去,因为它们之间是互相咬合的,不同的角度慢慢往上走,拆一个就得把周围其他的一个一个拆,而且得有顺序,要不然根本装不上去。这些德国专家都是技师,而中国缺乏的便是这种高素质技工型人才。

另一个德语系的主要国家——瑞士,职业教育非常发达。瑞士的青少年初中毕业后,2/3会选择职业教育,整个社会不崇尚盲目追求高学历,青年中有普通大学文凭的仅为20%。正是有着扎实的职业教育,瑞士这个土地面积仅相当于两个重庆、人口不及北京一半、自然资源匮乏的国家,却创造出了人均GDP超过8万美

---

[1]《习近平在中央人才工作会议上强调:深入实施新时代人才强国战略 加快建设世界重要人才中心和创新高地》,载《人民日报》2021年9月29日第1版。

元、连续8年被评为全球最具竞争力的国家。这主要归功于高附加值的"瑞士制造"。瑞士没有一块铁矿石,却生产出了有超高附加值的瑞士军刀、瑞士手表;没有一株可可树,瑞士的雀巢巧克力却香飘世界。①

但遗憾的是,一段时间以来,我国不少年轻人宁愿选择送外卖送快递,也不愿踏踏实实学一门技术,这也造成技能人才特别是高技能人才急剧短缺,已经影响我们从"中国制造"迈向"中国智造""中国创造"的进程。因此,我们必须采取多种举措,培养、锻造更多"能工巧匠""大国工匠"。没有一大批高素质的技工型人才,我国的装备制造业是不可能实现根本突破的。

科学技术:第一生产力

劳动资料、劳动对象、劳动者被认为是生产力的基本要件,马克思主义对生产力的认识可归纳为:生产力=劳动者+生产工具+劳动对象。不过,随着时代的推移,科技在生产力中的重要性越来越明显。1988年,邓小平根据当时科技发展的趋势和现状,在会见捷克斯洛伐克总统胡萨克时提出了"科学技术是第一生产力"的理念。这个论断含义深刻,"第一"强调了科技的战略地位,表明了对科技的尊重、对知识的尊重;"生产力"强调科技与生产应紧密结合,现在结合得还不够,很多成果还仅仅停留在实验室阶段。

---

① 佛朝晖:《怎样的人才观成就了"瑞士制造"》,载《中国教育报》2017年4月21日第5版。

归纳邓小平对生产力的认识，可形成这样的公式：生产力=（劳动者+生产工具+劳动对象+生产管理）×科学技术。这一认识实现了对马克思主义生产力概念的跃升。科学技术在这里发挥的不单单是加数效应，而是乘数效应，这就更有力地表达了科学技术在生产力中的地位和作用。

科学和技术既有区别，又有联系。科学主要分为自然科学、社会科学和思维科学。思维科学主要研究思维的规律和方法。技术包括生产技术和非生产技术。当今社会，科学和技术的联系越来越紧密，以至于我们通常把科学和技术直接联系起来讲。

科学技术革命是在历史上起推动作用的革命力量。历史上三次大的工业革命，核心都是在寻找动力源：蒸汽机时代，是煤；电力时代，是煤；今天我们期望寻找更多的动力源，比如核能、太阳能、风能等。

科学技术对生产方式产生了重要影响。一是改变了社会生产力的构成要素。科技发展使生产变得更加自动化，这就大大改变了体力劳动与脑力劳动的比例，使劳动力结构向着智能化方向发展。二是改变了人们的劳动形式。现在人们的日常办公和事务办理，越来越离不开电脑了。三是改变了社会经济结构，特别是导致产业结构发生变革。技术革命的到来导致产业结构发生变化，而产业结构又导致就业结构的变化，从事第三产业的人数比例在增长，科技人员和管理人员的比例在增长。科技推动生产的发展，而生产规模扩大，分工就会细化，于是形成了"一招鲜，吃遍天"。

分工越来越细化的时候，一个专业性的人才是值得期待的。

比如毕业生在找工作的时候，会在简历上写"熟练操作办公自动化软件"，实际上，很多人只是知道些皮毛而已。每个人都这样写的时候，优势都体现不出来。如果从现在开始，你把PPT这一个模块练熟了，那一定会有一份合适的工作等着你。企业通常不缺少通才、庸才，缺的是专才、人才。如果你信心满怀地在简历上写"PPT达人"，找一份合适的工作肯定是没问题的。只是通常很多人都不愿意花工夫去做这些最基本的事情。因此，大多数人的水平往往很一般，在面临别人挑选的时候，也拿不出自己的撒手锏。

科技对人们的生活方式产生了深刻影响。现代科技带来的诸多便利正改变着人们的生活方式。比如我们发现公交上、地铁上、火车上甚至饭桌上，人们各自玩手机，看看微信朋友圈、刷视频等。人们的沟通方式变得越来越电子化，上网成了每日必备，反而很少有人说读书是自己的每日必备。所以，劳动生产率提高了，人们更自由了，可反观当今社会，我们发现，科技虽然在一定程度上把人从繁重的体力劳动中解放出来了，但也让人变得更累了。如果一个人哪一天出门忘带手机了，会觉得若有所失，生怕错过了哪个重要电话或信息。

同样，科技变革了人们的思维方式。网络已成为新时代科技的代表，今天我们遇到问题时，第一反应是问问百度，看百度怎么说；买东西会上京东、淘宝、拼多多看看，货比三家，看看到底哪一家更便宜。当然这些都是生活中思维方式的改变。在知识理论结构和社会组织结构方面，新的科技工具的出现推动着知识理论的不断深入。先进的科技设备将有助于推动物理、化学实验领域新的科技成果的诞生。有时，一个科研人员做不出好的成果并不代表着他不努力，可能是外界条件不具备，导致自身主观能动性的发挥受到限制。

当然，所有的事物都包含着两面性，科技同样是把双刃剑。前几年，网络上热议的某高校一研究生投毒毒杀舍友事件，医学学生将学到的化学知识不是用来研发新药、服务人类，反而用来伤害他人。爱因斯坦是研发核武器的最早建议者，后来却成为最坚决反对核武器的人。虽然原子弹曾发挥了巨大的历史作用，但核阴霾也与人类如影随形。日本福岛核电站泄漏，不仅给当地几代人造成了终身难以消除的危害，甚至随着日本政府不负责任地将核废水排放至海洋，也会影响全球海洋生态。还有环境污染的日趋严重，人们甚至担心每天吃的食物和呼吸的空气。因此，科学技术虽然使社会得到了发展，但并不必然让人变得更加幸福，也并不必然更有效地消灭贫困，促进人的身心健康发展，"科技有时表现为异己的、敌对的和统治的权力"。这就提出了科技伦理的要求，让科技更好地服务于人类，而非冲击人类的伦理底线。

发展生产力：当今中国的必然选择

物质文明是第一位的。一个社会长期缺乏物质，人们的生活极为艰苦，精神文明的发展注定成为无源之水、无本之木，难以持久。因此，推动改革开放，坚持以经济建设为中心，不断推进社会主义现代化建设，是中国必然的历史选择。

1978年，一位日本记者在中国的重庆钢铁厂发现，这家年产钢量达30万吨的钢铁厂，使用的机械设备都是1950年代之前的，竟然还有一台140多年前的英国机器。同年，邓小平访问日本，走访汽车、松下电器和造币局等，这些都是当时日本最引以为豪的支柱企业。走访发现，日本一个厂的汽车生产能力是我国长春一汽生产能力的几十倍。在日本，邓小平说："我懂得什么是现代化了。"乘坐日本的高铁——新干线，其最高时速达到300公里，而当时我国客运列车平均时速仅为43公里。这种发展的差距深深触动了邓小平。

随后邓小平访问新加坡。1920年，16岁的邓小平途经新加坡去法国留学，那时的新加坡和中国沿海的大多数地方一样破败，人们以打鱼、种田为生，眼前都是木屋和树林；58年后，新加坡已被列入新兴工业化国家行列。新加坡的崛起让邓小平颇为震动，他认为对方实行的对外开放、引进外资的方针是对的。

中国要搞改革开放，向发达国家学习，学习国外的先进生产技术。邓小平发出了"贫穷落后不是社会主义"的呼声，经过几十年的经济发展，我国的生产力水平得到大幅度提升，人民群众的生活水平得到大幅度提升，逐步实现从吃饱到吃好再到追求吃得健康，实现了从自行车大国到汽车大国的转变。没有改革开放，没有生产力的发展，这些是不可能实现的，我们也不可能在根本意义上向"贫穷的社会主义"做彻底的告别。

生产力是一种物质的力量，物质是不以人的意志为转移的，其发展具有客观规律性，因此建立在物质力量之上的社会不以人的意志为转移，它具有客观性。生产力决定生产关系，一个人所处的社会生产力发展水平还没有达到人们所期望社会形态的应有水平时，如果硬要构建超出当前生产力水平的社会形态，即便把自己所处社会改名换姓，变革生产关系，你照样处于自己所属的生产力发展阶段的社会水平。生产力欠下的账，是非得一点一点地弥补不可的，除此别无良法。

我们今天的社会形态是社会主义，更准确地说还处在社会主义初级阶段，因为当前社会还不具备社会主义高级阶段的生产力水平，所以要努力发展生产力，为更高级的社会主义社会的到来准备条件，这就是为什么要毫不动摇地坚持以经济建设为中心的发展路线。

当然，承认社会发展的客观规律性并不是否定人们的主观能动性，马克思指出："一个社会即使探索到了本身运动的自然规律，……它还是既不能跳过也不能用法令取消自然的发展阶段。但是它能缩短和减轻分娩的痛苦。"[①]这就表明，虽然人类总体历史进程是不可超越的，但人的自觉选择在社会发展中具有重要作用，人类社会的发展总是合规律性和合目的性的统一。

如此一来，或许有人会问，那我们为什么不退回资本主义社会，补生产力欠下的账呢？不能。因为从生产力和生产关系的辩证发展来看，社会主义具有强大的组织优势，虽然我们的生产力水平还不是社会主义社会应有的生产力水平，但是我们完全可以

---

① 《马克思恩格斯文集》第5卷，人民出版社2009年版，第9—10页。

采用更高一级的社会形态来组织推动生产发展。

在中国共产党的组织领导下，经过40多年的改革开放，中国取得的成绩有目共睹，这是一些和我们差不多同时起步的、采用西方资本主义制度的发展中国家所没有实现的成就。横向对比，遍览各国，那些奉西方资本主义社会为圭臬的发展中国家，在采用了"华盛顿共识"后，无一超越中国经济的发展速度。在过去40多年的经济发展中，从经济指标、发展质量、发展能力来看，没有可以和中国相提并论的国家，这充分证明中国特色社会主义道路适合中国，拥有独特优势。

同时，我们可以设想，如果我们归附于西方，采用西方的政治制度、发展模式，那会是一种什么情形？可以肯定的是，我们一定会成为西方的附庸。二战结束后，日本依附于美国，在美国的支持下，实现了经济的高速发展。由于日本的竞争力威胁到美国的市场，在美国的主导下，1985年，日本被迫签订了《广场协议》，日元对美元大幅升值，国内泡沫急剧扩大，最终由于房地产泡沫的破灭造成了经济的长期停滞，造成了"失去的十年"。法国战略研究学者克利斯蒂昂·圣·艾蒂安纳在2010年出版了《21世纪的战争与和平——理解明天之世界》，其中专门提出要对中国发动一场思想战争，认为只有通过思想战争才能打败中国发展模式对西方民主制度的威胁。[1]由此可见，从西方战略学者的角度来看，他们不允许中国发展模式对其造成冲击，因为，中国

---

[1] 郑若麟：《以精神独立抵御思想侵蚀》，载《人民日报》2017年3月27日第7版。

方案很有可能从根本上颠覆西方长期以来引以为豪的发展模式。

苏联放弃社会主义制度，政权解体，苏共放弃执政地位，走西方资本主义道路，导致俄罗斯经济大幅度衰退，至今仍未恢复元气。西方并没有因为俄罗斯放弃了社会主义道路就对其变得友善，反而对其采取各种制裁措施。

事实证明，中国现在坚持走的中国特色社会主义道路是正确的，秉持的理论是正确的，采用的制度是正确的。习近平总书记在多个场合强调，道路决定命运，找到一条正确道路是多么不容易，必须坚定不移地走下去。

西方为什么如此着急让全世界都按他们给出的规则发展，就是因为规则是不平等的，是利于他们的。美国口口声声说搞全球化，一旦中国有竞争力的产品进入美国，美国人就不干了，这也是为什么对华为进行打压。

作用与反作用：生产力与生产关系

生产力是人类社会发展和进步的最终决定力量。生产力是社会进步的根本内容，是衡量社会进步的根本尺度。人类社会是在生产力与生产关系的矛盾运动中前进的。生产力发展既是社会物质文明发展的基本内容，也是政治文明、精神文明发展的基础。只有在生产力发展的基础上，才有可能充分满足人民群众的物质生活和精神生活的需要。人们需要更舒适的住房、更便捷的交通、更安全的食品，一切都要靠劳动去创造，要靠社会生产力的发展去满足。因此，对于今天的中国而言，大力发展生产力，推动经济发展依然是第一位的工作。

随着生产力的发展,人类社会的历史将从民族历史走向世界历史。马克思在他所处的时代能够指出这一点,是非常不易的。由于工业革命的到来,人类历史经历了从地域历史到世界历史的转变,马克思说,工业革命产生的大工业"首次开创了世界历史,因为它使每个文明国家以及这些国家中的每一个人的需要的满足都依赖于整个世界,因为它消灭了各国以往自然形成的闭关自守的状态"[①]。当今社会,国与国之间的联系,因贸易往来而变得更加紧密。"地球村"已经形成,虽然还远未实现"一家人",但这为未来人类历史的形成准备了条件。我们有理由相信,随着未来生产力的高度发达,人类的历史进程必将从世界历史走向人类历史。

生产力作为一种物质的内容,一方面决定着生产关系,另一方面受到生产关系的反作用。生产关系是人们在物质生产过程中形成的不以人的意志为转移的经济关系。在生产关系中,生产资料的所有制关系又是最基本的,因为它是人们进行物质资料生产的前提,生产、分配、交换、消费关系在很大程度上由这个前提来决定。实际上,与生产力不同的是,生产关系主要是解决人与人之间的关系。

人类是一个共同体,在这个共同体中,人与人之间会因为物质资料的生产、分配、交换、消费等经济问题而发生联系,为

---

① 《马克思恩格斯文集》第1卷,人民出版社2009年版,第566页。

第七章 人类社会发展的规律性

了调节人与人之间的关系，需要建立一定的制度来对人们的行为进行约束。而这种生产关系的建立基于不同时代经济社会的发展水平，是在实践的基础上形成的。由此来看，生产关系建立的基础是生产力的发展水平，即生产力的发展水平决定着生产关系的内容。

在原始社会阶段，人类整体的生产力水平极为低下。为了保证生存，人们必须形成群体，有限的物质生产资料仅能够满足基本生存，为了保证部族内的每个人都能生存下来，原始的公有制生产方式诞生了。每个人获取的产品都要上交，然后由部族首领统一分配。原始公有制生产方式的诞生是由其低下的生产力水平决定的。

随着生产力的发展，人们获取的物质生产资料越来越多，定居生活的出现，分工的出现，使一部分人开始从具体的劳动生产中分离出来从事专门的艺术、文化生产，一部分人开始占有另一部分人的生产资料，私有制的生产方式就诞生了。

历史的发展进程告诉人们，什么样的生产力水平决定着什么样的生产关系。纵观人类历史，占统治地位的生产关系可以分为两种，一种是以生产资料公有制为基础的生产关系，另一种是以生产资料私有制为基础的生产关系。

以生产资料私有制为基础的生产关系，是资本主义经济社会的主要特征。在生产资料属于私人所有的企业中，财产属于私人企业主，生产中人与人的关系是企业主与打工者的关系，是剥削与被剥削的关系。产品的分配方式是，打工者只能得到他所创造出的价值的一部分，剩余价值将由企业主个人拥有。马克思正是看到了这一点，发现这种分配方式是不公平、不公正的，从而创立了剩余价值理论，揭示了资本主义剥削的秘密所在。

但为什么人们都能够接受这种不公平和不公正的分配模式呢？原因有很多，其中主要的是现阶段社会的生产力发展水平还不足以打破这种分配模式。私人企业主虽然在剥削工人，但推动生产力的发展需要良好的生产管理。实验室探索发现的最新科技向现实生产力的转化离不开一流的管理和组织，而私人企业主往往具备这种良好的组织管理能力。对于推动社会的发展而言，私人企业主做出了贡献。

不过，我们也有理由相信，随着生产力的快速发展，这种不公平、不公正的分配模式将会逐渐得到改变。改变的方向便是生产资料公有制，生产资料为劳动者所共同占有，人与人之间是分工协作，不存在剥削，产品的分配也不存在剥削，创造出的剩余价值是一种社会财富，取之于民，用之于民。令人欣喜的是，今天人们发明的股份制模式，为公有制的实现创造了良好的条件，人人持股，人人受益。

生产关系是调整人与人利益的一种关系，是基于现实生产力发展水平而采取的组织形式。如果借助一家企业以小窥大的话，生产关系就恰如企业的治理模式，把这种治理模式加以放大，放大到一个国家、一个社会，那就成了生产关系。

田忌赛马，用马不过3匹；足球比赛，不过11人，但组织形式不同所产生的效果截然不同。如果我们把一个社会看成一个大的球队，国家的领导人就是主教练，领导人水平的高低将直接决定国家前进发展的水平。高水平的领导人（政治家）通过制定符合实际的政策使整个国家的命运在一二十年间发生重大转变，而低水平的领导人（政客）则可能使国家在其当政期间徘徊不前，甚至倒退。政客常有，而政治家不常有，社会期待大政治家的诞生，这是民众的愿望。但哪种模式能够产生大政治家呢？西方的民主选举模式可以吗？

2014年，英国《经济学人》杂志发表了一篇长文《民主怎么了？》，比较了中美不同的政治制度模式，引用了复旦大学张维为教授的观点，结论是西方的政治制度模式总会选出像小布什这样的二流领导人。小布什发动对伊拉克的战争，不仅使美国深陷泥潭，而且使伊拉克变得更加糟糕。

西方选举政治，选来选去，政治家寥若晨星，但政客却是"杂花生树，群莺乱飞"。在西方的民主制度下，如果要让民主发挥作用，国家必须取得经济增长，因为政客参选时必须要向公众承诺，情况会变得越来越好。如果他们在竞选中只能承诺"我们会比其他政党让你们少吃苦头"，是不可能赢得选举的。因此，为了赢得选举，政客们夸海口一个胜似一个，但真正有魄力干事的却寥寥，这就是西方一人一票制带来的政治僵局。

对于像中国这样一个大国，要实现快速发展，需要稳定的社会环境，需要党的集中统一领导，需要强大的政治家、领袖人物，而这些是一人一票制无法满足的。

当然，再伟大的政治家也应在法制的框架内依靠集体的力量带领国家前进，不能随便把一个国家进行改变。一国采用什么样的发展形式，是由其生产力发展水平和民族传统、人民的历史选择所决定的。邓小平是一位伟大的政治家，他实事求是地根据中国的国情，果断停止"以阶级斗争为纲"的运动，将发展经济作为中国的头等大事，实施改革开放，建立社会主义市场经济制度，带来了中国经济的飞速发展。

改善民生：发展经济的根本所在

当生产关系适应生产力发展时，它对生产力的发展就会起推动作用，当其不适应生产力的发展时，就会阻碍生产力的发展。1929年，苏联开启了第一个五年计划，提出计划建设项目1000多项。当时在莫斯科大剧院开会商议，主席台上方悬挂着巨幅苏联地图，报告人每提到一个项目，地图上相应位置便亮灯一盏，待会议结束，整幅地图布满了1000多个小灯。当时这被西方认为是极其荒诞的，是不可能完成的，然而苏联人民成功完成了第一个五年计划。

"一五"计划的成功极大地鼓舞了苏联人民的建设热情，然而高度集中的计划经济体制，片面注重重工业的发展，忽视农业、轻工业，国民经济各部门比例失调，造成市场上物资匮乏，特别是消费品短缺，货币不稳。20世纪五六十年代，苏联的大街上随时都能碰到买东西的人，只要是见到日用品，能买多少就买多少，肥皂、卫生纸、糖块等，因为不知道下次什么时候才能够买到。当生产关系不再适应生产力的发展，需要迫切予以调整时，苏联并没有更进一步的行动。

一年又一年，苏联的国家形象就是排队，人们的基本生活方式就是抢购。连苏联的顶级精英都避免不了饿肚子，苏联外长谢瓦尔德纳泽向外宾发牢骚，他的妻子整天忙着到各个空空的商店排队。苏联最后只能求西方施舍，甚至连私人关系都用上了。美国国际外交政策协会主席吉姆·加里森是苏联总统接见的最后一位外宾。临别时，总统的心腹雅科夫列夫搂着客人的肩膀，小声请求：能不能再派一架飞机来？第二天，必胜客总裁给了个面子，一位运送救济品的美国空军飞行员以为在做梦，对记者感慨：他这一辈子都在练习飞往苏联扔炸弹，没想到这次是来送吃的！①

真相是赤裸裸的，真理只是看起来复杂。苏联解体，尽管给出了各种各样的诊断报告，但不管症结在哪里，最终都直观地表现为人民的生活水平长期以来没有改善，僵化的生产关系严重影响了生产力发展水平，最终导致了国家体制危机。

苏联前后两重天的表现启发我们，依托先进的生产关系，不断解放生产力、发展生产力，从根本上落脚在提升人民的生活水平。戈尔巴乔夫签署了苏联解体的报告，仅仅时隔20多天，邓小平便风尘仆仆地赶到我国南方，做出了这样的总结："不坚持社会主义，不改革开放，不发展经济，不改善人民生活，只能是死路一条。"②苏联为这个论断提供了活生生的例子。

---

① 习骅：《总统的签字笔》，载《中国纪检监察报》2015年9月25日。
② 《邓小平文选》第3卷，人民出版社1993年版，第370页。

这也启发我们，尽管中国实行的是社会主义制度，表现出很大的优越性，但是如果不能持续发展经济，持续改善民生，让人们在更大程度、更广范围感受到生活水平的提升，社会主义制度的优越性将无从谈起。这是苏联败亡的教训所在。

先进的生产关系需要先进的生产力做后盾。短期内，先进的生产关系会有效推动落后生产力的发展，可如果人民的生活水平没有得到根本改善，群众没有体会到生产力发展带来的福利，长此以往，便会酿成一系列社会问题，结果是人心浮动，劳动积极性遭到伤害，社会陷入动荡。

不同历史阶段的生产关系，只要适应当时生产力的发展水平，就是好的生产关系。比如，封建社会，在历史上适应了生产力的发展水平，自然在当时是好的生产关系。改革开放初期，农业在实行联产承包责任制后，才真正找到了适合我国农村生产力发展状况的生产关系，解决了农民的吃饭问题。生产力在不断发展，生产关系就要不断变革，生产关系的变革又会影响经济基础的变革，继而影响上层建筑的变革。因此，改革只有进行时，没有完成时。

社会主义要想表现出超越资本主义的水平，生产力是极为重要的标志。当前，面对资本主义的挑战，社会主义国家在发展先进生产力方面，仍不足以对资本主义国家形成抗衡。这也是我们在同资本主义国家竞争中话语权始终无法强大的重要原因。如果社会主义国家的生产力水平普遍超越了资本主义国家，那全世界自然会把目光投向社会主义国家。

事实上，需要坦陈的是，我们虽然采用了先进的社会主义生产关系，但这并不意味着我们就必然具备了超越发达资本主义国家的生产力水平，更不必然意味着我们可以不顾历史条件地建立基于先进生产力发展水平才能实现的各项制度。

第三节　经济基础与上层建筑

经济基础是指一定社会中占统治地位的生产关系的总和，核心是所有制形式。上层建筑是指建立在一定经济基础之上的社会意识形态及与之相适应的政治、法律、制度和设施的总和，包括思想方面的上层建筑和政治方面的上层建筑。为什么经济基础能够决定上层建筑？上层建筑具备什么样的作用呢？上层建筑最大的作用是用来保护自己的经济基础，既然是保护经济基础，那么，有什么样的经济基础就会自然而然地建立起相应的上层建筑。

经济基础：公有制为主体、多种经济成分并存

以公有制为主体、多种经济成分并存，构筑起了中国特色社会主义的经济基础。公有制为主体体现在哪里呢？以公有制企业为例，最新的统计数据显示，当前隶属国资委的央企为96家（2021年），它们属于占主导地位的公有制企业。这便是以公有制为主体的一个重要体现。我们可以设想一下，如果通过某种变

革,把这96家央企全部变成私企,那会是一种什么样的情形呢?自然,公有制的主体地位将不复存在。社会上总有一些别有用心的人,极力鼓吹私有化,妄图通过修改立法,确定私有制的合法地位,然后再妄图变公有为私有。认清这一点,有助于我们更好地坚持公有制的主体地位。

另外,社会上的企业成千上万,除了96家央企,我们也看到还有很多私人企业、外资企业、合资企业等作为多种经济成分存在着,同样受到法律保护,因为现阶段的经济基础允许它们存在,"多种经济成分并存"就是它们能够合法存在的尚方宝剑。

回顾新中国成立初期的历史,为了尽快建立起社会主义公有制,私有制经济不再成为我国经济基础的组成部分,自然就得不到保护,因此便有了对资本主义工商业进行改造。

荣毅仁是大实业家,无锡茂新面粉厂的经理。新中国成立后,很多资本家包括荣氏家族的很多人都离开大陆了,荣毅仁深思熟虑后决定留下来,并把资产全部捐给了国家,陈毅称他为"红色资本家"。改革开放后,在中央支持下创办中国国际信托投资公司(中信集团),邓小平三次诚邀聘其当总裁。1979年1月,邓小平在中南海福建厅宴请工商界五老(荣毅仁、胡子昂、胡厥文、古耕虞、周叔弢)吃火锅,对荣毅仁说:"你主持的单位(指中国国际信托投资公司——引者注),要规定一条:给你的任务,你认为合理的就接受,不合理的就拒绝,由你全权负责处理。处理错了也不怪你。要用经济方法管理经济,从商业角度考虑签订合同,有利润、能创汇的就签,否则就不签。应该排除行政干扰。所谓全权负责,包括用人权。只要是把社会主义建设事业搞好,就不要犹豫。"[1]足见中央对荣毅仁的高度信任。

的确,从历史发展的长河来看,一个人积累的财富再多,也终有散尽之时。当国家面临困境,毁家纾难,舍小家为大家,这是中国人自古以来所尊崇的高尚品格。以荣毅仁为代表的荣氏家族,曾被毛泽东这样评价:荣家是中国民族资本家的首户,中国在世界上真正称得上是财团的,就只有他们一家。1993年3月,荣毅仁当选为国家副主席。他的选择不仅成就了自己传奇的一生,也为家族赢得了莫大的荣耀。

改革开放以来,我国对非公有制经济的认识及相关政策的制定经历了一个从探索到完善的过程,走过了一条较为漫长的道路。1982年,五届全国人大五次会议通过了经过全面修改的宪法,确认了个体经济的合法地位,提出其是社会主义公有制经济的补充。1988年,七届全国人大一次会议通过的宪法修正案,增加了国家允许私营经济在法律规定的范围内存在和发展的内容。1992年,党的十四大决定实行社会主义市场经济,并在1993年的八届全国人大一次会议上,将社会主义市场经济、非公有制经济的地位和作用写入宪法。1997年,党的十五大将非公有制经济纳入社会主义初级阶段的基本经济制度框架,非公有制经济在国民经济中的地位得到了前所未有的重视和肯定。1999年,九届全国人大二次会议通过了宪法修正案,明确非公有制经济是我国社会

---

[1] 《邓小平文选》第2卷,人民出版社1994年版,第157页。

主义市场经济的重要组成部分，大大促进了社会生产力的发展。2002年，党的十六大提出"必须毫不动摇地鼓励、支持和引导非公有制经济的发展"等一系列全新理论和政策。2017年，党的十九大报告指出，毫不动摇地巩固和发展公有制经济，毫不动摇地鼓励、支持、引导非公有制经济发展，使市场在资源配置中起决定性作用，更好发挥政府作用。这一历程见证了在建设中国特色社会主义进程中，对公有制和非公有制认识的不断深化。

统计显示，改革开放以来，我国约有70%的技术创新、65%的国内发明专利和80%以上的新产品来自中小企业，其中95%以上是非公有制企业。以浙江省为例，非公有制企业年生产总值已占全省GDP的70%以上。20世纪90年代中期以来，城镇新增就业岗位70%以上是由非公有制企业提供的，从农村转移出来的劳动力70%以上也在非公有制企业就业。非公有制经济已经成为我国经济发展、科技创新、改革开放的生力军和扩大就业的主渠道。[①]中国的实践表明，非公有制经济对活跃经济发展，促进就业，满足人民多样化的需求具有重要意义。

"两个毫不动摇"：公有制经济与非公有制经济

今天，中国的经济体制中既有公有成分又有私有成分，那么，怎样划定国民经济中公有和私有成分的比例呢？有一段时间，社会舆论一直在喊"国进民退"，与此同时，有人认为是

---

① 本报评论员：《"两个毫不动摇"推助中国崛起》，载《人民日报》2012年5月18日第1版。

"民进国退",到底是怎么回事呢?是不是所有的经济成分一交给私人来办就立马见效呢?是不是国有经济就没有存在的必要呢?

尽管公有制与市场经济结合曾是世界性难题,但过去40多年的实践证明,公有制经济和非公有制经济是能够很好地结合在一起的。党的十六大报告提出了"两个毫不动摇",即毫不动摇地巩固和发展公有制经济,毫不动摇地鼓励、支持和引导非公有制经济发展。"两个毫不动摇"之所以能激发活力、提升效率、发挥优势,就在于它尊重了我国社会主义初级阶段的基本国情,不搞单一公有化,也不搞全盘私有化,而是实行多元化、多样化、混合化,这有利于调动各方的积极性。

在关系国家安全和国民经济命脉的重要行业和关键领域,一大批富有活力的国有和国有控股企业脱颖而出,2021年公布的世界500强企业中,国资委监管的央企有49家上榜,并有3家位列前十。在战胜重大自然灾害和应对国际金融危机的过程中,公有制经济集中力量办大事的优势进一步凸显。如今,公有制经济已经成为自主创新的"排头兵"、重大工程的"顶梁柱"、社会责任的"主心骨"和走出国门的"探路者",主导作用和影响力得到充分发挥。

同样,在社会主义初级阶段,要充分调动各方积极性,加快发展生产力,就必须毫不动摇地鼓励、支持和引导非公有制经济发展。非公有制经济的不断发展壮大,不仅在培育市场体系、倒逼国企改革、完善市场体制等方面发挥了推动作用,而且在活跃市场、增加税收、扩大就业等方面做出了重要贡献。

因此，公有制经济和非公有制经济应该同时发展，而不是通过抑制公有制经济来发展非公有制经济，有学者主张"国进民也进，公进私也进"，二者都要发展，"这个发展不是通过抑制公有经济来发展非公经济，而是要真正实行市场竞争，优胜劣汰，有进有退"。有学者通过实证分析得出，凡是国有经济退出的领域，民营经济都没有成为支配者，退出的地方都迅速被西方国家的跨国公司占领并成为市场最大的企业。①目前，我国30多个经济领域中已有20多个经济领域被外资支配，因此，中资有必要联合起来，一致对外，而不是搞此消彼长的内耗。

现在，我国外汇储备稳居世界第一，如此多的外汇储备也需要保值增值。2007年，中央出资2000亿美元注册成立了中国投资有限责任公司，专门负责在海外投资股票、外汇等。根据年报数据，截至2018年末，中投公司的资产规模达到9406亿美元以上，交上了一份漂亮的答卷。②可见国有经济实体通过好的运营，同样可以实现保值增值。

上文提及，为什么国家对不属于自己经济基础范围的东西要依法取缔呢？因为，国家要维护自己的经济基础，其他外来的成分会损害自己的经济基础，比如贪污受贿、非法融资、涉黄涉毒

---

① 程恩富：《经济体制改革的顶层设计与未来发展走向》，载《马克思主义研究》2013年第8期。

② 《2018年中投公司总资产达9406亿美元》，新华网，www.xinhuanet.com/2019-09/20/c_1125020521.htm。

等都会动摇经济基础,自然要依法取缔。

要想取缔它们,需要具备一定的条件。一是不能靠空口诉说,要有凭证,所以得制定法律制度;二是不能总是在想象中去打击它们,所以得有暴力机关,就是军队、警察、监狱等,因为对一些道德败坏、利欲熏心者,仅靠道德教育让其叩问良心、三省吾身是不够的,要通过强制力量对其进行惩罚。当然,暴力不能滥用,强制的力量也是有限的。所以,要有一套意识形态,通过不停地宣传教育来维护自己的统治地位,从意识形态上说服大家信服自己,所以会产生哲学、文学、艺术、政治、法律、宗教等。意识形态的内容主要是用来为经济基础做论证,论证得好,大众普遍接受,国家越稳定,经济基础也就越稳定,社会越容易管理。任何一个国家,要想获得经济的可持续发展和社会的长期稳定,一个不可忽视的因素就是要构建社会主流意识形态。每个社会都存在多种多样的意识形态,要把全社会的意志凝聚起来,必须有一套与经济基础相适应并能形成广泛社会共识的主流意识形态,以此整合社会意识,使社会系统得以正常运转。2018年,习近平总书记在全国宣传思想工作会议上强调:"建设具有强大凝聚力和引领力的社会主义意识形态,是全党特别是宣传思想战线必须担负起的一个战略任务。"[1]

---

[1] 《习近平在全国宣传思想工作会议上强调:举旗帜聚民心育新人兴文化展形象 更好完成新形势下宣传思想工作使命任务》,载《人民日报》2018年8月23日第1版。

意识形态：上层建筑的重要构成要素

作为思想层面的上层建筑——意识形态是国家权力的组成要素，功能是夺取政权和巩固政权。因而，任何一个政权的建立，总要先制造舆论，取得道义上的广泛认同；而一个政权的巩固，则需要把统治阶级的意志上升为统治思想，成为社会的普遍共识。无论阶级斗争如何变化，意识形态的这一基本属性始终不变。①

同样，无论维护或破坏一种社会制度，巩固或推翻一个政权，都必须做意识形态方面的工作。这也是社会历史发展的一般规律。②2013年，习近平总书记在全国宣传思想工作会议上强调："经济建设是党的中心工作，意识形态工作是党的一项极端重要的工作。"③既然意识形态工作不是中心工作，为什么又把它放在极端重要的地位呢？这就需要用历史唯物主义的观点来看待了，经济工作的决定作用往往是归根结底层面的，具有根源性、终极性，但不具有唯一性，也不一定具有直接性。恩格斯曾这样讲："如果有人在这里加以歪曲，说经济因素是唯一决定性的因素，那么他就是把这个命题变成毫无内容的、抽象的、荒诞无稽的空

---

① 侯惠勤：《意识形态的历史转型及其当代挑战》，载《马克思主义研究》2013年第12期。

② 田心铭：《略论意识形态工作的几个问题》，载《马克思主义研究》2013年第11期。

③ 《习近平在全国宣传思想工作会议上强调：胸怀大局把握大势着眼大事 努力把宣传思想工作做得更好》，载《人民日报》2013年8月21日第1版。

话。"①因此，经济因素具有决定性，但绝不是唯一的因素，在恩格斯看来，"经济状况是基础，但是对历史斗争的进程发生影响并且在许多情况下主要是决定着这一斗争的形式的，还有上层建筑的各种因素"②。因此，坚持以经济建设为中心，强调意识形态工作极端重要，并不违反历史唯物论，反而是坚持了历史唯物论和辩证法的统一。

意识形态的重要性体现了思想政治教育工作的重要性。但一段时间以来，我们的社会情形是，思想政治教育工作往往是嘴上喊着重要，实际落实中却显得次要，常常是高高举起，轻轻放下。有些领导干部甚至认为，抓意识形态斗争是杞人忧天、无事瞎忙活。历史上我们的确曾经高度重视思想政治教育工作，致使很多本属于私人领域的问题也被思想政治教育给限制了。改革开放后，国民的思想政治教育工作一度松弛了，这也造成了一些人违背规则，无拘无束，产生了一系列社会问题。

回望苏联，自然科学与技术尤其是自然科学的基础理论、航天航空及军事科学技术领域，与美国是旗鼓相当的。然而，苏联在指导思想上先是教条主义，后来在反对教条主义过程中逐步背离马克思主义基本原理，最后发展到公开反对和取消马克思主义的指导地位。与此相联系，全部哲学社会科学由于失去正确的指

---

① 《马克思恩格斯文集》第10卷，人民出版社2009年版，第591页。
② 《马克思恩格斯选集》第4卷，人民出版社1995年版，第696页。

导思想而陷入混乱状态。①

苏联解体前,有一部名为《忏悔》的电影描写了上百万人在斯大林当政期间失踪的悲剧,而这竟是在时任格鲁吉亚党委书记谢瓦尔德纳泽的支持下完成的。雅科夫列夫认为,《忏悔》的公映是苏共"意识形态崩溃的开始"。结果,人民的思想被搞乱了,社会主义的形象被玷污了,西方民主制度被美化成世界历史的最终归宿。随着思想的崩溃,苏联解体成为无法逆转的事实。苏联解体的悲剧恰恰证明了马克思的论断:"如果从观念上来考察,那么一定的意识形态的解体足以使整个时代覆灭。"②

在20世纪八九十年代东欧剧变、苏联解体以及世纪之交中东国家发生的"颜色革命"中,我们可以看到,意识形态是如何在推翻国家政权和改变社会制度中发挥舆论作用的。邓小平曾反复告诫:"资产阶级自由化泛滥,后果极其严重。""在苗头出现时不注意,就会出事。"③一个没有军事实力、经济实力的国家,难免一打就败;而一个没有意识形态主导的国家则不打自败。

维护私有制:资本主义国家的意识形态

任何一个社会制度的意识形态都是用来维护其经济基础的。资本主义国家占统治地位的是资产阶级,因而其意识形态自然是

---

① 陈先达:《在为祖国和人民立德立言中实现价值》,载《人民日报》2016年5月30日第16版。
② 《马克思恩格斯文集》第8卷,人民出版社2009年版,第170页。
③ 《邓小平文选》第3卷,人民出版社1993年版,第379页。

资产阶级的意识形态，自然也是为了维护资本主义社会制度的经济基础。马克思指出："占统治地位的思想不过是占统治地位的物质关系在观念上的表现，不过是表现为思想的占统治地位的物质关系；因而，这就是那些使某一个阶级成为统治阶级的各种关系的表现，因而这也就是这个阶级的统治的思想。"① 占统治地位的思想是占统治地位的物质关系的反映，这再一次表明，物质决定意识，就社会领域而言，有什么样的物质关系，就会产生什么样的思想观念。这是社会领域内的唯物论。

西方社会虽然极力言说言论自由，但从根本上来看，这种无底线的所谓言论自由是不可能实现的。在某种意义上，西方发达的资本主义国家甚至更加重视意识形态工作，尤其是对社会主义意识形态十分警觉。美国前总统奥巴马在同中方会谈的时候就明确指出，中美关系障碍之一便是价值观。价值观是意识形态的最集中表现，面对不同的价值观，我们倡导各美其美，美美与共。因为，和而不同是中国人处理关系问题的一个基本态度，《左传》载："若以水济水，谁能食之？若琴瑟之专壹，谁能听之？"现在世界上有200多个国家和地区，2500多个民族和多种宗教，如果只有一种生活方式，只有一种语言，一种服饰，世界该多么单调。但美国认为，世界上各个国家的人都应按照他们的价值取向生活，不停地对外实施文化渗透，就是要让其他国家和民族认可西方文化是精神"主人"，认定西方文化比自己的民族

---

① 《马克思恩格斯全集》第3卷，人民出版社1960年版，第52页。

文化更文明更先进，进而把本民族的审美权、发展权甚至历史解释权都拱手交给别人。

美国借助基金会，接见持不同政见者搞价值观输出。在某种层面上，美国的对外价值观输出几乎是全方位的。阅读美国总统的讲话会发现，美国的政治家在国内外演讲中，都在普及其所谓的美式民主和西方自由价值理念。美国利用好莱坞生产的文化产品，向其他国家传播其生活方式、价值观念甚至思维方式，使别国人民无意识地认同和接受美国文化及美国价值观。

美国电影早已超越了其表面价值成为美国输出生活方式、价值观念和思维方式的工具。美国学者约翰·耶马在《世界的美国化》一文中写道："美国的真正'武器'是好莱坞的电影业、麦迪逊大街的形象设计厂、马特尔公司和可口可乐公司的生产线。"比如，电影《蜘蛛侠》中，蜘蛛侠的衣服配色就是美国国旗颜色；再如，美国拍摄的很多科幻大片，当地球遇到灾难时，拯救地球的一定是美国人，如电影《独立日》。

在传统意义上，我们认为，西方社会的学术是自由的，但实际上，大学教授的意识形态也是第一位的。西方一位学术团体的教授说，如果不赞同西方主流价值观其结果是：一，不给留校当老师；二，留校了，但不给提职称，收入上不去。不提职称的原因是你学术水准不行，可见，资产阶级控制了教育和媒体。

资产阶级掌握了政权以后，一批大学名教授就会屈服于政权，简单来说就是垄断资本，像美国就是以华尔街为代表的垄断资本，这是第一层次。第二层次是选出来一个政治家，通过政党在政治上进行控制。第三个层次就是出现一个教育、宣传团体，这个层次是依附于政治领域和经济领域的垄断资产阶级。美国的议员通常是跟华尔街的商业财阀说：你们先把我选成议员，我们再制定政策让你们赚更多的钱。

美国的学者也不独立。美国作家安德烈·弗尔切克在《为什么批判中国的书籍在外国书店盛行？》一文中披露了西方言论自由的内幕：西方作家受到职业生涯、研究经费、出版合同等的限制，为中国说话就如同职业自毁，没有人会资助你的工作，你会失去与主流出版公司、媒体和学术界的联系。

再比如伊拉克、阿富汗战争，美国的新闻报道自由吗？越南战争期间，报纸做了大量报道，结果导致了反战运动的兴起，最后被迫撤军。等到中东战争，美国中情局下令所有的主流媒体报道都不准有伤亡场面，都是高科技，导弹精确打击，战争导致那么多平民牺牲，报纸却没有报道。如果报道，美国人民的反战情绪肯定就更大，由此可见资本主义国家的新闻言论并不自由。

当今世界上最大的传媒集团中的新闻集团由默多克家族控制，维亚康姆公司由萨默·雷石东家族控制，贝塔斯曼集团隶属于摩恩家族。《华尔街日报》、福克斯广播公司、《泰晤士报》等，属于新闻集团。哥伦比亚广播公司，MTV电视网，属于维亚康姆集团。欧洲最大的电视广播公司RTL集团，全球最大的图书出版商兰登书屋，欧洲最大的杂志出版公司古纳雅尔，隶属于贝塔斯曼集团。

因此，"真正掌握'独立媒体'的，不是西方社会的大多数,不是99%的普通民众,而是大家族、大企业、大财团,是西方社会最有权势、被称为'1%'的那个群体!……'独立媒体'可以独立于政府、独立于政党,却不可能独立于资本"。因此我们看到,这些媒体可以"问责政客、指摘政党、批评政府,可以让某位政客落马、某个政党败选、某届政府下台,但它们绝对不会去质疑、批评、反对这个制度。这就是为什么当'占领华尔街'运动的矛头指向资本主义制度深层弊端时,西方主流媒体却视若无睹,……媒体为私人所有,是媒体'独立'的前提,而媒体私有化的结果,必然是资本垄断、金钱垄断"。[1]

香港中文大学的政治学家王绍光曾在文章中介绍,美国中情局在冷战时期资助出版1500本丑化以苏联为代表的社会主义阵营国家的书。现在中情局资助出书,大力造毛泽东的谣,造周恩来的谣,造中国的谣,中情局的经费比冷战时期多,很多资助书被翻译成各国文字。所以西方的新闻自由表现为可以在报纸上骂总统,这是党派斗争的需要。本来骂总统是社会不良现象,但是骂得对,也可以客观表达,选民可以不选他,学者可以批评他的政策不对。文明社会可以批评但不能骂,这个自由应该规范。[2]

资本主义意识形态的核心是维护资本主义私有制度的个人主义和利己主义。但不可否认的是,资本主义的意识形态在反对教

---

[1] 郭纪:《西方媒体:1%掌管,为1%服务》,载《环球时报》2011年12月16日。
[2] 程恩富:《中国学者有责任出来为"中国梦"说话》,凤凰网,2013-11-10.http://news.ifeng.com/opinion/fangtan/detail_2013_11/10/31122104_4.shtml。

会统治和封建专制中发挥了重要作用，把人从神权的禁锢中解放出来，肯定了人自身的价值，为资本主义自由主义经济和相应的国家制度提供了强大的精神支撑。

腐败：社会主义意识形态的腐蚀剂

"不奋发，则心日颓靡；不检束，则心日恣肆。"当一个政党从革命党转变为执政党时，由于和平环境的到来，贪图享乐、不思进取、无拘无束的思想会逐渐萌生，所秉持的意识形态会遭到不同程度的冲击。这种冲击来自两方面，一方面是国外敌对势力意识形态的冲击，另一方面是自身行为不当造成的自我冲击。面对这些冲击，作为执政党的中国共产党要坚定理想信念，不忘初心，继续前进。共产党人的理想信念应当如指南针一样永远指向一个目标，不能像交易大厅的股票那样随着行情时涨时落。

意识形态的崩溃是最危险的崩溃，信仰不坚定，理想不在，就难以保持清正廉洁。"物必先腐，而后虫生。"近年来，一些国家因长期积累的矛盾导致民怨载道、社会动荡、政权垮台，其中贪污腐败就是一个很重要的方面。世界银行统计显示，腐败每年给发展中国家造成的财富损失在200亿到400亿美元。[①]而大量事实告诉我们，腐败问题越演越烈，不仅导致国家财富损失，更为可怕的是，最终必然导致亡国。甲午战争前夕，日本素有"情报站之父"称谓的福岛安正在中国搜集情报，对清政府最为经典的

---

① 胡泽曦：《"全面从严治党"带给世界新思考》，载《人民日报》2016年11月23日第5版。

结论是:"清国的一大致命弱点,就是公然行贿受贿,这是万恶之源。但清国人对此丝毫不反省,上至皇帝大臣,下到一兵一卒,无不如此,此为清国不治之症。如此国家根本不是日本之对手。"①

贪污腐败最容易摧毁社会意识形态,非常危险。解放战争时期,中国共产党之所以能够战胜国民党,赢得民众支持,除了自身做得好外,国民党的腐败加速了其在大陆的败退。国民党党内腐败盛行,这样就把自己的意识形态给抹黑搞臭了。作为革命的政党,共产党用一套新的意识形态迅速赢得了民众的支持,进而赢得了革命,夺取了政权。1949年,据美国中央情报局和财政部调查,蒋、宋、孔、陈四大家族在美来历不明的财产达20亿美元以上。看了这份报告之后,美国总统杜鲁门在议会上气得大骂:贼!他们是一群贼!一群可恶的贼!水里可以没有鱼,但鱼儿却永远离不开水,缺失了群众的支持,国民党的完败是必然的。

然而,必须看到,反腐问题是一个世界性的问题。如果关注国际新闻就会发现,腐败问题全球都在显现:俄罗斯拿下涉嫌受贿的经济发展部部长,印度为打击腐败和"黑钱"取消大额纸币,韩国检方以涉嫌向各大企业施压索捐巨额资金为由起诉"亲信门"首犯。但同时,要看到反腐是一场持久战,我们曾做过多种努力,但大体上仍遵循着传统的伦理型反腐路线,政治思想运动多而制度建设少,诉之于道德者多而求之于法律者少。相关活动的开展在很大程度上取决于领导者个人对廉政的重视程度,一

---

① 吴敏文:《警惕日本对华情报战》,载《中国青年报》2017年6月1日第12版。

旦领导者注意力转移，廉政工作就难免中断，有关文件、批示和措施也会因此而束之高阁。因此，科学反腐关键还在于制度建设，形成对权力的制衡。比如改革开放初期，海关的腐败问题相当严重，一些海关官员被判刑；现在海关的腐败问题越来越少，究其原因，在于海关制约和制衡权力的制度越来越健全。习近平总书记指出，铲除不良作风和腐败现象滋生蔓延的土壤，根本上要靠法规制度。党的十八大以来，中央强力推进反腐工作，并高度重视反腐倡廉的法规制度建设，提出要让法律制度刚性运行，把权力关进制度的笼子。

第四节　社会形态更替的一般规律

生产力与生产关系矛盾运动规律、经济基础与上层建筑矛盾运动规律是人类社会发展的一般规律，而这一规律恰恰决定了社会形态的更替和历史发展的基本趋势。社会形态是关于社会运动的具体形式、发展阶段和不同质态的范畴，包括三个形态，即经济形态、政治形态和意识形态。三者中，经济形态是基础，因为生产资料所有制具有决定性意义。社会形态的更替归根结底是社会基本矛盾运动的结果，其中生产力的发展又具有决定意义。所以，只要把全部社会关系归结于生产关系，把生产关系归结于生产力，我们就有足够的证据来证明社会形态的发展是一种自然历史过程，就会发现规律性。

社会规律与主体选择：历史不会随心所欲

恩格斯指出："历史事件似乎总的说来同样是由偶然性支配着的。但是，在表面上是偶然性在起作用的地方，这种偶然性始终是受内部的隐蔽着的规律支配的，而问题只是在于发现这些规律。"[①]人同动物的区别在于，人是具有意识的、有预期目的的历史主体，人只要发挥主观能动性就能够发现隐藏在历史现象背后的客观规律，虽然人会受具体历史规律的制约。

马克思指出："人们自己创造自己的历史，但是他们并不是随心所欲地创造，并不是在他们自己选定的条件下创造，而是在直接碰到的、既定的、从过去承继下来的条件下创造。"[②]这就表明，人们的历史选择首先需要一个基本的基础，即社会发展的客观必然性造成的一定历史阶段的社会发展的基本趋势，为人们的历史选择提供了基础、范围和可能性空间。历史地看，人类社会共划分为五种社会形态，原始社会、奴隶社会、封建社会、资本主义社会和共产主义社会（第一阶段是社会主义），这五种社会形态依次更替，是社会历史运动的一般过程和规律，人类社会也一定会沿着这个规律发生更迭变化，显现出社会形态更替的统一性。

当然，肯定社会形态更迭的一般规律并不否定社会形态发展变化的特殊性。社会是由人构成的，社会的更替也是人们自己的

[①]《马克思恩格斯选集》第4卷，人民出版社1995年版，第247页。
[②]《马克思恩格斯文集》第2卷，人民出版社2009年版，第470—471页。

社会行动，规律是带有客观性的，但是客观性的规律并不否定人们历史活动的能动性，并不排斥人们的历史选择。在个别国家、地区甚至是民族的历史演进中，社会形态的更迭会表现出一定的特殊性来。根据俄国社会变革的实践经验，列宁指出："世界历史发展的一般规律，不仅丝毫不排斥个别发展阶段在发展的形式或顺序上表现出特殊性，反而是以此为前提的。"[1]俄国就是在比较特殊的历史条件下，在帝国主义统治最为薄弱的环节，建立起社会主义苏维埃政权的。

环顾世界，我们同样发现，有些国家会超越一个或几个社会形态，直接跨入更先进的社会。比如美国，就没有经历奴隶制社会和封建社会，当年一群失意的欧洲人乘着"五月花号"来到北美大陆，从此将这片土地直接带入了资本主义社会。因此，美国的历史很短暂，从1776年建国至今，只有200多年。

自鸦片战争以来，中国便陷入了受外敌入侵的境地，首都被外敌攻占过3次[2]，哪有什么民族尊严可言。中国历史给了资本主义道路发展的机会，但是它无法解救处于半殖民地半封建社会的旧中国。中国共产党选择了社会主义，社会主义解决了中国近代以来面临的历史性课题，解决了中国的前途和命运问题。因此，中国就没有选择走资本主义道路，而是从半殖民地半封建社会的旧中国直接创立了社会主义制度。中国特色社会主义始终是历史

---

[1] 《列宁选集》第4卷，人民出版社1995年版，第776页。
[2] 分别为，1860年10月，英法联军攻入北京，火烧圆明园；1900年8月，八国联军入侵北京；1937年七七事变，日军攻入南京，制造南京大屠杀。

的选择、人民的选择。

前进与曲折：社会形态的更替

社会发展的总方向是前进的、上升的。人类社会从原始社会、奴隶社会、封建社会、资本主义社会到社会主义社会的演化，便证明了人类社会发展的进步性。而这种发展主要是生产力与生产关系、经济基础与上层建筑矛盾运动的结果。但是社会发展的具体道路和形式则是迂回的、曲折的，不是直线式上升的。正因为社会发展是在曲折中前行，所以社会发展表现为螺旋式上升和波浪式前进。

社会发展的曲折性有两种类型：一类是事物否定之否定过程中的周期性曲折。社会发展经过肯定、否定、否定之否定，在新的基础上又回到自身，表现为一个发展周期。如，无阶级社会到阶级社会再到新的无阶级社会，原始公有制到私有制再到共产主义公有制等。另一类是以反复为特点的曲折。在社会发展中，由于新生事物在开始时是弱小的，当旧事物得势时，事物发展就会缓慢、停滞甚至倒退，从而呈现出曲折性。但事物发展的必然性决定着新生事物迟早要战胜旧事物，使发展中的曲折性得到克服。

社会发展的前进性与曲折性的统一表明，形而上学的"循环论""直线论""悲观论"以及"一帆风顺"的幻想都是错误的。列宁指出："设想世界历史会一帆风顺、按部就班地向前发展，不会有时出现大幅度的跃退，那是不辩证的，不科学的，在理论上是不正确的。"①马克思指出："无论哪一个社会形态，在它所能容纳的全部生产力发挥出来以前，是决不会灭亡的；而新的更高的生产关系，在它的物质存在条件在旧社会的胎胞里成熟以前，是决不会出现的。"②

现实地看，当今社会，社会主义国家还必须同资本主义国家长期共处。据人类文化学研究资料显示，在欧洲，奴隶社会从公元前2600年至公元476年，长达3076年；封建社会从公元476年到1640年英国资产阶级革命结束，长达1164年；资本主义从1640年至今，才370多年……可见，不能把社会主义与资本主义并存、共处的时间估计得过短。③邓小平晚年时指出："巩固和发展社会主义制度，还需要一个很长的历史阶段，需要我们几代人、十几代人，甚至几十代人坚持不懈地努力奋斗，决不能掉以轻心。"④

因此，我们既要看到前途是光明的，又要看到道路是曲折的，要按事物发展前进性和曲折性统一的原理来观察社会、思考问题。

---

① 《列宁选集》第2卷，人民出版社1995年版，第694页。
② 《马克思恩格斯文集》第2卷，人民出版社2009年版，第592页。
③ 梅荣政：《论学习历史唯物主义的现实意义》，载《马克思主义研究》2014年第9期。
④ 《邓小平文选》第3卷，人民出版社1993年版，第379—380页。

第八章 社会历史发展的动力

第八章　社会历史发展的动力

矛盾是推动一切事物发展的动力，社会领域自然也不例外。生产力和生产关系、经济基础和上层建筑的矛盾是社会的基本矛盾，它推动着人类社会向前发展。回望人类社会发展的历史，人们总是穷尽各种可能、想尽各种办法作用于客观世界，让其满足自身的需要，而客观世界总是按其自身的规律发展变化，并不以人的主观意志为转移。因而，人类的主观认识和事物的客观发展现状总是处于矛盾之中，人们的具体认识能力总会受制于具体的历史条件，表现出一定的局限性，于是主观和客观总会产生矛盾，二者永远处于博弈之中。人类社会就是在这种博弈中向前发展的。

第一节　理解阶级社会的钥匙

人类自远古至今，走过了几千年的发展史，在这段漫长的历史中，生产力的大幅度发展还是在步入阶级社会后实现的。因此，如果要读懂人类社会发展史，就要读懂人类所经历的漫长的阶级社会。读懂阶级社会，又需要从了解阶级的内涵出发。阶级是随着生产力的发展和私有制的产生而产生的，也将随着生产力的发展和私有制的消亡而消亡。因此，阶级是一个经济范畴，因为它和生产力相关；同时，阶级是一个历史范畴，因为它有产生的条件，也有消亡的条件。阶级斗争是社会基本矛盾在阶级社会中的表现，是阶级社会发展的直接动力，也是理解阶级社会的一把钥匙。人类步入阶级社会以来的历史，就是一部鲜明的阶级斗争史，离开了阶级斗争，就无法准确理解阶级社会的发展。

战争：阶级矛盾难以调和的产物

世界上并不是任何利益冲突总能找到两全其美、双赢的方法来解决，有的时候只能是单赢。所以，才有了彼此之间的斗争，才有了不同阶级之间、不同国家之间战争的爆发。而阶级与阶级之间的矛盾，往往是围绕着经济利益这个核心展开的。历史上的一些剥削阶级，有一个特点，总是凭借着自己在生产资料和生产体系中占据的统治地位，对被剥削阶级实行残酷的压榨和剥削，这种剥削达到一定程度，会变得愈发不可调和。

另外，即便是在同一阶级内部，由于利益的不同，矛盾逐日积累，同样会变得不可调和。美国南北战争爆发前，代表南部种植园主利益的民主党要维护奴隶制度，而代表北部新兴工商业资产阶级利益的共和党则主张自由贸易和解放黑奴。两党在议会中的矛盾不可调和，南方要谋求独立。为了确保国家的统一，林肯甚至提出了"一国两制"的方案，只要南方答应不独立，可以在一个国家内的部分地区继续推行种植园主制度。最终，由于两种政治主张的根本对立，还是通过战争的形式来解决问题。

纵观中国历史，从春秋末期到公元1949年，在长达2000多年的历史长河中,封建地主阶级和农民阶级之间的矛盾始终存在。普通人的目标就是跃升到地主阶级,成为大地主,有经济实力,有政治地位。商鞅变法之后,土地开始私有,可以买卖,所以,历代地主最普遍、最愿意做的事情就是购买土地,雇佣短工、长工在自己的田地上劳动。这种阶级矛盾随着土地的愈发集中而变得无法调和,被剥削阶级不断起来反抗,战争在所难免。

中国共产党早期发动群众的宣传口号之一就是"打土豪、分田地",这就直接抓住了两个不同阶级之间最核心的矛盾。毛泽东很清楚中国的问题,谁解决了农民的问题即土地问题,谁就会得到农民的拥护,而得到几亿中国农民的拥护,谁就将取得中国问题的发言权和执政权,谁就是胜利者。所以,1953年土改之后,中国共产党把原来地主拥有的土地全分给农民了。

毛泽东深受阶级斗争观点的影响,他最初接触并接受马克思主义思想,就是从接受马克思主义的阶级斗争观点开始的。他曾这样说:"记得我在一九二〇年,第一次看了考茨基著的《阶级斗争》,陈望道翻译的《共产党宣言》,和一个英国人作的《社会主义史》,我才知道人类自有史以来就有阶级斗争,阶级斗争是社会发展的原动力,初步地得到认识问题的方法论。可是这些书上,并没有中国的湖南、湖北,也没有中国的蒋介石和陈独秀。我只取了它四个字:'阶级斗争',老老实实地来开始研究实际的阶级斗争。"[1]1939年12月,在延安各界庆祝斯大林六十

---

[1] 《毛泽东农村调查文集》,人民出版社1982年版,第21—22页。

寿辰大会上,他又讲道:"马克思主义的道理千条万绪,归根结底,就是一句话:'造反有理'。几千年来总是说,压迫有理,剥削有理,造反无理。自从马克思主义出来,就把这个旧案翻过来了。这是个大功劳。"①在中国传统文化中,造反、谋反被当权者视为大逆不道之事,是不可能"有道理"的,这一观念根深蒂固、深入人心。但在毛泽东看来,马克思主义告诉了民众阶级压迫的存在,并教会了工人阶级要敢于同封建地主阶级、资本主义做斗争。不仅如此,对于中国的无产阶级和农民而言,还要敢于同压迫中华民族的帝国主义者做斗争,以无产阶级造封建地主阶级、资产阶级的反是"有道理"的。

1949年新中国成立,中国共产党夺取全国政权,开始执政,便是攻守易势的开始,通过革命的方式打天下,不可能在调整人民内部矛盾的同时仍然采用革命的方法。正心诚意修齐治平,夺取不了中国革命的胜利,但中国革命胜利之后,它却是为政者之道。1956年,"三大改造"胜利完成,确立了社会主义制度,资产阶级不再作为一个阶级而单独存在了,阶级对立从根本上也不存在了,主要任务是团结一切可以团结的力量发展社会生产力。

但由于受国内外一系列复杂因素的影响,1957年后,修改了党的八大对社会主要矛盾的正确判断,提出:"在社会主义社会建成以前,无产阶级同资产阶级的斗争,社会主义道路同资本主义道路的斗争,始终是我国内部的主要矛盾。"②既然把两个

---

① 《毛泽东年谱(1893—1949)》中卷,中央文献出版社2013年版,第152页。
② 《建国以来重要文献选编》第11册,中央文献出版社1995年版,第288页。

阶级、两条道路之间的斗争作为社会的主要矛盾，那么就要坚持"以阶级斗争为纲"来解决，这种错误认识也成为"文革"时期"无产阶级专政下继续革命"理论的重要依据，给我国社会主义建设事业带来了挫折。

阶级分析法：不等于"以阶级斗争为纲"

历史唯物主义认为，在阶级社会和有阶级存在的社会，人都是带有一定的阶级性的，"没有一个活着的人能够不站在这个或那个阶级方面来"[①]，真正的问题在于，究竟是站在先进的、革命的阶级一边，还是站在落后的、反动的阶级一边。不同的阶级有着不同的历史任务，无产阶级一旦最终完成自己的历史任务，人类将真正走向自由全面发展的社会。

社会主义制度在我国建立后，资产阶级已不再作为一个阶级而单独存在了，阶级矛盾已经不是社会的主要矛盾，因此不能把阶级斗争形势夸大了，实际工作中也不能再以阶级斗争为纲，但由于国内的因素和国际的影响，阶级斗争还将在一定范围内长期存在，在某种条件下还有可能激化。因此，既要反对把阶级斗争扩大化的观点，又要反对阶级斗争已经熄灭的观点。对社会主义社会的阶级斗争问题必须有一个科学的、实事求是的估量。对此，邓小平指出："社会主义社会中的阶级斗争是一个客观存在，不应该缩小，也不应该夸大。实践证明，无论缩小或者夸

---

① 《列宁选集》第1卷，人民出版社1995年版，第135页。

大，两者都要犯严重的错误。"①

进入21世纪，正确地理解、运用阶级分析法仍是一个重要的问题。江泽民在多次讲话中指出："我们同国内外各种敌对势力在渗透和反渗透、颠覆和反颠覆上的斗争将是长期的、复杂的。这是阶级斗争在我国一定范围内仍然并将长期存在的主要表现。""我们纠正过去一度发生的'以阶级斗争为纲'的错误是完全正确的，但这不等于阶级斗争已不存在了。只要阶级斗争还在一定范围内存在，我们就不能丢弃马克思主义的阶级和阶级分析的观点和方法。这种观点和方法始终是我们观察社会主义同各种敌对势力斗争的复杂政治现象的一把钥匙。"②

2014年，时任中国社科院院长王伟光发表在《红旗文稿》上的文章《坚持人民民主专政，并不输理》引发了舆论的关注，文章认为："今天，我们中国特色社会主义国家仍然处于马克思主义经典作家所判定的历史时代，即社会主义与资本主义两个前途、两条道路、两种命运、两大力量生死博弈的时代，这个时代仍贯穿着无产阶级与资产阶级、社会主义与资本主义阶级斗争的主线索，这就决定了国际领域内的阶级斗争是不可能熄灭的，国内的阶级斗争也是不可能熄灭的。"③对此，批评的有之，质疑的有之，支持的也有之，这也反映出舆论场的复杂性。

---

① 《邓小平文选》第2卷，人民出版社1994年版，第182页。
② 《江泽民文选》第3卷，人民出版社2006年版，第83页。
③ 王伟光：《坚持人民民主专政，并不输理》，载《红旗文稿》2014年第18期。

阶级分析法不等于阶级斗争，阶级斗争也不等于"以阶级斗争为纲"，不能把坚持阶级观点、阶级分析方法同"以阶级斗争为纲"混为一谈。"纲"是指中心工作，通过抓中心工作来带动其他工作，这就叫"抓纲带目""纲举目张"。这是一种工作方法。"以阶级斗争为纲"，是把抓阶级斗争作为党的中心工作，通过抓阶级斗争来带动其他工作。实际上，选择什么作为党的中心工作，就是对什么是社会主要矛盾的判断。中国特色社会主义进入新时代，我国社会的主要矛盾转化为人民对日益增长的美好生活需要和不平衡不充分的发展之间的矛盾，这就决定了我们必须坚持以经济建设为中心，集中精力发展生产力，而不可能有别的选择。

为未来社会准备条件：资本的历史任务

在封建社会，农民阶级的劳动使地主阶级从繁重的体力劳动中解放出来，主要从事脑力劳动，他们创造的精神财富成为整个社会共享的精神财富，他们在科技发明方面的贡献不断地使农民从繁重的体力劳动中得到解放。纵观封建社会历史上伟大的文化、科技、艺术作品，大多都是由一些达官贵族创造的，这不是否定人民群众的作用，因为，有了劳动人民的辛勤劳动才使他们摆脱辛劳，从事更高层次的精神财富的创造。

在资本主义社会，资产阶级借助资本的力量，完成对社会资源的整合，在很大程度上推动了社会生产力的发展。马克思在《共产党宣言》中高度肯定资产阶级的历史贡献，指出："资产阶级在它的不到一百年的阶级统治中所创造的生产力，比过去一切世代创造的全部生产力还要多，还要大。自然力的征服，机器的采用，化学在工业和农业中的应用，轮船的行驶，铁路的通行，电报的使用，整个整个大陆的开垦，河川的通航，仿佛用法术从地下呼唤出来的大量人口——过去哪一个世纪料想到在社会劳动里蕴藏有这样的生产力呢？"①

同时我们要看到，随着生产力的发展，人们的生活变得越来越优越，越来越便利，这当然是值得欣喜的。但另一方面，一些人开始追逐各种方式的享受，要吃山珍海味，要乘豪华汽车，要住别墅洋房，对生活的享受逐渐成为他们的主要追求。追逐享乐、追求舒适是人的自然属性的一部分，资本抓住了这一点，借助自身的力量，通过无限释放人的自然性的一面，消解崇高，让社会变得低俗，变得充满物质欲望，鼓励人的各种物质消费，而这又变相地促进了社会物质资料的生产，促进了生产力的发展。

资本的这种发展逻辑又为未来社会的到来准备了条件：一是丰富的物质资料为未来社会的按需分配提供了基础；二是物质消费的极大丰富对崇高的消解，让人们体会到失去崇高生活将变得空虚和无聊。这反过来促使人反思，并将逐渐摆脱对物质的过多依赖，摆脱动物性的享受，逐渐回归到真正的精神幸福层面。

学界一直在探讨人类面临的现代性危机。实际上，现代性危机的根源之一便在于，人未能够主宰、掌握自身的需要和膨胀

---

① 《马克思恩格斯文集》第2卷，人民出版社2009年版，第36页。

的欲望。科技的高速发展，使人满足自身需要和欲望的手段空前提高；市场经济使人对价值的追求变得无限和无止境。人逐渐沦落为自身需要和欲望的客体，而不是成为自身需要和欲望的主体。

人从未享有过高度发达的物质生活而让他追求崇高，追求自身的社会属性，那这种崇高注定是一种备受压抑的崇高。人们以为有钱就能幸福，开上豪车就能幸福，突然有一天这种需求得到满足时，却发现自己依然得不到应有的尊重，只能通过不停地学习、提高自己的品格和德行才能得到尊重，就不会在意那些物质层面的东西了。所以，享受物质性，让长久以来被压抑的崇高得到释放，让低俗的东西释放出来，让人有切身的体会，人就更容易放弃一味追求的物质生活，从而自愿选择崇高。这种自愿选择，不是压抑，不是压迫，而是一种精神的自觉追求。儒家讲"慎独""吾日三省吾身"，一定意义上也是在提醒人们，避免陷入自然属性。人要不断地检视自我、约束自我，懂得该做什么，不该做什么。

第二节　推动社会变革的途径

革命和改革都是推动社会变革的途径。就社会变革来看，革命就是通过破除旧制度的束缚，实现生产力的解放。

革命:社会矛盾的激化

阶级社会存在着阶级矛盾、冲突和对抗。当这种矛盾、冲突和对抗大大激化时,就会发展为革命。一般说来,社会财富的分配不均,两极分化的加剧,人民生活的急剧恶化乃至极度贫困化,都会引起阶级矛盾、冲突和对抗的激化,必然引起政治危机、经济危机、文化危机和社会危机,进而引发革命。正是从这个意义上讲,革命既是阶级矛盾和社会矛盾激化的产物,又是解决阶级矛盾及社会矛盾的主要途径和手段。

毛泽东这样理解革命:"革命不是请客吃饭,不是做文章,不是绘画绣花,不能那样雅致,不能那样从容不迫,文质彬彬,那样温良恭俭让。革命是暴动,是一个阶级推翻一个阶级的暴烈的行动。"[①]一切反动落后的统治阶级出于自身利益的需要,都不会轻易地退出历史舞台,都会竭力反抗进步阶级的革命,千方百计地维护自己已有的统治,在这种情况下,"请客吃饭"是解决不了问题的,进步阶级只有通过暴力革命才能达到变革社会制度的目的。马克思指出:"历史的动力以及宗教、哲学和任何其他理论的动力是革命,而不是批判。"[②]

革命是人类社会历史发展不可避免的政治行动。这种政治行动之所以不可避免,是它不是以人的主观意志为转移的,而是由社会矛盾运动规律决定的。马克思指出:"社会的物质生产力发

---

① 《毛泽东选集》第1卷,人民出版社1991年版,第17页。
② 《马克思恩格斯选集》第1卷,人民出版社1995年版,第92页。

展到一定阶段，便同它们一直在其中运动的现存生产关系或财产关系（这只是生产关系的法律用语）发生矛盾。于是这些关系便由生产力的发展形式变成生产力的桎梏。那时社会革命的时代就到来了。"①而这种社会革命或称这种政治行动是任何试图取得统治的阶级获得最终胜利的关键。以推翻现政权和破坏旧关系为主要内容的政治行为将导致社会经济、政治和文化发生深刻变化，所以，恩格斯把这种政治行为看作政治的最高行动。

20世纪的中国，革命几乎是贯穿其中的主线，一些论者认为，中国共产党在成立之初，正是抓住了人们的吃饭问题，所以才革命成功的，而今天中国人已经解决了吃饭问题，就不再需要革命了。有人开始以反思之名，提出"告别革命"的口号，鼓吹"革命过时论"，认为革命会带来严重的社会冲击，只起破坏作用，不起建设作用，阻碍了中国现代化的进程。所谓论据是，中国近代以来的主要历史任务是实现现代化，搞革命流血牺牲，影响发展和建设，贻误了中国现代化的进程。

这种观点是荒谬和错误的。中国为什么会革命呢？是当时人们主观意志选择的吗？当然不是。列宁曾经指出："在马克思主义者看来，毫无疑问，没有革命形势，就不可能发生革命，而且并不是任何革命形势都会引起革命。""没有这些不仅不以各个集团和政党的意志、而且也不以各个阶级的意志为转移的客观变化，革命通常是不可能的。"②也就是说，革命的发生要有一定的

---

① 《马克思恩格斯选集》第2卷，人民出版社1995年版，第32—33页。
② 《列宁选集》第2卷，人民出版社1995年版，第460、461页。

主客观条件，不是随意的。

辛亥革命的发生、中国共产党领导的新民主主义革命的发生有其客观的形势和历史的必然性。改良失败了，人们就选择了革命；旧民主主义革命失败了，人们就选择了新民主主义革命。这就是历史的辩证法，这就是社会历史发展的逻辑。孙中山投身革命前，尝试着推动清政府实行自上而下的改革，上书李鸿章，希望破灭后才组织了兴中会。毛泽东早年呼吁用温和的方法进行社会变革，后来改变了想法，提出："俄国式的革命，是无可如何的山穷水尽诸路皆走不通了的一个变计，并不是有更好的方法弃而不采，单要采这个恐怖的方法。"①

不可否认，革命往往以暴力的形式呈现，在比较短的时间内打破原有的社会秩序，建立新的社会秩序，对人民和社会的冲击及震动比较大。但是，正像马克思指出的那样："革命是历史的火车头。"只有进行革命才能扫除中国社会生产力发展的障碍，为实现现代化开辟前进的道路，为现代化的实现提供前提和条件。②毛泽东对社会革命的规律做过精辟概括：首先制造舆论，夺取政权，然后解决所有制问题，再大大发展生产力。他还指出，这个一般规律，对无产阶级革命和资产阶级革命都是适用的，基本上是一致的。

---

① 逢先知、金冲及主编：《毛泽东传》一，中央文献出版社2013年版，第71页。

② 曲青山：《学习党史需正确认识把握的若干问题》，载《光明日报》2016年6月15日第14版。

改革：一场新的革命

人们对改革并不陌生，特别是对出生、成长在改革开放新时期的人而言，对改革有着特殊的情感，也习惯了在工作生活中论及改革，改革已深深地融入了人们的生活。可实际上，熟悉改革开放历史的人都有这样一种感受，改革并不容易，也不轻巧。因为每一次重大改革政策的出台，都会涉及利益格局的调整。20世纪80年代，农村改革之所以能够释放亿万农民的积极性，很重要的是利益格局的调整，通过包产到户、统分联合联产承包责任制等，调动了亿万农民的积极性。当时讲三句话：交够国家的，留足集体的，剩下的都是自己的。与直接收入挂钩，看得见摸得着。

可后来的改革却越来越艰难，为什么？因为，改革初期，改的都是容易的，啃的都是容易啃的骨头，相对来说比较容易。容易的改完后，后续的改革将越来越难，改革也逐步从浅滩迈向深水，面对的环境、需要协调的方面越来越复杂。特别是进入21世纪，社会稳定和改革发展之间的矛盾越来越大，背后的利益冲突越来越多，各种群体性事件此起彼伏，因此，必须以全新的理念进行利益格局的重新调整，以壮士断腕的决心推动新一轮深层次的改革。

党的十八大之后，以习近平同志为核心的党中央采取了系列措施推进社会改革，十八届三中全会提出全面深化改革，内涵比以前更深刻，难度自然比以前更大。中国经济发展的潜力还很大，影响经济社会发展的制约性因素都需要改革，比如要将依靠投资依靠规模依靠资源依靠廉价劳动力的模式改为效益优先、环保先行的绿色的可持续发展。还有一些非常具体的问题，如高速公路收费问题、国企高管收入问题、房产税征收问题、政府审批权问题、异地高考问题等，这些无一不需要通过改革才能释放潜力。

当然，改革会触及某些人的利益，这是显而易见的。因此，并不是每一个人都希望改革、赞成改革，有很多既得利益者最希望的是永远保持现状，永远不改革，因为，只有不改革才能够稳固他们既得利益者的地位。社会上还有一种现象，泛泛而谈时，很多人都渴望改革，呼吁改革，如果改革一旦动了自己的奶酪，哪怕是一丁点儿，就立马翻脸，不肯改了。还有一部分人只想搭改革的顺风车，不想为改革做贡献，只愿当改革的旁观者，不肯做改革的承担者。口头上谈起改革，高度拥护，但私底下又拒绝从我开始。改革是要触动利益的，触及利益比触及灵魂还要困难。推动改革要有壮士断腕的决心，拿刀子割自己身上的肉不是那么容易做到的。

2012年9月，教育部公布异地高考"有条件准入"方案以来，一些省份尤其是部分直辖市，本地人和外地人之间的暗战迅速公开化与白热化。是年10月，20余名北京户籍家长到访北京市教委，反对开放异地高考，理由包括"外籍孩子素质极差，打架斗殴带坏本地小孩"，"外籍孩子不断涌入，占用过多的本地教育资源"，等等。本地人与外地人，一方誓死保护自己的特权，另一方则努力打破这种特权。

另外，一些省份被分配了远远高于全国平均水平的高校尤其是一流名校的录取名额。比如，北京考生被北京大学录取的概率分别是安徽和广东的41倍和37.5倍，上海考生被复旦大学录取的机会分别是山东和内蒙古的274倍和288倍。[①]这种资源分配的不公是不是应该通过改革来调整呢？而调整的过程，往往会带来既得利益者的抗拒。

再者，改革的方案无论多么周密、多么高超，总会引起一些非议。既得利益者会用优势话语权阻碍改革，媒体公众会带着挑剔的目光审视改革，一些人甚至还会以乌托邦思维苛求改革。宁要微词，不要危机；宁要不完美的改革，不要不改革的危机。对改革者来说，认真听取民意，又不为流言所动，既需要智慧和审慎，更要有勇气与担当。需要指出的是，任何改革都不是空泛的、抽象的，都是具体的。改什么，不改什么，怎么改，向哪个方向改，都有一个对谁有利、对谁有害的立场问题。对此，习近平总书记强调："推进任何一项重大改革，都要站在人民立场上把握和处理好涉及改革的重大问题，都要从人民利益出发谋划改革思路、制定改革举措。"[②]这就锚定了新时代推进改革的基本立场问题。

革命党：中国共产党的永久特质

一段时间以来，有论者立足于西方政党理论，以时代变迁为

---

① 陈斌：《拿特权开刀，方能消弭阶层冲突》，载《南方周末》2012年12月20日第F29版。

② 《习近平谈治国理政》，外文出版社2014年版，第98页。

由，提出中国共产党的主要任务与历史使命发生了转移，共产党已从过去的革命党转变为执政党[①]，政治观也应从过去的革命的政治观转向执政的政治观[②]。无论是"革命过时论"还是共产党的"转化论"，在根本上都是把革命的概念狭隘化了，把革命狭隘地理解为单纯的阶级之间的冲突，错误地将其解读为极左思想的斗争武器。

需要指出的是，革命的含义是丰富的，不是狭隘的，以社会的阶级斗争为内容和主题的政治革命只是革命的一种形式，革命还包含着共产党的自我革命和当前正在推动的社会革命。马克思主义认为，社会革命以生产力和生产关系的矛盾运动为基础，不仅仅是一种破除旧的政治上的社会运动，更是一种新的社会建设运动。这项运动并没有终结，在完成了新民主主义革命之后，作为建设中国特色社会主义的领导者，中国共产党依然要领导人民进行这场伟大的社会革命，而一场社会革命要取得最终胜利，往往需要一个漫长的历史过程。

中国共产党已经成为领导人民掌握全国政权并长期执政的党，在此过程中，不能"把革命和执政当作两个截然不同的事情"[③]来看待，也就是说，共产党既是执政党，也是革命党，二者并没有因为时代的变化而发生根本转变。把共产党由革命党转变

[①] 王长江：《执政党建设前沿问题研究》，载《中共天津市委党校学报》2012年第1期。

[②] 许耀桐：《政治观革新的六个方面》，载《人民论坛》2012年第28期。

[③] 欧阳辉：《永葆共产党人的革命精神》，载《人民日报》2018年3月16日第7版。

为执政党的理解，很容易把共产党的执政混同于资产阶级政党执政，一心想保住既得的成果，满足于现状，从而使共产党丢掉革命精神。[①]

新中国成立之初，毛泽东就警醒党内同志："因为革命胜利了，有一部分同志，革命意志有些衰退，革命热情有些不足，全心全意为人民服务的精神少了"，导致的问题是"闹地位，闹名誉，讲究吃，讲究穿，比薪水高低，争名夺利"。[②]应当看到，今天党内存在的"四风"以及各种问题与革命精神的退却是密切相关的。面对立志于中华民族千秋伟业的历史重任，共产党人必须一以贯之地保持革命精神，不因时代的变化而褪色，时刻保持"我们是革命者，不要丧失了革命精神"[③]的政治清醒，把共产党人的自我革命和领导人民进行的伟大社会革命继续向前推进。

第三节 人民群众的历史作用

人民群众是历史的创造者，这是唯物史观的一条基本原理。但人民群众在历史中的巨大作用是怎么被发现的呢？古今中外的

---

① 林剑：《不应误读与否弃马克思主义的革命观》，载《马克思主义研究》2014年第10期。
② 《毛泽东文集》第7卷，人民出版社1999年版，第284页。
③ 《习近平谈治国理政》第3卷，外文出版社2020年版，第70页。

历史书籍往往记录的都是不同历史时期的英雄人物，人民群众是历史的创造者这一观点的提出，还要归功于马克思主义。

劳动人民：社会劳动的主体

欧洲革命风起云涌之时，马克思看到了无产阶级的巨大力量，也看到了无产阶级由于缺乏正确理论指导而带来的弊端。1848年欧洲革命最终失败了，马克思希望寻找一套科学的理论体系武装无产阶级。在他看来，如果哲学理论只停留在学术界，停留在书斋里，只是理论界的自娱自乐，是不能起到改造世界的作用的，理论只有被大众掌握，才能够发挥其应有的作用。

在论证无产阶级的历史使命时，马克思看到了劳动人民在历史上发挥的重要作用，从而进一步发现劳动在整个人类发展史中的重要作用，并得出结论：在未来的共产主义社会中，劳动将是人们幸福生活的源泉。劳动本身是一种实践活动，人民群众在劳动过程中积累的经验更是理论家抽象出真理体系的起点，这也再度说明，理论来自实践，实践在马克思主义哲学中的地位就显得尤为重要。劳动的主体是人民群众，因此人民群众在历史发展中便具有重要作用。

马克思指出："历史什么事情也没有做，它'并不拥有任何无穷尽的丰富性'，它并'没有在任何战斗中作战'！创造这一切、拥有这一切并为这一切而斗争的，不是'历史'，而正是人，现实的、活生生的人。'历史'并不是把人当做达到自己目的的工具来利用的某种特殊的人格。历史不过是追求着自己目的人的活动而已。"①这便阐明，人类的历史是由人类本身创造的，不是既定的，也不是抽象的。

列宁在继承和发展已有理论的基础上，将人们自己创造了自己的历史中的"人们"阐述为"人民群众"，决定历史结局的是广大人民群众，因为，"千百万创造者的智慧却会创造出一种比最伟大的天才预见还要高明得多的东西"②。群众的智慧是无穷的，三个臭皮匠赛过诸葛亮，这一中国的俗语恰恰是说明现实的有力证据。

在这个过程中，我们需要阐明一个观点，即并不是每一个个体都可以代表一个群体。一个贪官并不是所有官员的代表，不能因为一个贪官欺负了一个普通人，就认为官员都在欺负老百姓。一段时间以来，舆论界有一种不好的倾向，为了博人眼球，易上纲上线，一个村支书腐败会联想到党的腐败，并且振振有词："看，都腐败到神经末梢了！"官员好不好，要看整体。如果只是官员队伍中的一部分人出现了腐败，主流还是好的，那该清除的对象只是一部分人，而不是整个官僚体系。党的十八大以来，中国共产党在党内推动强力反腐，就是通过刮骨疗毒的方式，清除党内毒瘤，使党的肌体更加健康，使党更加充满活力。

同样的道理，一个普通人也不能够成为所有人的代表。如果一个普通人不讲道理，不合理地突破道德和法律底线，不断扩张自己的利益，他不仅没有代表人民的利益，反而妨碍了人民利益

---

① 《马克思恩格斯全集》第2卷，人民出版社1957年版，第118—119页。
② 《列宁全集》第33卷，人民出版社1985年版，第281页。

的实现，破坏了公共秩序，那么，对他采取强制措施，就不是在欺压百姓，而是在维护总体人民的利益。虽然人民是由单个人组成的，但并不是任何单个人都能够代表人民群众。搞民主之前要先分善恶，要对善的人采取民主，对恶的人采取强制，没有对恶人的强制就会让善良的人受到伤害。

人民群众：革命和改革的依靠力量

回顾中国近代的革命战争，人民群众自始至终都是革命的主体，没有人民群众的参与，没有人民群众的支持，革命是不可能取得成功的。

1921年，中国共产党成立之初，全国党员一共50余人，当时中国政治舞台上活跃的党派有二三百个，从人数上来看，共产党在当时是名副其实的小党，但其唯一特别的地方就在于有先进理论的武装和密切联系人民群众，找到了与中国实际相结合的道路。

1927年，大革命失败后，蒋介石、汪精卫发动反革命政变，大肆屠杀共产党人。用当时的话讲，白色恐怖下，没有群众的支持，你就没饭吃，没地儿藏身，也没人来参加你的部队，一天也活不成。1934年初，面对国民党对中央苏区采取"碉堡"政策，进行"围剿"，毛泽东讲了一段著名的话："真正的铜墙铁壁是什么？是群众，是千百万真心实意地拥护革命的群众。这是真正的铜墙铁壁，什么力量也打不破的，完全打不破的。反革命打不破我们，我们却要打破反革命。"①

如何让群众拥护革命呢？毛泽东从群众的柴米油盐入手来打造革命的"铜墙铁壁"。1934年1月，他在江西瑞金召开的第二次全国工农兵代表大会上这样讲："我们应该深刻地注意群众生活的问题，从土地、劳动问题，到柴米油盐问题。……要使广大群众认识我们是代表他们的利益的，是和他们呼吸相通的。"②当时有人不理解，觉得轰轰烈烈的革命大业与这些琐碎之事完全不相干。朱德告诫：好多同志恐怕都忘记了，我们不是为了革命去找人民，而是为了人民才革命。③毛泽东把打仗和做群众工作的比例比作1∶10，可见群众工作在他心目中的地位。他倡导的工作方法是："将群众的意见（分散的无系统的意见）集中起来（经过研究，化为集中的系统的意见），又到群众中去作宣传解释，化为群众的意见，使群众坚持下去，见之于行动，并在群众行动中考验这些意见是否正确。然后再从群众中集中起来，再到群众中坚持下去。如此无限循环，一次比一次地更正确、更生动、更丰富。"④

毛泽东是这么讲的，共产党也是这么做的。江西苏区第五次反"围剿"失利后，中央红军被迫长征，面对国民党的围追堵截，一路转移，一路打仗，行军路程十分艰辛。即便如此，共产

---

① 《毛泽东选集》第1卷，人民出版社1991年版，第139页。
② 《毛泽东选集》第1卷，人民出版社1991年版，第138页。
③ 林杰：《坚守好自己的"岗窝"》，载《人民日报》2015年12月7日第4版。
④ 《毛泽东选集》第3卷，人民出版社1991年版，第899页。

党领导的红军战士在一路转战中依然不忘老百姓。1934年10月开始长征，11月转战到湖南，三位红军女战士，在湖南一个老大娘家中借宿。她们看到老大娘家里连一床被子也没有，就把三人共用的一床被子剪成了两半，留给老大娘一半。后来，这位老大娘一直珍藏着那半床被子。她临终前告诉身边人：什么叫共产党？什么叫红军？就是有一床被子也要剪下一半来留给老百姓，这就叫共产党，这就叫红军。①当年有这样一首歌谣："最后一尺布用来缝军装，最后一碗米用来做军粮，最后的老棉袄盖在了担架上，最后的亲骨肉送他到战场。"生动形象地见证了人民群众是如何一心跟着共产党走的。

"人视水见形，视民知治不。"做群众工作要具体，要充分考虑并满足群众的利益。不能整天"上知天文，下知地理"，关心的都是"家国大事"，对群众的柴米油盐一问三不知。毛泽东曾这样讲，站起来看不见蚂蚁，一蹲下到处都是蚂蚁。群众的信任和支持正是从这些为民服务的小事中来，从这些为民解忧的点点滴滴中来，即"利民之事，丝发必兴；厉民之事，毫末必去"。共产党之所以得到群众的拥护，就是其工作是从解决群众具体的问题出发的，真正代表了群众的利益，做到了"去民之患，如除腹心之疾"。

国民党采取的是精英策略，依靠地方精英，而非民众。地方民众被国民党排斥在政权过程之外，由于地方精英没能很好地改

---

① 田永清：《"请"一张共产党的像》，载《秘书工作》2016年第7期。

善地方人民生活,加上官员腐化,尽管蒋氏政权高度集中,但极为脆弱。1945年,晏阳初在一次与蒋介石的会面中说:"我们人民遭受了二十一年的内战,他们流尽了鲜血。现在该是为农村的大众干一些事情的时候了。"蒋说:"你是个学者,我是个战士。等消灭了对手之后再说吧。"晏阳初说:"如果你只看到军队的力量,而看不到人民的力量,那么你会失去中国。"相反,共产党是在中国的边缘地带成长起来的,多数地方精英已被国民党吸收,共产党能动员的主要是处在社会底层的民众,这使得其走上了一条自下而上的建国之路。

败退大陆时,蒋介石把败退的责任推给了军队:我们的军队是无主义、无纪律、无组织、无训练、无灵魂、无根底的军队。我们的军人是无信仰、无廉耻、无责任、无知识、无生命、无气节的军人。蒋介石把整个局势的失利归结为战场上的失利,至少表明,他在避重就轻地谈问题。他是否想过,为什么这些在他眼中毫无气节的军人,在投诚后,调转枪头,竟表现出顽强的战斗力呢?

自建党以来,中国共产党是反对党的精英化倾向的,这从国共两党的文风中就能看出来。国民党文风半文半白,而共产党的文风基本是大白话。毛泽东反复强调,在人民群众面前,我们是小学生。要自觉拜人民为师,向能者求教,向智者问策。"我们共产党人好比种子,人民好比土地。我们到了一个地方,就要同那里的人民结合起来,在人民中间生根、开花。"[①]因此,在那

---

① 《毛泽东选集》第4卷,人民出版社1991年版,第1162页。

个年代，共产党能够一心一意帮群众办事，解决群众遇到的实际困难，所以才得到了群众的衷心拥护。国民党军队几百万围追堵截，外加极度凶残的日本侵略者，都没有消灭共产党，反而是共产党在与国民党的斗争中不断发展壮大，把国民党几百万军队打败了。

时至今日，推动全面深化改革同样离不开群众的参与。马克思、恩格斯指出："一切划时代的体系的真正的内容都是由于产生这些体系的那个时期的需要而形成起来的。"①改革开放之所以能够得到群众的拥护和支持，在于一开始改革开放的事业便扎根于群众之中，群众需要改革。安徽小岗村的例子便是典型。改革得不到群众拥护，再好的改革举措也难以推进。

汉代王符讲过这样一句话："大鹏之动，非一羽之轻也；骐骥之速，非一足之力也。"中国要推动改革，实现飞得更高、跑得更快，就必须紧紧依靠全体中国人的力量。步入新时代的中国，发展的最终目的不是实现资本利润的最大化，而是解决好发展不平衡、不充分的问题，从而更好地满足人民对美好生活的需要。这不仅包含着对物质文化生活的需要，而且包含着对民主、法治、公平、正义、安全、环境等方面的需要。作为坚守人民利益的马克思主义政党，不允许"富者累巨万，贫者食糟糠"的情形存在，要始终不渝地带领人民实现生活幸福。正如习近平总书记在庆祝中国共产党成立100周年大会上指出："中国共产党始终

---

① 《马克思恩格斯全集》第3卷，人民出版社1960年版，第544页。

代表最广大人民根本利益,与人民休戚与共、生死相依,没有任何自己特殊的利益,从来不代表任何利益集团、任何权势团体、任何特权阶层的利益。"①

习近平总书记说:"时代是出卷人,我们是答卷人,人民是阅卷人。"②新时代,紧紧依靠人民推动改革开放,就要坚持从人民群众普遍关注、反映强烈、反复出现的问题背后查找体制机制弊端,找准深化改革的重点和突破口;要始终把人民利益摆在至高无上的地位,加快推进民生领域体制机制改革,着力解决人民群众关心的现实利益问题。

公平正义:社会和谐的基石

社会发展建设时期,社会的发展归根结底要看财富的创造。劳动是创造社会财富的源泉,人民群众是劳动的主力军,因此,人民群众劳动的积极性能否被调动起来,决定着一个国家的持续发展能力。西欧社会的高福利制度造成了养懒汉的模式,群众劳动的积极性不高,享乐的积极性很高,这样的社会如何实现持续发展呢?

群众劳动的积极性怎样才能被调动起来呢?作为执政者,要走群众路线,到群众中去,听群众的意见,解决群众面临的实际问题,不能空对空,要真心实意给群众干事,这样人心才能更加

---

① 习近平:《在庆祝中国共产党成立100周年大会上的讲话》,人民出版社2021年版,第11—12页。
② 《习近平谈治国理政》第3卷,外文出版社2020年版,第70页。

凝聚，才能得到人民群众的支持和拥护。

群众路线对外国执政党同样有借鉴意义。有报道显示，2013年，坦桑尼亚执政党——革命党，面对2015年的大选，风评一度认为很可能要丢掉大选。后来，革命党在观察中国共产党反"四风"和群众路线的行动后，决定由总书记率领书记处全体成员走基层，与农民同吃同住同劳动，问责不作为的政府官员。政府高层人手一册《习近平谈治国理政》，相信中国共产党的经验"能为坦桑尼亚的发展提供解决方案"。两年时间，革命党党员人数从400万增加到600多万，最终在"实行多党制以来竞争最为激烈的一次"竞选中赢得了胜利。大选结果让西方国家大跌眼镜，革命党实现了浴火重生。[1]

一个国家要获得发展，一个社会要想真正获得稳定，一个重要的观测点是，民众工作的积极性如何。如果社会上人人都想着躺平，工作的意愿很低，或者干工作干得很不顺心，那么工作效率将会非常低下，社会创造力会持续低迷，整个社会会充满情绪，充满负能量，就无法实现心齐气顺、海晏河清、天下太平。没有社会的和谐稳定，可持续发展就是空谈。相反，如果一个社会能够给民众创造一个公平、正义的环境，社会便会稳定和谐。这就是为什么社会主义核心价值观在社会层面倡导自由、平等、公正、法治的理念。

"走自己的路，让别人无路可走。""拼爹时代"的游戏规

---

[1] 任仲平：《使命，复兴的道路开启新征程》，载《人民日报》2017年12月6日第1版。

则是对社会公平正义的巨大践踏。维护社会的公平正义,保证人人机会均等,这样社会才能更加和谐。

中国自古便有追求公平、正义的社会传统。"奉公如法则天下平",把追求公平看作如同遵循法律一般;"惟公则生明,惟廉则生威",把公平视为清明的基础;"公与平者,国之基址也",把追求社会的公平视为国家的根本。曾国藩在给弟弟的信中写道:"若农夫农妇终岁勤动,以成数石之粟、数尺之布,而富贵之家,终岁逸乐,不营一业,而食必珍馐、衣必锦绣,酣豢高眠,一呼百诺,此天下最不平之事,鬼神所不许也,其能久乎?"对"其能久乎"的忧虑使得曾国藩对待名利采取了明智的态度。身居高位,看透名利,他告诫弟弟和子侄:"以升官发财为耻。"曾家家风好,代代传,后代子孙大都成才。[①]

中国还有"不患寡而患不均"的观念,因此促进社会的公平正义对国家而言尤为重要。1998年修订版的《新华词典》中有这样一句话:"张华考上了北京大学;李萍进了中等技术学校;我在百货公司当售货员;我们都有光明的前途。"这种最为理想主义的话语如何能够投射到现实呢?如果现实中时时处处都是"就业靠'拼爹'、上学走关系、权益少保障、贫富在拉大",那么张华们和李萍们又怎能都拥有光明的前途呢?社会又怎会不让人伤心、寒心呢?长期下去,社会又怎会稳定呢?

回顾中国古代的科举制,虽然弊端较多,但它毕竟为寒门子

[①] 张贺:《真正传家宝 谁也抢不走》,载《人民日报》2017年3月23日第18版。

弟提供了一条入仕做官的途径。1905年，张之洞上书清政府，要求废除科举制，这在某种程度上直接动摇了清王朝的统治基础，也间接地加速了清王朝的覆亡。科举被废，却没有及时地找寻一条替代路径，让整个社会的封建士子顿失人生坐标，士绅们不得不开始另谋出路，或弃文经商，或出国留学，或投笔从戎。在西学思想的启发下，汇成了一股滔滔的反清洪流。黄兴、胡汉民、汪精卫、陈炯明等人原来都有举人、秀才身份，正当踌躇满志博取功名之时，不料科举却被废除了，内心是苦闷的。读书可以做官，而1905年以后，做官的路绝了。

辛亥革命在某种意义上就是知识分子寻找出路的一场运动，包括个人出路、国家出路两个相辅相成的方向。可以说，辛亥革命就是知识分子包括士绅叛离和反对清王朝的一场政治运动。这里面，一部分人是真心向往民主共和的，起了先锋和桥梁作用。但也要承认，不少人参加革命是为了能在新政府里做官，获得权力。所以民国成立后，士绅也好，新式知识分子也罢，都争相当官去了。国民党大佬胡汉民在一次聚会宴饮中对汪精卫、谭延闿、江霞公喟然长叹道："若科举不废，谁还来革命。"

一个社会需要为生活在底层的人提供向上流动的渠道，如此，社会的发展才是健康的，整个社会也会更和谐，百舸争流而非暗流涌动。如果这个渠道被堵塞了，社会将会面临不稳定。要让社会变得更加崇尚努力奋斗，并且相信，努力奋斗真的有用。有人感叹，我唯一害怕年轻人"他们已经不相信了"。不相信了，心中就没有方向和方位，就没有理想和追求，社会的负能量就容易累积。

时代的需要提供了可能,问题本身酝酿着解决问题的办法。社会上的一些消极现象和问题总会在不断的改革发展中得以解决,有了这样的认识,我们就不会再为社会上各种消极现象所迷惑,更不会悲观失望、随波逐流。社会主义核心价值观倡导在社会层面实现自由、平等、公正、法治,事实上就是在努力扭转社会上存在的消极现象。

第四节 历史人物在社会发展中的特殊作用

历史人物是重要历史事件的当事者,纵观人类历史,只有那些关系历史进步、关乎社会兴衰的事情才能够成为历史事件。这些事件的成败至关重要,关乎历史改写,关乎社会发展。处理这种历史事件需要特殊才能和别样智慧,并且为常人所难以做到。因此,一个人要想成为历史人物,除了自身拥有特殊的才能外,还要有历史事件的契合,有幸成为处理历史事件的人便很可能成为历史人物。

时势造英雄:英雄人物的诞生

时势造英雄。没有时势,英雄就缺乏施展才华的平台,难以横空出世;有了时势,有了平台,就为英雄的出现创造了客观条件,但这绝不意味着每个人都能够成为英雄,成为历史人物。只有那些善于借助时势，对历史事件有着深刻影响，并且是一定历史任务的倡导者、发起人、领导者，才能够最终成为历史人物。

梁启超在《李鸿章传》中这样评价李鸿章："若李鸿章者，吾不能谓其非英雄也。虽然，是为时势所造之英雄，非造时势之英雄也。时势所造之英雄，寻常英雄也。天下之大，古今之久，何在而无时势？故读一部'二十四史'，如李鸿章其人之英雄者，车载斗量焉。若夫造时势之英雄，则阅千载而未一遇也。此吾中国历史所以陈陈相因，而终不能放一异彩以震耀世界也。吾著此书，而感不绝于余心矣。"[1]梁启超认为李鸿章是时势造就的英雄，但不是造就时势的英雄，事实上，他认为二十四史中，就没有造就时势的英雄。梁启超认为，造就时势的英雄应该"放一异彩以震耀世界"，但即使产生了如同梁启超所言"放一异彩以震耀世界"的造就时势的英雄，岂不也是在具体的时势下产生的？任何英雄人物的产生，总离不开所生存的历史环境，也不可能做出超越历史阶段的事情，这是历史的辩证法。

英雄一经诞生，的确会深刻地影响历史的发展，他的主观能动性会高出普通人。比如，改革开放之初，每当行进到关键节点，就需要邓小平的权威和伟力。

苏东剧变后，社会主义阵营遭遇重大挫折，仿佛雷暴将至，乌云滚滚，接下来是黎明还是黑暗，很难讲清。邓小平南方谈话后，四两拨千斤，"寒凝大地发春华""于无声处听惊雷"，终

---

[1] 梁启超：《李鸿章传》，东方出版社2009年版，第6页。

于把中国这趟列车又拉回到正轨上来。在这种关键节点上，需要这样一位伟人，邓小平在年岁已高的情形下，依然能够在纷乱迷雾中为国家拨定航向。

如果说英雄造就时势，那会变相夸大英雄的主观能动性，英雄人物的主观能动性再强，也不是无限的，同样受制于所处历史条件的限制，幻想英雄人物有着无穷伟力，最终只能陷入唯心主义的泥淖。

伟大与卑劣：历史人物的不同人生

历史人物通常包括几种，名垂青史的伟大英雄人物，历史留名却谈不上伟大的人物，遗臭万年的奸邪小人。

能够成为孔子、孟子、王安石、苏轼、岳飞这样的历史人物不易，但想成为诸如赵高、秦桧、和珅这样的反面人物同样颇具难度。由于人生价值观的不同，这些历史人物在面对成就天下苍生和谋取个人私利时，出现了截然不同的选择，因而导致了后人不同的历史评价。只不过，历史的铁律是，任何伟大人物一旦违背历史规律，一旦没有站在最广大人民群众的根本利益之上，结果只能是被人民抛弃。

像孔子、马克思、孙中山等致力于为天下苍生谋幸福的人，是高尚的、无畏的历史巨人，无论其奋斗是成功还是失败，都堪称伟人。成功是伟大的重要因素，但判断一个人是否伟大，却不能简单地以成王败寇来论。伟大是粗线条的，关注的不是生活中的全部细节，关注的是他的人民立场，他的无私奋斗，他所努力做出的人生选择。

毛泽东是伟大的历史人物,他有过伟大功绩,但晚年也犯了严重的错误。但就他的一生来看,他对中国革命的功绩远远大于过失。他的功绩是第一位的,错误是第二位的。正如邓小平所言:"没有毛主席,至少我们中国人民还要在黑暗中摸索更长的时间。"[①]因此,毛泽东仍然是伟人。

观察一个人是否伟大,中国传统文化选取的视角是观其动机。历史上有些人残害忠良,即便做出过贡献,也会被一笔勾销。比如秦桧,状元出身,博学多才,发明了宋(秦)体字,使汉字的笔画从此得到统一和明确,此举论功绩,善莫大焉。但他为人奸邪,戕害贤良,终成为遗臭万年的小人。再比如汪精卫,早年也是热血青年,27岁时策划刺杀清摄政王载沣,后被捕入狱。他在狱中起初决心以死报国,赋诗:"慷慨歌燕市,从容作楚囚。引刀成一快,不负少年头。"一时为人传诵,但后来死里逃生,性情大变,走上了卖国求荣的道路,最终一代热血青年却成了大汉奸。

要成为一个伟大的人,首要的是从道德修养上提升自我,从人格境界上提升自我,从奋斗的价值取向上提升自我。

实事求是地评价历史人物

历史人物首先是人,都有复杂的一面,不能把他简单化、标签化。那些伟大的人,在维护人民的利益、推动历史发展的进程

[①] 《邓小平文选》第2卷,人民出版社1994年版,第345页。

中做出了伟大贡献,但绝不意味着他们在所有方面都毫无瑕疵。

伟人也是普通人,也有一个成长发展的历程,绝非一个人成了伟人就全部是对的。一个没有缺点的人肯定是被神化了的人,是不真实的,也是违背辩证法的。

1981年,十一届六中全会召开,中共中央通过《关于建国以来党的若干历史问题的决议》(以下简称《决议》),准确地评价了毛泽东同志:如果没有毛泽东同志多次从危机中挽救中国革命,如果没有以他为首的党中央给全党、全国各族人民和人民军队指明坚定正确的政治方向,共产党和全国人民可能还要在黑暗中摸索更长时间。对于"文化大革命"这一全局性的、长时间的"左"倾严重错误,毛泽东同志负有主要责任。但是,毛泽东同志的错误终究是一个伟大的无产阶级革命家所犯的错误。

邓小平在《决议》起草过程中针对"对毛泽东同志的评价"以及"对毛泽东思想的阐述"强调:"如果不写或写不好这个部分,整个决议都不如不做。"①因为,"对待毛泽东同志和毛泽东思想的态度,是一个极其严肃、极其敏感、事关全局的重大问题,如果处理不当,不但会引起很大的思想混乱,甚至会导致党的分裂和社会的震荡"②。苏联在评价斯大林的问题上,就是镜鉴。赫鲁晓夫把这个重大问题处理得比较粗糙,没有经过党内的广泛酝酿、讨论,就以个人报告的形式在党代会上讲出来,而且很快就泄露出去,等于是在大家没有事先准备的情况下,扔下一

---

① 《邓小平文选》第2卷,人民出版社1994年版,第299页。
② 邢贲思:《真理标准讨论的当代意义》,载《求是》2013年第23期。

个炸弹，引起苏联国内以及包括东欧国家在内的共产主义阵营的大震荡。通过对比苏共对斯大林的评价和中共对毛泽东的评价可以看出，中国共产党对待自己的领袖所持有的公正、客观、审慎的态度和所秉承的历史唯物主义态度。

共产党不是由圣人构成的组织，组织中的每一位党员，无论是领袖式的人物还是普通党员，都是普通人，都会犯错误，金无足赤人无完人，幻想不犯错误的党和不犯错误的人是不存在的，也违背了辩证法。共产党的伟大不在于其不犯错误，而在于从不讳疾忌医，敢于直面问题，具有自我净化、自我修复能力。邓小平说："我们党经历过多次错误，但是我们每一次都依靠党而不是离开党纠正了自己的错误。"[①]我们党自执政以来所犯的错误，基本上都是在探索推进社会主义事业中发生的，本质上属于前进中的错误。如果不想前进、不敢探索，许多错误自然就不会发生，如果害怕犯错误而不实验、不探索，那我们会犯历史性的大错误。从辩证的角度来看，事物是发展变化的，在一定条件下，坏事可以变成好事，好事也可以变成坏事，错误也是如此。对于错误，不必刻意回避或推诿粉饰，而应正视它、分析它，从中吸取教训，寻找从错误走向正确、从失败走向成功的路径。[②]

习近平总书记指出："对历史人物的评价，应该放在其所处时代和社会的历史条件下去分析，不能离开对历史条件、历史过程的全面认识和对历史规律的科学把握，不能忽略历史必然性和

---

① 《邓小平文选》第2卷，人民出版社1994年版，第170页。
② 邵景均：《正确对待错误》，载《人民日报》2016年12月9日第7版。

历史偶然性的关系。不能把历史顺境中的成功简单归功于个人，也不能把历史逆境中的挫折简单归咎于个人。不能用今天的时代条件、发展水平、认识水平去衡量和要求前人，不能苛求前人干出只有后人才能干出的业绩来。"①由此来看，评价历史人物，要把历史人物还原，放置在他所处的时代背景下，看他在成为历史人物的作为中是怎样作用于历史的，而不是把他所有的方面甚至生活的细节都事无巨细地搜罗出来加以评说。

两位末代皇帝：同样的命运，不同的结局

我们纪念十月革命的伟大功绩，实际上，苏联自解体便开始在消解十月革命的功绩。1998年，俄国末代沙皇尼古拉二世一家遭处决80周年纪念日，在重新安葬沙皇的葬礼上，叶利钦为十月革命给苏联人民带来的世纪伤痛表示忏悔，他把杀害尼古拉二世家族的事件称为俄国历史上最耻辱的一页，并称十月革命之后的社会主义时期是一个血腥的世纪。2008年，俄罗斯最高法院正式为尼古拉二世平反，宣布他的家族是苏联镇压下的受害者。

在中国，末代皇帝爱新觉罗·溥仪，不仅没有遭到处决，其家族也没有。1912年2月，清帝宣布退位。1917年，张勋兵变，宣统复辟，溥仪再度坐上龙椅，大封群臣。1931年九一八事变之后，溥仪在日本人控制下做了12年伪满洲国的傀儡皇帝。1945年日本投降后，溥仪在沈阳准备逃亡时被苏联红军俘虏，随后带

---

① 习近平：《在纪念毛泽东同志诞辰120周年座谈会上的讲话》，载《人民日报》2013年12月27日第2版。

到苏联。1950年，被押解回国，在抚顺战犯管理所学习、改造。1959年，获得特赦，后来还被安排工作，成为全国政协委员。而俄国末代沙皇尼古拉二世的结局就没这么好了，他们全家于1918年遭到处决。

那么，怎么看待这两件近乎相似的事情呢？是站在今天的立场来评判，还是站在当时的历史来看待？列宁说，在分析任何一个社会问题时，马克思主义理论的绝对要求，就是要把问题提到一定的历史范围之内。①列宁的表述是一个历史唯物主义者所应持有的基本观点。为此，看待历史问题，就需要从历史唯物主义出发，探寻时代的真相，并努力获取正确的答案。如果不是这样，那么一样的历史事件，在不同的时代总会有不同的解读，这样历史事件就失去了应有的客观性，历史就真的成为"任人打扮的小姑娘"了。

沙皇尼古拉二世一家被仓促处决与当时新建的苏维埃政权处于白军的进攻中这一危急形势相关。当时，沙皇是一面反苏维埃力量的旗帜，他对白军具有很强的号召力和凝聚力，因而不得不拔掉这面旗帜，这是一个不得已的仓促的决定，是处于脆弱而立足不稳政权自我保存的决定。只有把沙皇一家之死放在人类第一个新生的苏维埃政权四面受敌的历史条件下，才能理解当时的这种决定。

在世界革命史上，处死皇帝并非十月革命的首创，法国路

---

① 《列宁选集》第2卷，人民出版社1995年版，第375页。

易十六在法国大革命时期就被送上断头台。革命应该包括人道主义,但没有人道主义的革命。革命过程中不可避免地会有流血,会发生一些所谓违背人道的行为。实际上,我们都清楚的一点是,真正的革命者对待反革命远比反革命对待革命者要宽容得多。国民党反动派是如何镇压中国共产党人的?1927年4月12日,蒋介石发动四一二反革命政变,仅3天就有300多人被杀,500多人被捕,5000多人失踪;同年7月15日,汪精卫发动七一五反革命政变,提出"宁可枉杀千人,不使一人漏网"的口号,大肆逮捕屠杀共产党员和革命群众。

就尼古拉二世来看,登基后的第六年(1900年),为加紧向江东六十四屯地区移民,开始驱逐中国人,驱逐的过程中,爆发了海兰泡惨案和江东六十四屯惨案,总计7000余名中国百姓遭俄军残忍屠杀,史称"庚子俄难"。《瑷珲县志》载:"伤重者毙岸,伤轻者死江,未受伤者皆投水溺亡,骸骨漂溢,蔽满江洋。"1858年,清政府与沙俄签订的不平等条约《瑷珲条约》明确规定,江东六十四屯保留大清国方面的永久居住权和管辖权。这就是尼古拉二世的暴行。

如果我们不加分析地将"人道""暴行"套在革命的头上,会遮蔽人们对历史过程的正确认识。实际上,不论是叶利钦还是俄罗斯最高法院,为沙皇一家之死表示忏悔、为沙皇平反的背后,其实是对俄国十月革命的否定,对苏联社会主义的否定。这种控诉、谴责不过是为布尔什维克的行为贴上了一个"暴行"的标签,为社会主义贴上一个"暴行"的标签,这种标签并没有真正揭示事件的本质。

反观中国,溥仪在新中国成立十周年之际被特赦,既彰显了中国共产党的宽大政策,也因为中国社会主义政权当时已十分稳固。经过劳动教育,溥仪得到了改造,再也没有作为皇帝的号召力和影响力。俄国末代皇帝和中国末代皇帝的不同命运,是在两种国情、两种历史条件下出现的两种结果,企图把它们塞进同一个模子里,是完全错误的。①

颠覆与歪曲:历史虚无主义的危害

历史人物是名人,是公众人物。时代不同,价值观不同,立场不同,需要不同,人们对历史人物的评价也会不同。历史人物因为背负盛名,所以就会有人假借其名传播一己思想,假名人之威以贩私货。

时下,一些别有用心之人会对历史人物进行有意重评,心思大多不在挖掘事实真相,而是借机出名,或另有图谋。一个人本来是英雄,你说他是小人;一个人本来是小人,你却说他是英雄,比如正说和珅,重评慈禧、李鸿章等,出名的不是历史人物,而是自己。网络和媒体上,一度还出现了一些为地主翻案的文章和言论,典型的有:"'恶霸地主'刘文彩没有那么坏,家里没有设水牢,黄世仁、南霸天、周扒皮做的坏事都是瞎编的,

---

① 本刊记者:《谈谈历史唯物主义的方法论问题——访中国人民大学一级教授陈先达》,载《马克思主义研究》2014年第6期。

他们勤劳致富，没有剥削。"①有的人质疑飞夺泸定桥是假的，是宣传的需要，根本就没有打仗。有网友这样驳斥，如果没有战斗英雄，难道日本侵略者是自愿回去的，国民党蒋介石是到台湾旅游去的吗？

对历史事实进行解读，要坚持基本事实，而不能搞歪曲的所谓解读、探秘。比如，对"狼牙山五壮士"英雄群体，一些人不是宣传其抗敌的英雄事迹，阐释其精神，而是考证"在何处跳崖""怎么跳崖""'五壮士'是否拔了群众的萝卜"等所谓细节，并以此为线索做出似是而非的推测、质疑乃至评价，贬损"狼牙山五壮士"的英勇形象和精神价值。"罔顾这些基本史实，而去搞什么'探微'、'揭秘'，这根本不是一个严肃的历史研究者所应秉持的学术态度。"②这些人通过别有用心地歪曲、丑化、否定党的英模，严重破坏英模形象，试图从根本上颠覆人们的基本历史共识和基本价值取向，以达到不可告人的目的。

值得注意的是，2016年10月，最高人民法院发布人民法院依法保护"狼牙山五壮士"等英雄人物人格权益典型案例，倡导依法保护英雄人物包括去世英雄人物在内的所有社会成员的合法权益，维护社会主义核心价值观。党的十八届六中全会通过的《关于新形势下党内政治生活的若干准则》明确指出："对歪曲、丑化、否定党的领袖和英雄模范的言行，对一切违背、歪曲、否定

---

① 许森：《给黄世仁翻案，安的什么心》，载《环球时报》2014年11月6日。

② 闻华：《捍卫我们的英雄》，载《求是》2016年第13期。

党的基本路线的言行，必须旗帜鲜明反对和抵制。"①

面对重大历史事件，同样要尊重历史。比如有人宣称中英鸦片战争的责任在中国，不拒绝鸦片贸易就不会有战争；还声称鸦片战争打的是腐朽的清朝统治者，而不是中国人民。按照此说，从1840年起多次列强入侵，打的都是统治者而与中国人民无关；瓜分的都是统治者的国土，而与中国人民的家园无关。还有论者说：越是爱国主义越是卖国主义，越是卖国主义越是爱国主义。②这样颠覆性的评论最能引人关注，但就产生的实质性影响来看，这种历史虚无主义的做法已经远超出博自我出名之意，必须坚决抵制。

古人曰，"灭人之国，必先去其史""欲灭其族先灭其史"，总有人拿中国革命史、新中国史做文章，竭尽攻击、丑化、污蔑之能事，肆意歪曲历史，否定中国共产党史和新中国史，否定革命，否定中国选择社会主义道路的历史必然性，否定已有定论的历史事件和历史人物，等等。比如，把中国优秀传统文化说成走向没落的"黄色文明"，要拥抱现代化，只能走西方"蓝色文明"的道路。再比如，有人鼓吹"鸦片战争一声炮响，给中国带来了近代文明"，应当"大恨其晚"。又比如，有人认为，近代中国的反侵略斗争，"在形式上都是民族自己的斗争，而在实质上，都是站在维护本民族封建传统的保守立场上，对世

---

① 《十八大以来重要文献选编》下，中央文献出版社2018年版，第423页。
② 陈先达：《在为祖国和人民立德立言中实现价值》，载《人民日报》2016年5月30日第16版。

界资本主义历史趋势进行本能的反抗,是以落后对先进,保守对进步,封建闭关自守孤立的传统对世界资本主义自由贸易经济变革的抗拒"。还比如,有人说:"如果中国当时执行一条'孙子'战略(特指爷孙的孙子),随便搭上哪一条顺风船,或许现在的中国会强得多。比如追随美国,可能我们今天就是日本。"① 这些做法的根本目的在于搞乱人心,企图推翻中国共产党的领导和我国社会主义制度。

我们不妨换个角度思考,在对历史的探微中,在对真相的发掘中,为什么不对贩卖黑奴的历史、贩卖鸦片的历史、殖民地的历史搞大揭秘、大探索呢?这就是问题的关键所在,这些始作俑者好像达成了默契一般,集体拒绝触碰、揭秘自己的历史,而社会上却有一部分人唯恐天下不乱,对历史肆意涂鸦,感觉自己好像了解历史的真相,其实是最大的愚蠢。

打着"还原历史真相"的旗号,恶意剪裁历史或编造谎言,采用"戏说""爆料""揭秘"之类的手段,对历史胡涂乱抹,这种历史虚无主义的做法危害甚大。习近平总书记指出:"苏联为什么解体?苏共为什么垮台?一个重要原因就是意识形态领域的斗争十分激烈,全面否定苏联历史、苏共历史,否定列宁,否定斯大林,搞历史虚无主义,思想搞乱了,各级党组织几乎没任何作用了,军队都不在党的领导之下了。最后,苏联共产党偌大一个党就作鸟兽散了,苏联偌大一个社会主义国家就分崩离析

---

① 转引自北京大学党委宣传部组编:《铸魂:社会主义核心价值观十二讲》,北京大学出版社2017年版,第188页。

了。这是前车之鉴啊！"①

　　清代思想家龚自珍在《尊史》一文中说："出乎史，入乎道""欲知大道，必先为史"，这就点明了"为史"和"明道"的关系。历史虚无主义者故意"乱史"，不为别的，实际上是为了"改道"。从逻辑上来看，虚无历史就是认为官方书写的正史是假的，是为了论证今天所选择的道路，如果正史能够被证明是假的，那么今天选择的道路岂不是就立不住脚了。所以从根本上来看，历史虚无主义者之所以费尽心力，寻找各种所谓的历史细节来攻击正史，是要改变我们已经选择并走向成功的中国特色社会主义道路。虚无历史导致的客观结果会否定我们选择的道路，冲淡"四个自信"。揭露历史虚无主义，认识其真正面目，有助于我们提高警惕，筑牢思想防线。思想防线犹如大河的堤坝，堤坝越牢固，就越能抵抗洪水的侵袭，如果思想防线不牢固或是破防了，是无法抵御大的波澜和冲击的。正如习近平总书记所强调的："一个政权的瓦解往往是从思想领域开始的，政治动荡、政权更迭可能在一夜之间发生，但思想演化是个长期过程，思想防线被攻破了其他防线也就很难守住。"②

---

①　习近平：《关于坚持和发展中国特色社会主义的几个问题》，载《求是》2019年第7期。
②　《十八大以来重要文献选编》上，中央文献出版社2014年版，第465页。

参考文献

[1] 马克思恩格斯全集［M］.北京：人民出版社，1956-1979.

[2] 马克思恩格斯选集［M］.北京：人民出版社，1995.

[3] 马克思恩格斯文集［M］.北京：人民出版社，2009.

[4] 列宁选集［M］.北京：人民出版社，1972.

[5] 列宁全集［M］.北京：人民出版社，1984-1990.

[6] 列宁专题文集［M］.北京：人民出版社，2009.

[7] 毛泽东选集［M］.北京：人民出版社，1991.

[8] 毛泽东文集［M］.北京：人民出版社，1993-1999.

[9] 邓小平文选［M］.北京：人民出版社，1993-1994.

[10] 邓小平文集［M］.北京：人民出版社，2014.

[11] 江泽民文选［M］.北京：人民出版社，2006.

[12] 习近平谈治国理政［M］.北京：外文出版社，2014，2020.

[13] 建国以来毛泽东文稿［M］.北京：中央文献出版社，1987-1998.

[14] 建国以来重要文献选编：第11册［M］.北京：中央文献出版社，1995.

[15] 十八大以来重要文献选编［M］.北京：中央文献出版社，2014-2018.

[16] 毛泽东年谱：1893—1949 [M].北京：中央文献出版社，1993.
[17] 毛泽东农村调查文集 [M].北京：人民出版社，1982.
[18] 毛泽东书信选集 [M].北京：中央文献出版社，2003.
[19] 习近平总书记系列重要讲话读本（2016年版）[M].北京：学习出版社，人民出版社，2016.
[20] 习近平.在庆祝中国共产党成立100周年大会上的讲话 [M].北京：人民出版社，2021.
[21] 习近平.干在实处 走在前列：推进浙江新发展的思考与实践 [M].北京：中共中央党校出版社，2006.
[22] 李瑞环.学哲学 用哲学 [M].北京：中国人民大学出版社，2005.
[23] 李大钊文集 [M].北京：人民出版社，1984.
[24] 李达文集：第1卷 [M].北京：人民出版社，1980.
[25] 中共中央组织部研究室（政策法规局）.全面从严治党 [M].北京：党建读物出版社，2016.
[26] 习近平讲故事 [M].北京：人民日报出版社，2017.
[27] 习近平用典 [M].北京：人民日报出版社，2015.
[28] 智慧的明灯：回忆马克思恩格斯 [M].北京：人民出版社，1983.
[29] 周恩来书信选集 [M].北京：中央文献出版社，1988.
[30] 马克思主义基本原理概论 [M].北京：高等教育出版社，2013.
[31] 北京大学党委宣传部.铸魂：社会主义核心价值观十二讲 [M].北京：北京大学出版社，2017.
[32] 陈先达.散步·路上：我与学生聊哲学 [M].北京：中国人民大学出版社，2014.

[33] 陈先达.哲学心语[M].北京：北京师范大学出版社，2013.

[34] 吴玉章回忆录[M].北京：中国青年出版社，1978.

[35] 林泰.问道：改革开放以来的社会思潮与青年思想政治教育研究[M].北京：中国社会科学出版社，2013.

[36] 逄先知，金冲及.毛泽东传[M].北京：中央文献出版社，2013.

[37] 钱颖一.大学的改革：第1卷[M].北京：中信出版社，2016.

[38] 孙正聿.理想信念的理论支撑[M].长春：吉林人民出版社，2014.

[39] 韦正翔.大众化的马克思主义[M].北京：中国社会科学出版社，2012.

[40] 王燕文.精神之钙：党员干部理想信念教育读本[M].南京：江苏人民出版社，2015.

[41] 萧灼基.马克思传[M].北京：中国社会科学出版社，2008.

[42] 张耀灿，郑永廷，吴潜涛，等.现代思想政治教育学[M].北京：人民出版社，2006.

[43] 郑永年.中国模式：经验与挑战[M].全新修订版.北京：中信出版社，2016.

[44] 罗森塔尔，尤金.简明哲学词典[M].中共中央马克思恩格斯列宁斯大林著作编译局，译.北京：生活·读书·新知三联书店，1973.

[45] 熊彼特.资本主义、社会主义与民主[M].吴良健，译.北京：商务印书馆，1999.

[46] 海尔布隆纳.马克思主义：赞成与反对[M].马林梅，译.北京：东方出版社，2016.

后　记

——凡有付出，皆有所获

周末，独自一人坐在办公室，完成了书稿的最后一遍修改。冬日的北京，外面刮着清冷的风，午后的阳光透过窗户，打在办公室的桌面上，让人犯困。可我困意全无，面对这约23万字的书稿，思绪被拉回到了10年前。

2012年，我毕业留校做辅导员工作已经4年了，其间收获了成长，也留有遗憾。遗憾的是，我从未站在讲台上系统地讲授过一门思政课。而辅导员的另一个身份就是思政课教师，如果不上思政课、不站讲台，那怎么能叫思政课教师呢？但学校的思政课程非常紧张，僧多粥少，能给我安排上吗？或者更进一步，我能够选上自己心仪的思想道德修养与法律基础课吗？

我忐忑地找到了当时思政教研室的杨航征老师，谈了自己的想法。杨老师很热情，然后委婉地告诉我思想道德修养与法律基础课排满了，后面还有很多老师在排队，如果我想上课，他愿意推荐我到哲学教研室上马克思主义基本原理概论课，不过这门课有难度。杨老师不愧是做思想政治工作的高手，直到今天，我

后　记

还清晰地记得他当时的鼓励："你爱看书、爱思考，我觉得你可以的！"

就这样，我应承了下来，虽然这不是我理想的结果，但起码有机会站上讲台了。而且马克思主义基本原理概论课自己上大学时学过，当时的考试成绩还不错。随后，我发现自己想错了。因为在开课前的那个暑假，我翻看教材时才发觉书中的很多内容自己并没有搞懂，大学期间学到的那点零碎的理论知识早还给老师了。现在不是应付考试，而是要给学生讲课，想想都觉得头大，可只能硬着头皮迎上去。

自此，我工作之余几乎都在学习马克思主义基本原理了。我查阅了很多资料，通读了萧灼基著的《马克思传》，顾海良、梅荣政主编的《马克思主义发展史》，以及洪晓楠、杨慧民主编的《"马克思主义基本原理概论"课教学案例解析》等书。我认真地准备每一节课，如果第二天有课，前一晚常常备课到凌晨，并且睡不踏实。我不想照本宣科，干巴巴地讲理论，让学生觉得自己讲得好无聊，更不愿意给学生一种"以己昏昏，使人昭昭"的感觉。

即便如此，第一次上课还是困难的。课堂上，我能明显地感受到，很多原理讲着讲着自己就被绕进去了，我知道，这是自己还没有真正搞懂。课程结束后，学生给我的评教结果竟然还不错。感谢那一届学生，感谢他们对一个年轻老师的包容和宽容。

笨鸟先飞，滴水石穿，积少成多，积沙成塔，积小流以成江海，积跬步以至千里……我在《马克思主义基本原理概论》那本教材的扉页上写下了一长串类似的格言，给自己鼓劲打气。而那本封面清新淡雅的教材，早已被我翻得泛起了黄色，书页像做过旧一般，书中的每一页都有我做的注释、打的标记，红色的、蓝色的、黑色的，密密麻麻，大约只有自己能分得清。书的最后一页，我还写了很长的课程结束语。

除此之外，我开始写讲义，结合查阅的资料、学习的体会，特别是根据青年学生的特点，努力使课堂讲授的理论不那么枯燥，最好能够生动活泼些。按照这个原则，我不停地修修补补、删删减减，几年下来，最后竟形成了一本逾40万字的讲义。有了这本讲义，再站上讲台，心里已经不那么忐忑了，甚至比较自如。这也使我更加真切地感悟到习近平总书记讲的："过去讲，要给学生一碗水，教师要有一桶水，现在看，这个要求已经不够了，应该是要有一潭水。"

随着学习研究的不断深入，我对马克思主义哲学由抗拒到亲近，越来越喜欢了。这方面的书越读越多，对理论的理解越来越深，以前只是有感觉但却模糊的东西，在不断总结思考中，也渐趋清晰起来。这也使我更加真切地领悟到毛泽东主席讲的："感觉到了的东西，我们不能立刻理解它，只有理解了的东西才更深刻地感觉它。"

前几年，由于机缘，有幸投到西安交通大学马克思主义学院陈建兵教授门下攻读博士学位。在陈老师的指导下，我开始阅读《马克思恩格斯文集》，阅读经典的过程让我对马克思主义哲学的体悟又加深了一层。当然，更为难得的是，陈老师告诉我，学

后 记

哲学的目的是用哲学，要善于运用马克思主义哲学原理来指导实际工作，这也使我更加真切地体悟到马克思所讲的："哲学家们只是用不同的方式解释世界，问题在于改变世界。"

2021年4月，学校选派我到住房和城乡建设部工作一段时间，临行前的工作谈话中，校长王树声教授勉励我要把握机会、努力历练、提高能力，并结合他的成长经历，意味深长地对我说：什么事都不白干！确也如此，在住房和城乡建设部锻炼的日子里，我开阔了视野，提升了能力，增强了自信。而想到自己能够从40多万字的讲义素材中，爬罗剔抉、精挑细选，凝练并出版一本给青年学生讲授马克思主义哲学的书，再次印证了一个道理：凡有付出，皆有所获。

成长的历程是不易的，感谢师长们对我的关爱和培养。书稿在出版的过程中分别得到了教育部2020—2022年高校思想政治理论课建设项目"全国高校思政课'手拉手'集体备课中心（西安交通大学－新疆生产建设兵团）"和西安建筑科技大学"'一带一路'背景下中华优秀文化传承发展研究"项目的资助，两个项目的负责人陈建兵老师、陈向阳老师都给予了我莫大的支持和帮助。在此，谨表衷心的感谢。

书稿能够得以出版，还要感谢住房和城乡建设部科技司名城处胡敏处长的关心和支持，他如兄长一般，为我的事操心、费神、提供帮助；感谢中国城乡建设与文化传承研究院常务副院长范晓鹏老师，他常常勉励我，让我充满了前行的力量。"与有肝胆人共事，从无字句处读书"，从他们身上，我学到了很多做人做事的道理。感谢陕西师范大学出版总社编辑梁菲女士，我们早在大学读书时便认识，这次书稿出版，她严谨细致，认真负责，提出了很多有益的建议，让书稿增色不少。

  凡是过往，皆为序章。书稿付梓之际，我想起了马克思当年的忠告："在科学上没有平坦的大道，只有不畏劳苦沿着陡峭山路攀登的人，才有希望达到光辉的顶点。"这本书，对我而言，只是一个阶段的小结，离攀登高峰还相去甚远，但我相信：积小流以成江海，积跬步以至千里。

2022年2月19日于北京